Uma Brasileira no País dos Cangurus

Uma Brasileira no País dos Cangurus

AS AVENTURAS DE UMA JOVEM DE SORRISO LARGO E GRANA CURTA PARA VIVER (E SE DIVERTIR) NO EXTERIOR

Bruna Mello de Cenço

Book advisor: Eduardo Viegas Meirelles Villela
Coordenação editorial: Eduardo V. M. Villela e Bruna Mello de Cenço
Revisão: Joaquim Maria Botelho
Diagramação e projeto gráfico de miolo: Marcelo Da Paz
Arte de capa: Cristiano Codarin Giamarco
Imagens para capa: Graphics RF; OpenClipart - Vectors por Pixabay; Twemoji por Canva
Imagens para campanha *crowdfunding:* BRGFX por freepik
Ilustração final: Patty Peppe

Dados Internacionais de Catalogação na Publicação (CIP)
Bibliotecária Juliana Farias Motta CRB7/5880

C397u Cenço, Bruna

Uma brasileira no país dos cangurus / Bruna Cenço. --
1.ed. -- São Paulo: [s.n], 2020.

312 p.; 16 cm x 23 cm .

ISBN: 978-65-80707-11-9

1. Cenço, Bruna – Austrália.2. Austrália – Descrições e viagens.3. Programas de intercâmbio de estudantes – Brasil.4. Viagens e turismo. I. Título

CDD 370.116

Índice para catálogo sistemático:

1. Cenço, Bruna – Austrália
2. Austrália – Descrições e viagens
3. Programas de intercâmbio de estudantes – Brasil
4. Viagens e turismo

MISTO
Papel produzido a partir de fontes responsáveis
FSC
www.fsc.org
FSC® C074388

Dedicatória

A todas as pessoas que ousaram ou desejam dar um passo a mais, se desafiar, experienciar o novo em busca de algo libertador. Viajar é se abrir para o mundo – o de fora e o de dentro.

Agradecimentos
(ou senta, que lá vem história)

Brincadeira, sei que você ainda tem um livro inteiro para ler

Gratidão é coisa séria. Afinal, como aquela "bebê esbranquiçada, de cabeça pontuda, feito um chapéu de bruxa" (uma das histórias preferidas do meu pai é sobre meu nascimento) cresceu, deixou de ser uma criança que queria ser veterinária para estudar jornalismo e, então, chegar até este livro?

Por mais clichê que seja, a palavra é oportunidade. Quer dizer, gente vive no Brasil, né? Eu, pelo menos, vivo, ou estou vivendo no Brasil. Um país lindo, com pessoas extremamente criativas e esforçadas e cuja imensa maioria luta para sobreviver em meio a um verdadeiro caos em educação, saúde, segurança, desrespeito aos direitos humanos etc. e tal. Mas, quis o destino que eu nascesse como filha da Dona Ana e do Seu Marcos.

Assim, é impossível que o primeiro desta lista não fossem meus pais, que me permitiram ter essa infância e adolescência saudável, me proveram boa escolaridade e cultura, encorajaram minhas escolhas e deram a mim e ao meu irmão liberdade para pensar e debater. Como eu ~~gostaria~~ desejo que mais pessoas ~~tivessem~~ tenham acesso a isso, independentemente da classe social, renda familiar, gênero ou cor de pele. Mas, por enquanto, eu divido a minha experiência.

Ampliando o círculo, um agradecimento sincero e querido ao resto da família. Meu avô Walter que, mesmo em outro plano, foi o responsável por eu ter iniciado a oficina de escrita literária, embrião deste livro; meus outros avós, inspiradores cada em no seu estilo, meus tios e tias e primos. Tudo isso, além do meu marido, Criso, que além de ter que aguentar o meu lado B, ainda apoiou o livro e fez freela de graça; e do Rafa, meu para sempre irmãozinho e que ajudou a moldar minha personalidade e rendeu várias histórias que eu adoro contar.

Falando em histórias, um beijo e um abraço querido... nas meninas! Afinal, sem elas esse livro não existira. Cris e Drê (obviamente), Rosana, Anna, Mariana, Ângela, Paloma, Carol, Laís, Emeline, Celina, Kátia e tantas outras, algumas citadas, a maioria não. Ao longo dos anos, senti como é importante e nutritivo ter (e reconhecer) essa rede enorme de mulheres. A minha começou pouco depois de eu nascer, graça à minha mãe e uma pessoa muito querida, que aceitou amamentar a filha de uma até então desconhecida. Obrigada, por tudo, tia Teresa!

Vale lembrar ainda que este projeto só saiu por meio de *crowdfunding* (ou financiamento coletivo). Ou seja, são mais de cem pessoas citadas nas últimas páginas (além dos que decidiram fazer isto anonimamente) que, independentemente da quantia, deram seu apoio. Gente, eu escrevi, mas este livro só está revisado, diagramado e impresso por causa de vocês - e desse povo lindo que está na ficha catalográfica, que fez o trabalho com tanto carinho.

Acabou? Está faltando mais alguém? Sim, está, lógico! É você, meu querido leitor. Se você não se identificou ainda, saiba que, seja para entreter ou para realmente usar as dicas, este livro é pra você! E eu te agradeço demais por deixar que esta obra cumpra seu objetivo.

Espero que goste.

Sumário

Me formei. E agora?

"A partir deste momento, a partir do instante em que sairmos por aquela porta, nossa vida será diferente. Não seremos mais estudantes de comunicação social desta, que é uma das maiores e mais conceituadas faculdades do país. Nós seremos muito mais do que isto! Seremos profissionais formados, cheios de energia e prontos para conquistar e mudar o mundo! Para melhor, obviamente".

As palavras de Raiane foram bonitas e impactantes. Também, pudera. A menina do interior, que estava se formando em Publicidade e Propaganda e representava no discurso todos os estudantes daquele ano, desde cedo tinha encontrado na faculdade o seu caminho para o sucesso. Na minha cabeça, o que podia se chamar de pessoa bem resolvida. Na primeira semana de aula, já entrou na empresa júnior da faculdade, onde só os estudantes mais velhos costumam ser aceitos. No fim do primeiro semestre, concorreu à presidência do Centro Acadêmico. Não ganhou, mas ficou muito conhecida e decidiu repetir a dose – desta vez com sucesso – na eleição seguinte. No meio do curso já passou de estagiária a contratada em uma das agências publicitárias mais conceituadas do país e, agora, apenas quatro anos depois de deixar o colegial, estava contratada e recebendo propostas de outros meios, que reconheceram seu imensurável talento.

Raiane era uma inspiração para todos, mesmo para quem só a conhecesse de um ou outro "oi" no corredor, meio que por educação, como era meu caso. De toda forma, era impossível não saber de sua história. A fama não veio à toa. Raiane era sinônimo de dedicação e amor pela profissão escolheu.

Já quanto a mim... bem, acho que é suficiente dizer que, enquanto aqueles chapéus de formatura voavam pelo ar, eu só pensava "o que é que vou fazer da minha vida, amanhã?".

A rotina de uma estudante de último ano de publicidade não foi nada fácil, mas era segura. Ali, equilibrando o estágio em agência junto a pesquisas de marca, planos de mídia e análise de produto do meu TCC (o revolucionáaaaario salgadinho Jingles – "o alimento que vai fazer uma festa na sua boca"), eu mal tinha tempo de planejar algo muito mais importante: a minha própria história.

Eu tinha cerca de 15 anos quando decidi optar pela carreira de publicitária. Criativa, sempre cheia de ideias mirabolantes, daquelas que faziam as pessoas darem risada fácil, não foi surpresa pra ninguém quando avisei que seguiria o caminho da criação mercadológica. Desde então, eu tinha certeza de que aquele era o meu destino. Todos falavam que eu tinha nascido para aquilo e eu acreditava. O problema foi que esqueceram de avisar desta minha predestinação aos excelentes professores que desenvolveram o teste de vestibular. Na primeira tentativa, foi bomba direto na primeira fase. E olha que eu também me achava uma ótima aluna, mas vai ver me acomodei na tal zona de conforto. Se, sem estudar, eu passava de ano, pra que iria me preocupar?

A resposta é simples: para não ter que perder um ano da vida em cursinho, revendo as mesmas coisas que tinha tido nos últimos três anos e esquecendo de qualquer vida social nos meses da chatérrima revisão pré-vestibular. Mas, ok. Não posso reclamar tanto assim. Depois desse um ano, as aulas do cursinho me ajudaram a passar na prova e os intervalos me ensinaram a utilizar a matemática de um jeito prático: na mesa de sinuca (algo que seria muito útil nos bares da época do trote).

Além disso, o tempo de preparação me ajudou a ter outra visão de mundo. Um período de estudos, mas também de contato com outras pessoas, alguns na mesma faixa etária que eu, outros mais velhos, com outros interesses. Uma das minhas amigas era policial militar e queria fazer Direito para ganhar mais e sustentar o filho. A outra, aeromoça – digo, comissária de bordo –, decidiu seguir na Administração. Um dos meninos já era biólogo e agora queria cursar Rádio e TV para desenvolver documentários sobre animais. Já Fabíola, minha nova e breve melhor amiga, recém-retornada da França, onde tinha passado um ano, queria era trilhar o caminho das Ciências Sociais. As reflexões dela, tais como justiça social ou igualdade de classes e de gênero, não faziam muito sentido pra mim na época, mas plantaram uma sementinha que iria florescer depois.

Quando entrei na faculdade, perdi o contato com todos esses amigos de cursinho, mas aquela diversidade mudou alguma coisa em mim. Não que eu tivesse desistido da criação publicitária. Muito ao contrário. Ia às aulas feliz e contente, fiz vários amigos, me empenhava em todos os trabalhos. Porém, imaginava como seria estar no mercado de trabalho, vendendo coisas nas quais nem sempre acreditava. E essa certeza de que aquele não era o meu lugar ficou mais forte quando consegui meu primeiro estágio em agência.

Até ali, nunca tinha achado minha ideologia (ah, Cazuza, como você estava certo). Inclusive, confesso que, mesmo tendo passado direto de semestre, até hoje não terminei de ler todos os textos das aulas de sociologia ou ética da propaganda. Porém, se por um lado eu adorava o desafio de criar algo que se revertesse em resultados de vendas, no fundo, me incomodava lembrar que estava incentivando o tal consumismo desenfreado, que só servia para deixar alguém mais rico enquanto outros gastavam dinheiro em coisas de que não precisavam. A minha resistência, quase que inconsciente, àquele modelo-padrão contribuiu para que eu não fosse efetivada no trabalho. Quando deu o final de dezembro, pouco antes do Natal, eu havia encerrado meu contrato de estagiária.

A formatura já era no meio de janeiro. Enquanto Raiane falava, uma voz ressoava dentro da minha cabeça: "e aí, Manuela, vai fazer o que? Até agora você era estudante. A partir de amanhã, se tiver que preencher algum formulário, vai assinalar a opção de desempregada".

Eu sabia que devia tomar alguma decisão. Mas, se não era publicidade, que caminho seguir? Será que existia alguma forma de conciliar o meu amor pelo dia-a-dia da profissão com algo em sintonia com o que acreditava, ou seja: como realmente fazer, deste, um mundo melhor?

Esses pensamentos me cercavam, como siriris em torno da lâmpada assim que começa o verão, e me levavam de volta ao final do Ensino Médio, quando não tinha visto meu nome na lista de aprovados. Então, da mesma forma que no filme Divertidamente - quando uma lembrança boa vira uma tristeza, mas que do nada pode se tornar uma alegria -, o sentimento amargo daquela época me remeteu à imagem de Fabíola e logo se tornou uma verdadeira luz: o que eu precisava era de um novo cursinho. Melhor dizendo, um cursão! Um tempo fora, para ter contato com novas pessoas, novas culturas. Podia ser na área social ou de meio ambiente, que me trouxesse bagagem teórica para que depois eu pudesse juntar com a área que tanto amo – ou não (de repente, poderia mudar tudo). De uma hora para outra, meu peito se encheu de renovada alegria e eu entendi que poderia encontrar um novo ideal. Só tinha que descobrir para onde (e como pagar).

Na saída do auditório fomos – família e amigos – para um restaurante comemorar o diploma, ou pelo menos o canudo, já que o diploma mesmo ainda demoraria uns meses para ficar pronto. Minha mãe mal se continha de tanta alegria. A filha mais velha, a mais responsável, cumpriu os planos e, aos 22 anos, estava formada. Um orgulho! Já a minha cabeça estava a mil. Minha fiel companheira Ansiedade me fazia ter vontade de sair correndo para resolver a vida. Mas, como acredito piamente que celebrar é uma fase importante de todo projeto, deixei o celular bem longe, dentro da bolsa, onde eu não corria o risco de cair na tentação de trocar a companhia real dos meus entes queridos pela do navegador do Google. Mas, foi só chegar a casa que corri para o quarto. Deixei sapato no caminho, larguei a bolsa na cama e, sem compartilhar meus planos com ninguém, me joguei no computador para começar a busca.

O primeiro passo foi definir que seria um país de língua inglesa, assim – se tudo desse errado – pelo menos teria melhorado num segundo idioma. Comecei por Inglaterra, mas o valor da libra me deixou desanimada. Nos Estados Unidos até achei um ou outro curso interessante, mas não era o que eu estava buscando. Irlanda, talvez. Já era tarde, mais de meia-noite, a casa inteira dormindo, quando pensava em qual seria minha próxima opção. Estava empacada, inquieta. O silêncio me ajudou a ouvir o barulho seco do meu celular vibrando dentro da bolsa. Arranquei carteira, nécessaire, chaves. Até achar o aparelho, foi tarde demais. O whatsapp estava com três chamadas perdidas de uma amiga querida, que conheci ainda criança e de quem sempre fui muito próxima, mas que já fazia alguns meses desde que a encontrara pela última vez. A foto de Bianca na tela do celular não poderia ter aparecido em melhor hora. Mal pude conter a alegria.

"É isso! Como pude esquecer???", me perguntava quase que em voz alta.

Ao contrário de mim, Bianca tinha entrado na faculdade diretamente após o colegial e, já formada, largou tudo para estudar e trabalhar em outro país. Era um lugar distante, mas com grande preocupação ambiental, clima parecido com o do Brasil e um dólar com cotação menor que o dos Estados Unidos. Este país era... "Austrália!", berrei.

Dica da Manu:

O destino perfeito depende do que você está buscando. Antes de escolher para onde ir, defina suas metas e analise as opções com a cabeça fria e o coração aberto. Se seu objetivo é falar inglês, não adianta ir para Roma. Mas, você pode ir para Malta, que fica na Europa e a uma distância curta da Itália. Morar fora é uma experiência completa. Além do curso, é importante você pensar na cultura:

quer uma cidade grande, uma cidade pequena, um lugar com bastante brasileiros (o que te ajuda a ter uma rede de apoio) ou um lugar que quase não tenha pessoas que falem português (o que força você a viver outra cultura)? Vá a feiras de intercâmbio, use a internet, pesquise!

Preparativos para a viagem

Apesar de ser 1h da manhã em São Paulo, para Bianca já era meio-dia do dia seguinte. Retornei a ligação e foi só contar dos meus recém-definidos planos que a bichinha disparou a falar.

— Aaaaaaaiiiiii!!! Que notícia boa!!! Não acredito que você vem. Você vai adorar a Austrália, amiga! Quer dizer, a vida não é muito fácil. Tem que ralar bastante até conseguir um emprego, o sotaque é meio complicado, mas você fala bem inglês, não fala? Vai se dar bem.

Desanimada com o rumo que sua carreira de administradora estava tomando no Brasil (acordar às 5h da manhã, se arrumar - cabelo, salto alto e maquiagem -, sair de casa às 6h para trabalhar do outro lado da cidade, não ter o reconhecimento devido, ir pra faculdade e então dormir à meia-noite, tudo isso em troca de um salário que não era suficiente para pagar um lugar pra morar sozinha), Bianca tinha decidido que sairia do país assim que percebeu que a rotina de pouca qualidade de vida não estaria restrita à vida universitária e Austrália parecia ser um lugar de clima gostoso, cursos não muito caros e que aceitava bem os estrangeiros. Apesar de estar lá há apenas três, talvez quatro meses, ela estava empolgada com o país e cheia de dicas pra me dar. Por isso, ela parava um pouco, me fazia algumas perguntas e, em seguida, continuava a tagarelar.

— Já vou te passar o contato da agência que me trouxe. Fala que fui eu que indiquei. Certeza que eles vão te tratar muito bem. Se você quiser, pergunta sobre outras cidades, mas eu tô gostando bastante de Perth. É grande, mas não é tão grande, não tem tanto brasileiro, dizem que é mais fácil de arranjar emprego...

E assim foi por mais de uma hora. Muita conversa, muito empolgação. Quando desliguei, fui tentar dormir. Ansiosa, rodando na cama, mas feliz.

No dia seguinte, foi o momento de voltar à realidade e ver se o plano era realmente factível. Antes mesmo de entrar em contato com o agente de viagens indicado por Bianca, fui pra internet e comecei a pesquisar tudo que era possível sobre este gigante continental: cultura, costumes, receptividade, questões de visto, trabalho e estudo. Enfim, exausta de tanta informação – e já me sentindo segura o suficiente – liguei para a tal agência.

Como ainda estávamos no início do ano, minha expectativa era começar ainda no primeiro semestre. Eu tinha demorado muito para entender qual o meu destino e não queria mais perder tempo. Estava com aquela vontade misturada com angústia de começar tudo imediatamente.

O número de telefone que Bianca me deu caía na recepcionista da agência. Pedi para falar com Eduardo, que era a mesma pessoa que a atendia. A voz do outro lado era de alguém por volta de 30 anos, mas a empolgação e o jeito de falar eram quase de um adolescente forçado. Vai ver estava adaptado ao tipo de clientes que atendia.

— Caraca!!! Mas você já quer ir agora? Não prefere esperar até o meio do ano, não? Hum... então tá... tá beleza! Vamos ter que correr, tá ligada? Mas bora que deve dar tempo, sim. Hoje não posso te atender porque vou ficar a tarde fora do escritório, mas amanhã você pode vir aqui? Às três da tarde, fechou?

Fechei. Estava decidida e aquelas mais de 24 horas de ansiedade até ir para a agência me deram tempo suficiente para comunicar a decisão à família, o que fiz durante o almoço, aproveitando que estariam meu pai e minha mãe juntos. Já meu irmãozinho, apesar de estar fisicamente em casa, não participou da reunião familiar. Seis anos mais novo, mas que já tinha há muito tempo me deixado baixinha, o Rafa estava focando na banda adolescente com os amigos. Mas, para quem vive de mesada, não tem outro jeito senão pegar os horários mais baratos de estúdio, o que significa madrugadas.

Depois de ter chegado do ensaio no meio da noite, e provavelmente ficado assistindo TV até mais tarde, o dia não ia começar tão cedo para ele. Então, assim que estávamos os três acomodados, comecei:

— Gente, tenho uma novidade: decidi o que quero fazer da vida! Pelo menos pelo próximo ano... e isso é: ir morar fora... na Austrália!.

— Austrália??? — minha mãe repetiu, com uma cara de interrogação, meio que me incentivando a falar mais. E assim eu fiz, contando todos os detalhes da decisão.

A ideia de viver um tempo em outro país não era algo tão distante em minha família. Meus primos mais novos já tinham feito a mesma escolha, porém durante o colegial. Já no meu caso, o intercâmbio nunca tinha feito meus olhos brilharem. Agora, formada, era diferente. Estava indo pelo idioma, sim, mas também pelo aprendizado como um todo. Seria a primeira experiência morando longe de casa e ainda tendo contato com uma cultura e um respeito ao meio ambiente que eu gostaria de trazer para o meu país – se é que aquilo tudo que falavam era verdade.

Minha mãe, que nem sempre entendeu, mas sempre aceitou minhas escolhas, foi bem receptiva – da mesma forma como havia apoiado minhas ideias de fazer teatro, dança do ventre, basquete, um milhão de voluntariados e rugby. Quer dizer... o rugby, esporte que conheci sem querer durante a faculdade e durou por bons anos, foi uma exceção ao "sempre receptiva". Mas, pelo menos sua rejeição se limitava a não querer lavar meu uniforme e algumas encheções, de tempos em tempos. Para ela, uma virginiana, extremamente vaidosa e preocupada com a saúde - dela e dos outros -, ameaçar não colocar minha roupa na máquina era o castigo por gostar de um esporte que me deixava toda "roxa, cheia de hematomas e suja de barro". Por sorte, o time revezava a tarefa de cuidar das roupas.

Dona Ana, como a chamava quando queria provocar, sempre foi uma das mais bonitas e bem-cuidadas mães entre minhas amigas. Quando eu era adolescente, diziam que ela parecia minha irmã, o que era verdade.

Já eu, nunca segui para este lado e sempre fui muito mais moleca do que mulher, muito mais a amiga dos meninos do que uma possível namorada. É mais ou menos a relação da menina Ivana da novela de uns anos atrás, com a exceção de que eu só era desleixada, não transexual. Mesmo assim, frases como "você vai sair assim de casa?"; "você vai praquele seu jogo de novo?", "Por que não joga vôlei em vez disso?"; "Ah, Manu, você é tão bonita, mas se arruma, vai filha" renderam muitas brigas ao longo dos anos e desenvolveram em mim uma capacidade absurda de diplomacia e abstração. Ou seja, estava sempre pronta para defender minhas escolhas, quando necessário. Só que, no caso da Austrália, ela realmente gostou. O único porém foi a distância.

— Com tanto lugar, tinha que escolher um tão longe? Mas, se bem que Bianca estará por lá, né? Isso é uma coisa boa. Você quer que eu vá com você na agência amanhã?

Bianca, apesar de taurina, como eu, era bem parecida com minha mãe. Andava arrumada, era preocupada com os detalhes, muito responsável. E este jeito mais "adulto" de Bianca sempre foi muito bem-visto na minha casa. Meus pais tinham por ela um carinho quase como de filha - ou sobrinha. Então, ir para o mesmo lugar onde ela estava deixou o convencimento de minha mãe muito mais fácil.

Já no outro canto da mesa, a empolgação não foi assim tãaao grande. Meu pai também reclamou da distância, sugeriu que eu me informasse sobre outros países – ao que respondi com minha pesquisa da noite anterior, com detalhes do porquê não ter escolhido outro local. Depois de rápida discussão, finalmente chegamos ao nosso tradicional momento em que ele me chamou de teimosa e desistiu de discutir.

— Ah, você e essas escolhas estranhas. Não adianta contrariar, né?

Segurando o riso, preferi não responder.

Diferentemente da minha mãe, que chama atenção pela aparência, a personalidade marcante é a principal característica do meu pai. Alto, com seus quase 1,90m, magro, mas forte e muito falante, meu pai gosta de ser o centro da conversa em todas as rodinhas. Tem sempre uma opinião a respeito das coisas e adora estar certo (mas, também, quem não adora?). Mesmo reclamando constantemente da minha teimosia, dá pra ver que ele se reconhece em mim e se orgulha de que grande parte desse gênio meu e do meu irmão tenha vindo da parte dele família, da *famiglia* italiana que a gente traz no sobrenome. Frases como "O erro foi meu, em dar liberdade demais para vocês" são comuns de ele dizer sempre que minha argumentação ultrapassou o limite da sua paciência, que nem sempre é grande. Outra frase típica dele é: "não sei pra que você me pede opinião; é só eu dizer o que acho para você fazer o contrário". Mesmo assim, continuo pedindo e ele continua opinando, possivelmente só para reclamar depois - como foi o caso da viagem para a Austrália.

Com o aval familiar resolvido, no dia seguinte, às 15h, lá estava eu, com minha mãe, na rua Veridiana, próximo ao Mackenzie, no mesmo bairro onde a família de Bianca ainda morava.

A aparência de Eduardo condizia totalmente com o estilo ao telefone. Apesar de usar roupa social, andava engraçado, meio num suingue, e a forma de falar era tão solta quanto o rebolado. Me segurei para não rir. Ele parecia uma pessoa do bem - lembrava alguns dos meus amigos do colegial -, me deu várias informações, mas não convenceu.

Como eu era de casa – indicada por Bianca -, Eduardo pulou a parte de apresentação da agência e falou brevemente da Austrália e dos porquês eu iria adorar Perth.

— Pra começar, você está indo viajar pra aperfeiçoar o inglês, *yeah*? Então, se eu fosse você fugiria de lugares como Sydney ou Gold Coast. Eles são legais, *of course*. Mas tem tanto brasileiro, mas tanto brasileiro que se você quiser, vai conseguir viver na Austrália e só falar português. Não é isso que você está buscando, *right*?

Antes mesmo que eu pudesse responder, ele emendou na explicação sobre os cursos da rede TAFE, que eram os que Bianca estava fazendo e, segundo ele, eram os mais bem respeitados do país – ou pelo menos daquela região.

— Curso tem de todos os jeitos, para todos os gostos. O TAFE é legal porque faz parte da rede governamental de ensino. A qualidade varia de acordo com o estado e na *Western Australia* são muito bons. Daí tem desde o inglês básico até cursos profissionalizantes, alguns poucos abertos somente para cidadãos ou residentes australianos e outros disponíveis também para estudantes internacionais. Todos estudam na mesma classe. A diferença é que quem é de fora paga mais.

Eduardo me falou que se quisesse mesmo tentar começar o curso em fevereiro, deveria passar a documentação para ele o quanto antes. E essa documentação incluía histórico e certificados escolares traduzidos por profissional juramentado (o que custava cerca de R$50 reais por lauda, o que significa cerca de meia página), comprovante de residência, extratos financeiros meus e/ou dos meus pais ou familiares – demonstrando que teria dinheiro em conta para me manter no país pelo tempo de curso -, teste de proficiência em inglês e passaporte válido por no mínimo um ano. Eu teria que correr muito, porque, depois de tudo reunido, teríamos que entrar em contato com a escola, enviar a documentação, fazer o pagamento e então enviar o ok da instituição junto com meu passaporte e pagamento para a embaixada australiana, que avaliaria meu pedido. Segundo ele, a Austrália não é muito de negar pedidos, mas, de vez em quando, acontece. Quanto antes eu desse entrada, mais tempo teria para uma possível segunda tentativa.

Eu já me preparava para o *modus "run Manu, run"*... ou seja, "Corre, Manu, Corre!". Mas, foi aí, quando perguntei se os requisitos para a pós-graduação eram os mesmos do tal TAFE, que ele me deu a pior notícia do dia: com a qualidade do meu inglês não daria pra eu começar a pós logo de cara, não.

— Olha, sei que a gente nem fez o teste ainda, mas viver em outro país é complicado, o sotaque australiano é complicado... e você me disse que não tem aqueeeela proficiência, *right?* Na moral, se eu fosse você faria primeiro um curso qualquer, não precisa ser necessariamente de inglês, só pra se adaptar a essa nova *vibe*, e depois partiria pra pós.

A notícia caiu em mim como um banho de água fria. Não queria perder mais seis meses. Queria usar o dinheiro para uma pós e não para um cursinho qualquer. Essas negativas passavam pela minha cabeça ao mesmo tempo em fazia as contas de quanto iria gastar.

Como ele explicou, para o primeiro mês, pelo menos, o ideal era ficar na casa de uma família australiana, as chamadas *homestay.* O problema é que o valor de uma *homestay* era praticamente o valor do mesmo período de curso. E, além da questão financeira, pensar em ficar na casa de outra família me dava um pouco de receio, que poderia ser besteira ou não.

Eu sempre tinha ouvido tanto relatos ótimos de pessoas que ficaram em *homestay* quanto de algumas que... simplesmente não combinaram. E, entre tantas histórias, um dos meus maiores medos era o banho. Eu até que sou bem consciente em relação ao desperdício de água. Fecho a torneira enquanto me ensaboo, tomo banhos rápidos, mas preciso entrar embaixo do chuveiro todos os dias e sei que gringo encana. Será que isso conta? Um banho rápido todos os dias pode ser o equivalente a um demorado a cada dois ou três?

— *Look,* essas regras variam de *homestay* pra *homestay.* Não tem muito como descobrir pelo cadastro, mas podemos ver o tipo de família que mais se adequa a você — dizia Edu. — Você pode pegar outra opção, como um *airbnb*, se quiser, mas como estará nova na cidade, sozinha, estudando, o mais seguro é mesmo *homestay.*

— É, vai, Manuela, deixa dessas economias bobas. Vai pra uma casa de família, especialmente no primeiro mês. Seu pai e eu vamos ficar mais tranquilos. Depois você decide o resto.

— Tá, vamos ver o preço de tudo, isso depois a gente decide — respondi pra minha mãe, na pressa de mudar de assunto.

Segundo Edu, TAFE era uma opção mais cara do que algumas escolas, mas valia a pena. Ao me falar o valor médio do curso, Eduardo já emendou com outras possibilidades, incluindo um curso de surfe ou de *tai chi chuan*, com menos horas e mais baratos.

— É sério isso? — minha mãe perguntou, desacreditando.

— Sério! E sabe que tem muita gente interessada, viu? — ele respondeu de maneira firme.

Minha mãe riu e olhou pra mim com aquele olhar de "você não tá cogitando isso, certo?". Mas eu realmente não estava. Queria o curso para aprender inglês e definir um rumo para minha carreira. Não era um ano sabático aprendendo a surfar - até porque, do jeito que sou desastrada, deveria ser muito mais fácil melhorar o inglês do que aprender a surfar.

Uma hora e meia depois de chegarmos, tivemos que ir embora. Minha mãe estava no rodízio e Edu precisava sair para uma reunião. A lista completa dos documentos, e mais informações sobre os cursos, ele iria me mandar no final da tarde.

Para adiantar, cheguei em casa e já me joguei no site da escola. Quando minha cabeça estava quase explodindo, acabei decidindo por *Public Relations*, um curso que poderia servir como um trampolim no inglês para então chegar à tal pós-graduação.

Enviei um whats pro Edu avisando da minha decisão e duas horas depois recebi um "*that's great, girl!* Daki a pk t mando os docs", mas esse e-mail com as orientações só chegou dois dias depois, por mais que eu continuasse insistindo.

Eu não podia perder mais tempo. Então, assim que recebi a lista, comecei a separar todos os documentos. O problema é que era dificílimo conseguir falar com Eduardo. Ligava e ele nunca estava. No whatsapp, as respostas enrolativas ("já vou ver", "estava ocupado, mas chegando no escritório, blá blá blá") se alternavam com os malditos sinaizinhos azuis de quem leu e não respondeu.

O tempo passou tão rápido que chegou fevereiro, veio o carnaval e eu comecei a surtar. Dei um ultimato em Edu, que finalmente me disse que seria praticamente impossível eu conseguir ir ainda naquele semestre.

— *Look*, Manu. Eu te disse desde o início que iríamos tentar, mas esses processos são lentos.

— Esses processos, não, Edu. VOCÊ foi lento! Faz duas semanas que estes documentos estão no seu e-mail e você só me deu uma resposta agora.

— Sinto muito. Início de ano é sempre corrido, muita gente começando curso, mas por que você não adia? Aproveita, vai fazendo um curso de inglês por aqui enquanto isso, assim já chega mais preparada.

A ideia dele até que era boa, mas eu já havia definido que queria ir ainda naquele semestre. Como boa taurina, minha capacidade de mudar de ideia ou aceitar um não é praticamente nula. Estava inconformada, me perguntando a todo momento por que não poderia ser assim, "do jeito que eu tinha definido que ia ser"?

Depois de horas de revolta, pensando em um milhão de alternativas que não significassem dar o braço a torcer, engoli a teimosia e decidi que seria melhor assim, com mais tempo para me programar, fazer as coisas com calma. Mas, só de birra, também decidi que iria procurar outra agência. É bem possível que aqueles quinze dias não tivessem feito diferença alguma, mas, se estando no Brasil já estava me sentindo desamparada, o que iria acontecer quando estivesse do outro lado do planeta, com todas as parcelas pagas?

Dica da Manu:

Os cursos variam muito em duração, tipo e valores. Na hora de escolher uma agência, pesquise, peça indicações de amigos, faça uma busca da reputação da empresa na internet. A escolha do curso é tão importante quanto a escola em que você vai estudar. Qualidade boa nem sempre significa preço alto.

Mas, cursos muito baratos também podem esconder uma qualidade ruim (e de nada vale um curso no currículo se você não souber se virar em uma entrevista de emprego, por exemplo). Antes de fazer qualquer pagamento, tenha certeza da escolha.

Fazendo as contas

Depois do episódio com a primeira agência, tirei uma máxima para a vida: Gosto é igual opinião, que é igual a... vocês sabem o quê: ou seja, cada um tem o seu. E o que caiu no gosto da Bianca realmente não funcionou comigo. Teria que procurar uma nova agência. Por isso, aceitei a sugestão de minha mãe de falar com a empresa que organizou a viagem dos filhos de uma amiga dela.

Mais uma vez, fomos juntas para a tal agência, uma empresa pequena, de bairro mesmo, mas que tinha ótimas indicações. Explicamos o desejo de *Western Australia*, TAFE e afins. De imediato, foram francos em me dizer que não era a especialidade deles. Estavam mais acostumados com escolas em Sydney, Brisbane ou Melbourne, onde, sim, há mais brasileiros, mas que isso não seria um problema. "Falar ou não inglês vai depender muito mais de você do que da cidade onde você estiver", me explicou a atendente, chamada Carol. Mesmo assim, iriam entrar em contato com o TAFE e fazer a intermediação. Enquanto isso, já me passou a relação de documentos que normalmente são exigidos – e a lista era enorme: cópia de RG, CPF, informe de imposto de renda, comprovante dos últimos três meses de extrato bancário (meu e/ou do meu responsável financeiro), certificados de conclusão de curso e histórico escolar (cópia autenticada mais tradução juramentada), passaporte válido, vacina contra febre amarela, certificado de proficiência em inglês.

Saí de lá com três folhas impressas e a promessa de ter mais informações sobre o curso em até quatro dias úteis (como o fuso é de 13 horas, acaba demorando mais). Agradeci, respirei e fui embora com a papelada na mão. Parecia que cada folha pesava no mínimo cinco quilos. Minha mãe estava empolgada, mas eu não conseguia me concentrar no que ela dizia. A possibilidade real da viagem trouxe à tona muita informação, muito sentimento misturado. A garganta travou. Cara, como mãe entende a gente. Não precisei dizer nada. De repente, ela entendeu tudinho e parou de falar.

— E aí, está nervosa? — me perguntou quando entramos no carro.

— Um pouco.

Na verdade, estava muito. Aquele sentimento de "será que estou fazendo a coisa certa?" rodava na minha cabeça e eu sentia um aperto no estômago. O investimento era alto. Mais de mil reais somente para visto, traduções juramentadas e formulário de inscrição para a escola. Isso além do valor das aulas - que variava entre cento e poucos dólares australianos por semana (para alguns cursos de inglês) até AU$ 6 mil por semestre nos cursos técnicos -, e da comprovação de que teria o montante para sobreviver sem precisar trabalhar.

A diferença entre os cursos era considerável, mas por menor que fosse o valor, eu não possuía todo o dinheiro em conta - e não pretendia pedir o apoio dos meus pais. Então, quando chegamos em casa, fui mais uma vez para o meu quarto. Dessa vez, com a porta fechada, o que sempre foi algo muito incomum em casa. Eu precisava me concentrar, mas não dava para sair, ir a um parque, a uma biblioteca. Com este monte de mudanças que estava prestes a enfrentar, eu precisava me concentrar dentro do meu quarto, um ambiente onde me sentisse segura, enquanto possível.

Sentei à escrivaninha, que até alguns meses antes eu usava para escrever a parte teórica do TCC e comecei a fazer as contas. Se eu vendesse meu carro pelo valor da tabela Fipe (o que seria difícil, mas não impossível), juntasse com o pouco dinheiro guardado, convertendo tudo em dólares australianos e tirando o valor do curso, seguro saúde e o primeiro mês de homestay, quanto me sobraria? Não precisei nem dividir pela quantidade de dias para saber que não era muito.

Além do apreço por boa comida e da teimosia, outra característica forte de uma taurina é não saber viver sem dinheiro. Não é que precise de muito, mas qualquer tipo de insegurança, incluindo a financeira, não é algo que combine com os nascidos sob o signo do planeta Vênus.

"Ah, será?", pensei.

Aquele frio na barriga bateu forte, se espalhando pelo corpo inteiro. Respirei, fechei os olhos e decidi. Na comparação de prós e contras, a pior alternativa seria não ir e me arrepender depois.

Naquele momento, minha mãe bateu na minha porta.

— Manu, tá tudo bem?

— Está, sim, mã, obrigada.

— Que bom. Seu pai chegou e o Rafa acordou. Vamos comer um lanche todos juntos então, aproveitando que você ainda está aqui?

Ao contrário do que sentia há menos de cinco minutos, aquela frase... pensar que em breve não estaria em casa, mas do outro lado do mundo, me fez sorrir.

— Vamos, que eu tô morrendo de fome!

Dica da Manu:

Para tirar o visto, seja para a Austrália ou para qualquer outro país, os documentos necessários costumam incluir preenchimento de ficha cadastral, pagamento de taxa, passaporte válido por no mínimo seis meses, comprovação de renda que permita viver no país pelo tempo proposto,

além de tradução juramentada dos documentos acadêmicos, caso o visto seja de estudante e você queira fazer um curso técnico ou faculdade (para curso de idiomas o teste não é necessário). Não costuma ser difícil, só dá um pouco de trabalho, e as agências de intercâmbio dão toda a consultoria.

Seis meses que passam muito rápido

Sabe o que é melhor que ter amigos? Ter amigos de verdade e bem empregados, especialmente quando tudo o que você precisa é indicação para frilas. Então, no dia seguinte, sem a menor vergonha, catei o celular, criei uma lista de transmissão que chamei de Primeira Tentativa e mandei para os contatos e grupos mais próximos aquela mensagem super clichê, mas que sempre funciona:

"Caros amigos, eu poderia estar roubando, eu poderia estar matando, mas, em vez disso, tudo o que eu peço é uma indicação desesperada para frilas. Como vocês sabem, eu trabalho bem, sou ótima em criação e redação publicitária, tenho um português fantástico, ideal para a revisão de textos (os gerundismos eu guardo só para as piadas), e uma modéstia de dar inveja em todos vocês. E aí, bora ajudar a amiguinha?"

Tudo isto, junto, obviamente, com um gif do Gato de Botas do Shrek.

Ou seja, um pedido irresistível.

Não demorou muito para começar a receber respostas, a maioria de promessas que nunca se realizariam, mas uma ou outra bem que acabou dando certo, deixando meu cofrinho australiano um pouco mais gordo.

Na lista de contatos, um grupo se destacava: As Jones. O grupo tinha este nome depois que minha mãe, brincando, disse que minhas histórias eram tão loucas que lembravam o livro (e a subsequente série de filmes) O Diário de Bridget Jones. Quando contei isso para as meninas da faculdade, adotamos o sobrenome em conjunto.

10:50
Melissa: Manu!!! E aí, mulher, quanto tempo! Como você está? Que história é essa de desesperada por frilas? Tá sem dinheiro? Não dá pra esperar um trampo fixo?

10:57
Aninha: hahahaha pensei a mesma coisa! Manu passa quase um mês sumida nesse whats e, quando volta, é pedindo dinheiro. O que foi? Aquele teu peguete não tá sendo cavalheiro como deveria? Já te falei que essa história de querer ser toda independente, de pagar tudo é furada, né?

11:00
Eu: Não, gente, não é nada disso... é que eu tenho uma novidade! Só não contei antes porque estava longe de ser certo, não queria criar expectativas, mas agora já posso

11:05
Lisa: ...

11:11
Lisa: TO ESPERANDO, DONA MANUELA! Onde já se viu me deixar curiosa assim?

11:13
Eu: hahahaha estava esperando todas
já terem lido a primeira parte.
A novidade é..
EU VOU PRA AUSTRÁLIA!!!

11:14
Lisa: O qqqqqqq?????

11:14
Aninha: Quando???

11:14
Melissa: E você vai contar assim,
de picadinho? Anda, fala
todos os detalhes!!!

Abrindo uma rara exceção para os áudios, já que, fora Lisa ninguém daquele nosso quarteto tinha paciência para isso, contei tudo o que tinha rolado nas últimas semanas e por que eu precisava tão desesperadamente de frilas (e não de um emprego fixo que me deixaria com horários presos para resolver as coisas e me faria pedir demissão em poucos meses).

11:25
Melissa: é, faz sentido você só
querer frila. Se já tivesse em um
emprego, tudo bem continuar,
mas começar um agora é mais punk.
Você sabe que eu não entendo muito
dessa parte de agência, né? Não tenho
o menor saco para essas coisas, mas
se ficar sabendo de algo te aviso, sim.

11:27
Aninha: Me manda seu currículo que passo pro pessoal de contratações, Manu. Se tiver vaga para revisão, eles já entram em contato. Você emite nota fiscal? Isso é importante.

11:30
Eu: Ainda não, mas já vi como é o esquema de cadastro de MEI e essa semana eu resolvo isso. Valeu, amiga.

11:31
Lisa: Ah, nãaaaaao... você vai me deixarrrr!!!

A mensagem de Lisa veio junto com um sticker de um kibe usando um aparelho auditivo e a palavra "Kibesurdo". É bobo, mas eu ri muito.

Em seguida, tivemos a difícil tarefa de marcar um encontro. Enquanto Melissa e Aninha faziam mais o estilo aproveitar o dia, Elisa (ou Lisa, como todas a chamávamos) era a baladeira em pessoa. Já eu me dividia entre os dois grupos: encontrava Melissa sempre que seu horário louco de trabalho a permitia, tentava participar do um milhão de cursos diferentes que a incansável Aninha inventava e ainda fechava a noite dançando com Lisa.

Assim, para comemorar a novidade em um local onde todas aproveitássemos, combinamos de nos ver no final daquela semana no BlackDog, onde passamos grande parte dos nossos jantares na faculdade. E, depois daquele encontro, foram mais vários. Afinal, precisávamos aproveitar enquanto estávamos as quatro na mesma cidade. Só o dia é que variava. Por mais que Lisa gostasse de nós, desperdiçar tantas sextas-feiras com *Girls' Night* era demais.

— Eu quero ir pra balada, gente! Essa história de comer e ir pra casa é coisa de gente velha — ela dizia e eu concordava. Por isso, começamos a trocar o cachorro quente pelo bar. Pra Melissa e Aninha era a atração principal. Já para Lisa e para mim, só um esquenta.

E assim, entre frilas, encontros frequentes com as meninas e não tão frequentes com o peguete que Aninha tinha citado, o tempo foi passando do jeito que gostaria. O dinheiro extra me permitiu, inclusive, fazer um curso de bartender, o que, além de diversao, eu via como investimento para meu futuro australiano. Vai ver, a ansiedade com o que estava por vir me deixou menos apegada com o que possuía.

— Mas, e aí, você falou pro Mário que vai viajar? — perguntou Lisa, um dia, pouco menos de três meses antes da viagem.

— Falei. Até fiquei em dúvida se deveria, afinal, a gente nunca teve nada sério, mas falei.

— E aíii?

— Aí, que nosso caso ficou ainda mais casual do que era. Ele manda mensagem de vez em nunca, a gente sai, dá uns beijos, ele me dá uns perdidos; ele me liga de novo, se é em cima da hora e eu já tenho planos, a gente fica mais um tempo sem se ver. No final, achci até bom. Não teria porque começar algo sério agora, né? Então vamos nos vendo quando dá. Quem sabe não é na Austrália que vou encontrar o grande amor da minha vida?

— Ah, não brinca não!!! Você vai, mas você volta. Se achar o cara, você traz ele, ouviu, dona Manuela, eu to falando sério!!! — a voz brava de Lisa era engraçada. Tentei, mas não consegui não rir.

— hahahaha combinado, amiga.

Além das meninas de São Paulo, durante esse tempo, eu falava quase que semanalmente com Bianca, que me dava todas as dicas, desde o tamanho da mala até qual o melhor seguro-viagem (item obrigatório para quem vai estudar fora).

Quando as conexões do Skype ou do whatsapp vídeo ficavam ruim, ela mesma ligava para o telefone fixo dos meus pais, aproveitando uns pacotes megainteressantes que ela tinha me dito que existiam na operadora australiana de celular. Se eu não estava em casa, ela falava com minha mãe. Como eu não sou muito de falar pelo telefone, até que gostava quando isso acontecia.

Conforme a viagem foi ficando mais próxima, nossas conversas foram ganhando intensidade. Todos os meus amigos, mesmo os que não conheciam Bianca, já sabiam da sua existência e, no meu aniversário, em que Mário foi só para dizer tchau, fizemos uma live do bar, para que ela se sentisse parte da festa. Quem providenciou o tal facetime (só disponível para iphones) foi Cecília, amiga minha e de Bianca desde a infância.

Cecília estava namorando há anos e, por isso, não andava mais tanto com a gente. Mesmo assim, nunca nos distanciamos. Talvez por isso ela tenha sido pega tão de uma surpresa quando, naquele aniversário, faltando quase dois meses, contei da viagem.

— Ah, como assim, você vai também??? Ah, que legal! Vai ser uma aventura e tanto!

Cecília falava entusiasmadíssima. Renato, seu namorado, estava do lado, mas, apesar da mão dada com minha amiga, não prestava muito atenção à nossa conversa e estava mais atento ao telão, assistindo a São Paulo e Santos disputando mais um jogo pelo campeonato paulista de futebol.

— Acho que vou mesmo! Agora, que está chegando, já me dá o friozinho na barriga de novo, e não passa de jeito algum.

— Mas, o que falta? — Cecília perguntava enquanto Renato continuava com o olho fixo no jogo.

— Agora, acho que nada. Meu visto ainda não chegou. Eu preferi tirar um passaporte novo, pra ter mais validade, mas a moça da agência disse que deve dar tudo certo. A maratona de médicos eu já fiz. O que eu achava que seria o mais difícil, vender meu carro, foi supersimples. Meus pais conseguiram o dinheiro para comprar de mim e dar pro meu irmão, que está tirando carta.

— AH, NÃAAAAAO!!! — gritou Renato.

Nós duas paramos e olhamos para ele. Mas nem deu tempo de achar que ele estava megainteressado em comprar meu Golzinho 2005 ou que estava preocupado com mais um motorista inexperiente nas ruas da cidade. O problema dele era muito mais sério: Santos tinha acabado de fazer mais um gol.

— São Paulino, né? — perguntei pra Ceci.

— Ah? Falaram comigo? — ele perguntou meio perdido.

— Fanático! — ela me respondeu, virando os olhos pra cima, enquanto passava a mão nas costas dele, meio que dizendo para ele não se preocupar com o nosso papo, ao que foi prontamente obedecida.

— Ah, que ótimo! Pra vocês dois! — Ceci continuou.

— Foi ótimo! Agora, é só arrumar as malas.

— Que bom... bem, eu tenho que ir daqui a pouco, mas se precisar de alguma ajuda, de alguma roupa, de frio ou calor, me avisa. Combinado, amiga?

— Fechado, Ceci!

— Mas fala mesmo!

— Pode deixar.

Para aproveitar Cecília por ali, fizemos uma nova live, dessa vez cantando parabéns e a festa continuou, regada a muitos brindes de despedida. Infelizmente, a ressaca do dia seguinte me impediu de lembrar de muitos outros detalhes.

Dica da Manu:

Sabe qual a melhor coisa de ir embora? Festas de despedidas! Aproveite da forma como preferir, de cafés da manhã em casa a baladas, passando por piqueniques no parque. O importante é reunir as pessoas queridas e tirar muitas fotos, porque são elas que você vai levar na viagem.

O cuidado com as malas

Se fosse falar com vocês há dois anos, talvez até menos, eu nunca me imaginaria vendo tutorial no YouTube de como organizar a mala de viagem, ainda mais com tanto tempo de antecedência. O problema é que, por mais que o clima australiano fosse parecido com o do Brasil, seria um ano, ou, na pior das hipóteses, pelo menos seis meses!

Uma das irmãs da minha mãe, já craque nisso, depois de ajudar seus três filhos a fazer o mesmo caminho para o outro lado do planeta (antes de mim, a Austrália já tinha recebido amigavelmente outros membros da minha família), tentou tirar um pouco da pressão me lembrando que roupa se repete e que, por isso, eu não precisava levar mala para um ano, mas, sim, para quinze dias, talvez um pouco mais.

— Chegando lá, você vai ter que lavar roupa e, mesmo que não queira gastar, vai acabar comprando uma ou outra coisinha — disse ela, sem, no entanto, me deixar muito mais tranquila.

Afinal, por mais que eu não precisasse levar roupa para um ano inteiro, ficar os doze meses, como eu gostaria, significava ter um mínimo de roupas e sapatos para as 4 estações (de biquíni a roupas de frio). Além disso, precisaria de um pouco de produtos de higiene pessoal, documentos, remédios de emergência ou uso contínuo...

Para levar tudo isso, a mala tinha que ser grande e, lógico, eu não tinha uma daquele tamanho. Era muita coisa para comprar, para ver, e, toda vez que pensava em arrumar essa parte, meu coração dava um nó. Mesmo com os estímulos da minha mãe, que insistia que eu deveria adiantar tudo o que era possível para não ter surpresas desagradáveis de última hora, eu demorei uma vida para fazer a lista do que eu deveria levar.

Mas, tirando a mala, o resto até que foi fácil.

Seguindo as indicações de Bianca, depois de ter dado *check* em todos os médicos (incluindo o obrigatório para o visto, que não pode ser pago pelo convênio), chegou a vez de pensar nas lembrancinhas típicas do Brasil. Obviamente, não é nada que você PRECISE fazer, mas é legal levar algo como camisas de futebol (que podem ser de qualquer uma das cores da bandeira e ter emblema do Brasil, não necessariamente a oficial), chinelos havaianas e chocolates!

Só tinha se passado uma semana desde o meu aniversário, ainda faltavam mais de 45 dias para a viagem e eu tinha conseguido terminar todo o meu checklist com antecedência. Um orgulho para mim mesma, que até alguns anos antes fazia as malas na madrugada anterior ao dia de partir. Desta vez, mesmo que não tivesse comprado tudo, estava com minha lista pronta, esperando somente receber o visto e guardar as coisas.

Quando enfim tiquei o último item da minha lista, com um sentimento de alívio, sentei na cama para assistir as séries da Netflix. Era como um prêmio por ter sido tão eficiente. Um prêmio com áudio em inglês e sem legenda (já que ainda tinha muito o que treinar).

Não tinha nem chegado na categoria "Séries de suspense" de que tanto gosto, quando tocou meu telefone, que, diferentemente do que sempre acontece, não estava no silencioso. Quando vi o nome de quem chamava, estranhei ainda mais. Era Cecília.

Da última vez que nos vimos, quando nos despedimos no meu aniversário, notei certa tristeza na fisionomia dela. Pensando bem, ela podia ter razões para isso. Afinal, suas duas amigas mais próximas estavam saindo do país, juntas, e ela iria ficar. Mesmo assim, não éramos de nos ligar muito. Pensando melhor, acho que eu nunca fui de ligar ou atender muito, tanto que meu aparelho vivia no não perturbe, com várias ligações perdidas.

— Vou pegar seu telefone de volta e te dar um bip, daqueles antigos. Você nunca atende de primeira, tem sempre que retornar depois — meu pai costumava ameaçar sempre que queria falar comigo e era recebido pela irritante orientação de deixar a mensagem após o sinal.

— Tá, mas se eu ficar sem telefone, como vou retornar depois? — eu respondia em seguida, só para provocá-lo. Mesmo hoje, quando quase ninguém mais sabe o que é um bip, de vez quando ainda voltamos a este diálogo.

Cecília nunca foi de reclamar, mas era uma das minhas amigas que mais insistia em ligar. Com o tempo, provavelmente cansada de cair na caixa postal, também se rendeu ao ícone verdinho do whatsapp sempre que queria estabelecer contato. Por tudo isso, estranhei em ver o seu nome no visor do celular em vez de os números de telemarketing de sempre.

Quando atendi, senti algo de ainda mais estranho. A voz de Cecília estava com um ânimo a mais e, enquanto eu me sentia transloucada, ela parecia particularmente feliz. Era certo que tinha novidades, mas não precisei de muito tempo para entender do que se tratava. Dois segundos após o "oieee", veio a notícia que mudaria tudo:

— Adivinha! Pode reservar um lugar pra mim... que eu vou pra Austrália com vocês!!!

Dica da Manu:

Na hora de fazer a mala, não se preocupe tanto com a quantidade de roupas. A história de uma mala para quinze dias é real. Além disso, por mais que você não seja tão ligada em moda, vai querer ter coisas locais. Já remédios de uso contínuo, como pílulas ou hormônios para a tireoide, podem e devem ser levados daqui. Para isso, é só passar em um médico que dê a receita, justificando tantos medicamentos. Se quiser economizar espaço, tire da caixa.

Dica da Cecília:

Para fazer uma boa viagem, leve uma amiga querida junto.

☺

As três mosqueteiras

Como disse, Bianca e eu nos conhecemos ainda meninas, no que hoje se chama primeiro ano do Ensino Básico, mas na época era simplesmente o prézinho. Tínhamos cinco anos de idade. Criança, especialmente nessa idade, tem sempre uma melhor amiga. Eu não era a melhor amiga de Bianca nem ela a minha, mas sempre fomos muito próximas.

Por quê? Bom, acho que chegou o momento de dividir um semissegredo com vocês. Apesar de eu me autodenominar (e assinar) Manuela, meus amigos e toda minha família me chamarem de Manu, tem algo na frente dele. O algo é um A., de Aída.

Meu nome composto é Aída Manuela. Isso porque minha mãe gostava de Manuela, meu pai gostava de Manuela, mas por algum motivo decidiram homenagear uma das minhas bisavós. Nada contra o nome, e, inclusive acho bonita a homenagem. Só não sei se precisava juntar os dois. Escolhe, né, gente? Mas pelo menos não posso reclamar de ter nome comum. No final, o Aída só era usado na chamada da escola. E foi aí que Bianca e eu nos unimos.

Como Aída é muito próximo alfabeticamente de Bianca, a não ser que entrasse um Antônio ou Beatriz na sala, nós éramos uma a dupla da outra sempre que a professora ficava com preguiça de escolher alguma outra forma mais criativa de fazer pares do que pela lista de presença.

Nós duas éramos bem diferentes. Bianca era pequenininha, espevitada, bagunceira e, por vezes, briguenta. Eu, sempre uma das últimas da fila, por causa da altura, gostava de conversar e dar risada, mas não era da zueira. Já nos trabalhos a gente se entendia, principalmente nas aulas de redação. A professora dava o tema, Bianca vinha com a ideia inicial e eu desenvolvia, transformando em texto. Juntas, tínhamos as melhores notas.

Ao longo dos anos, de tanto fazermos dupla, nossa parceria foi se aprimorando ao ponto de uma escolher a outra mesmo quando não éramos obrigadas. Além disso, Bianca e eu tínhamos nascido com um dia de diferença. Em vez de brigar para ver na festa de quem os amigos iriam, a gente comemorava juntas, o que acabou nos unindo, mesmo sendo tão diferentes. E, assim, mesmo que no recreio cada uma andasse com sua turma, a amizade foi aumentando.

Quando estávamos na adolescência, lá pelos 14 anos, entrou em nossas vidas um serzinho diferente, que havia chegado há cerca de seis meses no colégio. Numa época em que a maioria das meninas usava cabelo comprido e estava apenas começando a exibir o sutiã, a menina nova era muito alta (até mais do que eu), cabelo curtinho e corpo muito mais desenvolvido que qualquer uma da sala. Os meninos, para disfaçar o interesse, zuavam, o que hoje se chamaria fazer bullying, e as outras meninas, por desprezo ou despeito, a ignoravam.

Para ajudar na transição de conteúdo, Cecília foi orientada a sentar na primeira fileira. Na carteira logo atrás, apesar de toda a altura, estava eu.

— Você também é nova na escola? — ela perguntou.

— Não, eu sento aqui porque não enxergo a lousa se sentar mais pro fundo.

— Nossa, será que você não precisa de óculos? — disse ela, realmente preocupada.

— Eu tenho óculos! Está aqui, na bolsa. É que não gosto de usar — respondi eu, tipicamente adolescente, dando de ombros e apontando para a mochila colorida, aberta e toda bagunçada.

— Ah, entendi.

Aquela foi a primeira vez que vi Cecília fazer cara de quem me achava estranha, mas estaria longe de ser a última. Cinco minutos depois, já estávamos amigas, mas foi só no início do ano seguinte, quando minha então melhor amiga saiu da escola, que realmente ficamos próximas.

Nessa época, Cecília já fazia parte de um dos grupos de meninas mais conhecidos da escola. Era o de Bianca, e do qual também faziam parte Renata e Daiana. Renata era a líder, mas as três meninas tinham uma personalidade forte, o que atraía muito do famoso bullying, mas que elas revidavam na mesma moeda. Cecília, que logo foi acolhida pela trupe, era a mais quietinha de todas e talvez por isso foi de quem mais me aproximei quando, no ano seguinte, fui eu a adotada pelo grupo, que de trio virava um quinteto. Cinco meninas, cada uma bem diferente da outra.

Renata era a de temperamento mais forte, daquelas que é impossível ignorar. Ou você ama ou odeia. Um pouco gordinha, sempre sofreu um certo desrespeito do resto da sala por isso. Porém, em vez de ficar retraída pelas brincadeiras dos colegas, falava alto, era expansiva, tinha brigas frequentes com meninos e meninas, mas quem a conhecia de verdade via nela uma canceriana emotiva, sensível, pronta para defender seus amigos. Bianca, como disse, também é taurina, mas deve ter um pouco de ariana escondida. Desde pequena, sempre foi de lutar muito por seus sonhos e pelo que acredita. Um dia, depois de ter sido acusada injustamente de ter colado na sala de inglês, foi até a diretoria e armou um dos maiores barracos da história da escola. Não conseguiu o pedido de desculpas da professora, que era o que ela buscava, mas conseguiu a rara oportunidade de refazer a prova. Era uma inspiração para todas nós.

Cecília, além de ser a mais bonita, era a mais sonhadora. Para a maioria da sala, era muito quieta, mas, com a gente, se soltava. Um dia, quando as meninas mais uma vez tinham marcado de se encontrar para brigar depois da aula (o que nunca passava de uma discussão acalorada), uma das garotas teve a audácia de puxar o cabelo de Daiana. Enquanto todas gritavam, Cecília dava bolsadas na agressora, despertando um lado que ninguém nunca tinha visto. Eu, que estava chegando na escola e me deparei com a cena, parei, estática, e só conseguia dar risada. Parecia que a Ceci tinha, enfim, encontrado um porto seguro no nosso grupo.

Daiana era a mais séria das cinco. Como toda libriana, tinha muito definido o que ela acreditava ser o certo. Era estudiosa, mas topava matar aula só para ficar de bobeira de vez em quando. Foi ela quem começou um trio com Renata e Bianca - e desde então vivia momentos de altos e baixos na relação de amizade com as duas, tentando achar seu espaço no grupo.

E, quanto a mim... bom, acho que eu era a mais discreta das cinco. Detestava aulas de educação física, não era muito fã de baladas (preferia shows de rock, onde frequentemente entrava nas rodinhas de bate-cabeça), ia bem nas provas, mas não me esforçava, falava com quase todo mundo da sala, ignorando as tentativas de zoação, e tinha uma preguiça enorme das brigas em que as meninas se envolviam.

Uma história minha que Cecília adora lembrar é de quando, no final do semestre, ela enfim pediu desculpas porque não poderia mais prestar atenção no que eu falava durante a aula. Era um dia em que eu provavelmente tinha ido a um show na noite anterior e, animada, queria dividir tudo que tinha acontecido, ignorando o que a professora dizia em frente ao quadro negro.

— Manu, desculpa, mas não estou prestando atenção no que você está falando. Preciso entender essa matéria senão fico de recuperação.

Passando por cima de todo o constrangimento que ela estava sentindo em me dizer isso, eu respondi, quase que instantaneamente:

— Nao precisa ouvir, não. Se der, só senta assim meio de lado, assim as pessoas acham que você está ouvindo e não vão achar que estou falando sozinha.

De novo, aquele olhar confuso da minha amiga.

— Na hora, eu jurava que achava que eu não tinha entendido, mas daí olhei pra você e percebi que você tava falando sério, então sentei meio de lado e você ficou falando baixinho o resto da aula, não tenho ideia do quê — ela conta ainda hoje.

Enquanto nós duas sentávamos na frente, Renata, Bianca e Daiana ocupavam o famoso fundão. Dava o sinal e a gente se reunia. Eu adorava aquele clima. Pena que durou pouco.

Um ano depois de nos juntarmos, Renata mudou com a família para outro país e Daiana acabou se afastando, naturalmente. Já eu, Bianca e Cecília ficamos cada vez mais unidas. Mesmo que não nos víssemos sempre, estávamos em contato.

Quando Bianca foi para a Austrália, combinei com Cecília que nos veríamos uma vez por mês, pelo menos. Durante os primeiros dois meses, conseguimos honrar o acordo, sem faltas. Mas, depois, Ceci estava cada vez mais com o namorado e eu estava com o TCC. Acabamos só nos falando pelo telefone, e mesmo assim bem raramente.

A exceção foi aquele aniversário. Na época, ela disse que estava feliz, mas que gostaria de ir junto. Eu achei que era brincadeira e respondi com um "vamos!!!".

Apesar de não ostentar, Cecília vinha de família rica. Se decidisse viajar, dinheiro não seria grande problema. Assim como Bianca, ela também estava formada em Administração, mas preferiu o foco em Recursos Humanos. Trabalhava na empresa do pai e, realmente, uma especialização não faria mal. Por outro lado, já fazia cerca de nove anos que namorava Renato, um moço legal, educado e certinho - como se espera de um jovem de classe média alta paulistana. Renato estava prestes a se formar em Direito e a expectativa de todos é que o pedido de casamento acontecesse após a aprovação na OAB. O problema é que nenhum dos dois parecia estar muito empolgado com isso. A viagem, então, seria também uma oportunidade de se libertarem de um namoro que ninguém tinha coragem de terminar.

— Vai ser uma aventura e tanto! A gente será como as três mosqueteiras desbravando a Austrália! — ela falava tão empolgada quanto Bianca, quando contei que estava indo.

Para mim, que até aquele momento pensava em ir para estudar-formar-voltar, a missão começou a se tornar mais interessante. Seria ótimo ter Cecília por ali também. Sempre tinha visto nela uma espécie de irmã mais nova (mesmo que a data nossos RGs dissessem o contrário). Mas, diferentemente de Bianca e de mim, seus planos não estavam assim tão definidos (pelo menos, não que ela tivesse dito). Para Cecília, nossa viagem seria uma aventura.

Assim como Alice foi para o País das Maravilhas, nós estávamos indo pro País dos Cangurus!

Dica da Manu:

Utilize (e muito) as redes sociais! Se estiver pensando em viajar, não fique com vergonha de entrar em contato com velhos conhecidos ou indicação de contatos jà tenham ido aos mesmos locais que você planeja visitar. Caso não conheça ninguèm, faça uma busca nos grupos de Facebook ou fòruns de sites de viagem. Por mais que guias e blogs ajudem, ter alguèm local para ajudar nos primeiros meses não se paga.

Despedidas

— Vamos, que você vai ficar atrasada! Ainda precisa tirar o certificado de vacina contra a febre amarela, despachar a bagagem... o Google diz que está demorando quase uma hora até Cumbica.

Pensem numa pessoa estressada com horário. Agora dobrem isso. Esse é meu pai, toda vez que vai levar alguém ao aeroporto. Daquela vez, até que a aflição fazia sentido. Depois de todo aquele empenho, não embarcar por besteira seria o cúmulo do absurdo. E foi tudo tão intenso e tão rápido...

Quando Cecília me disse que tinha decidido ir comigo, compartilhei todos os passos que havia percorrido até então. Indiquei a agência, passei o link com os cursos, dei o contato da tradutora, orientei onde tinha a vacina contra febre amarela em estoque, disse que ela poderia pegar o comprovante internacional na hora mesmo (na sala da vigilância sanitária do aeroporto de Guarulhos, em São Paulo), compartilhei todas as dicas sobre os cartões Travel Money, troca de dólares e cartões de crédito.

Com o caminho das pedras mapeado, mesmo começando depois, ela também conseguiu resolver tudo em tempo. Só pagou um pouco mais caro na passagem.

Para que tudo desse certo, durante aqueles três meses de preparação, mal tínhamos nos visto, cada uma na sua loucura particular. No pouco tempo que eu tinha livre em casa, aproveitava para ver séries e mais séries – não que isso fosse realmente um sacrifício -, todas em inglês e sem legenda, para chegar com o inglês tinindo.

Assim, quando nos encontramos, poucos dias antes, foi na sede da agência para receber a documentação. Acompanhadas de nossas respectivas mães, pegamos as últimas orientações e planejamos a hora do encontro no aeroporto. Naquele momento, era difícil saber quem estava mais animada - mães ou filhas.

...

— E o passaporte, já pegou?

— Peguei!

— Bolsinha de remédio?

— Tá na mala!

— Roupa de frio? Chinelo?

— Tudo guardado. Chinelo está na bolsa de mão.

— E o presente para a *homestay*? As encomendas da Bianca?

— Siiiimmm!! Foi a primeira coisa que guardei.

— Ótimo, então vamos?

— Vamos! Ah... péra que tenho que ver se peguei a carteira.

É... se por um lado meu pai é o estresse em pessoa, eu sou a encarnação da tranquilidade. Obviamente essa mistura não costuma dar muito certo. Meu pai já estava bufando, puxando minha mala enorme - presente de uma das minhas tias –, meu irmão tinha finalmente levantado do sofá e minha mãe, aflita, do lado da porta, quando comecei a me despedir da casa e da cachorra, em quem dei um abraço bem apertado enquanto meus olhos se enchiam de lágrimas.

Eu ganhei a Coca, uma salsichinha preta com sobrancelhas e patinhas marrons, quando tinha dez anos. Sempre adorei cachorros, mas foram muitos pedidos de Natal e aniversário até que minha mãe finalmente se convencesse de que seria um bom presente. A partir de então, foi minha grande companheira, mesmo nos anos em que morou no sítio por algum tempo. Agora, com seus quase 15 anos, sobrevivia às custas de duas injeções de insulina por dia, já não enxergava e tinha resquícios de alguns AVCs. Mesmo assim, se virava bem em locais conhecidos. Por mais que não quisesse pensar naquilo, eu sabia que as chances de a encontrar na volta eram mínimas. Eu, que sempre fui tão firme, tão não-emotiva, chorei. Minha relação com cachorros é muito forte – talvez até mais do que com muitos humanos. O que me confortava era saber que ela estava em boas mãos. E eu precisava ir.

Demorei um pouco para me recuperar do adeus, mas a conversa com meus pais, já dentro do carro, me reanimou. Enquanto colocávamos as coisas no porta-malas, percebi que o carinho dos familiares estava presente em cada canto da viagem. A mala tinha sido presente dessa minha tia; o notebook, do meu pai. Minha mãe fez questão de me dar várias roupas para a viagem, assim como uma boa quantia em dinheiro, complementada por avó e outras tias. Aquela sensação me trouxe conforto.

Como era de se esperar, o Google Maps tinha razão e, pouco menos de uma hora depois de sairmos de casa, estávamos no estacionamento do aeroporto. Cheguei na fila para despachar as bagagens quase três horas antes do embarque. Tempo tranquilo para deixar as malas e seguir até a vigilância sanitária. Foi nesse momento, saindo com o certificado da vacina em mãos, que nos encontramos. As duas famílias inteiras. Eu com meus pais e meu irmão. Cecília com suas duas irmãs, pai, mãe e namorado. "Nossa, tinha até esquecido do Renato", pensei quase que em voz alta. Minha mãe sentiu minha estranheza quando olhei para o moço, e comentou:

— Manu, mas a Ceci continua namorando? Como é que vai ser a partir de agora?

— ... E eu sei lá? — respondi, dando de ombros, sem me importar muito — Até onde eu sei, esse namoro dos dois tava tão parado que vai fazer até bem. Assim ou vai ou racha. Estranho é Cecília não ter terminado antes de ir — completei.

— Vai ver será mais fácil terminar a distância — comentou minha mãe.

— É... Pros dois... — encerrei o assunto, enquanto acenava pra minha tia, que tinha rodado 150 km só pra me desejar boa sorte e já esperava no aeroporto.

— Tá vendo? Até sua tia já chegou. Falei que a gente deveria ter saído mais cedo — cutucou meu pai. Eu segurei a risada pra fingir que não estava ouvindo e fui cumprimentá-la, reunindo toda a família.

Na despedida final, choros contidos. Meu pai, algum tempo depois, me confessou que só acreditou que eu iria realmente quando estávamos a caminho do aeroporto. Vinte horas de viagem até Perth era muito tempo e minha passagem de volta estava marcada para só dali a um ano. Muita coisa poderia acontecer - de bom ou ruim. Sem exteriorizar esse tipo de pensamento, mas com aquele aperto típico de despedidas no peito, demos tchau com um abraço apertado. Na verdade, muitos abraços apertados, um beijo e um eu te amo em cada um dos presentes. O tchau mais emocionante foi no meu irmão, com quem tinha brigado há duas semanas e ainda não tínhamos feito as pazes direito. Por isso, quando nos abraçamos, aquele moço novinho, mas enorme, de voz grossa, mais de 2m de altura e boné para trás caiu em lágrimas, deixando todos sem jeito.

— Ah, que lindo! — ouvi da mãe de Cecília que estava atrás de mim. Quando olho, vejo que Ceci também chorava.

— Olha o tamanho do seu irmão, chorando desse jeito. Como é que dá pra não chorar junto? — ela perguntou e eu sorri. Apesar dos meus olhos marejados, demonstrar sentimentos assim nunca foi uma das minhas melhores habilidades.

Com o fim das despedidas, Cecília e eu nos viramos e entramos no corredor de embarque.

— Vê se manda notícias! — gritou minha mãe.

— Nos falamos em breve — com voz engasgada, prometi.

Dica da Manu:

Conheça seu público. Para evitar estresses indesejados, combine previamente o horário que vocês vão sair de casa, pense no trânsito pro aeroporto, faça um checklist antes de embarcar e coloque um tempinho a mais. Se a pessoa que for levar você costuma se atrasar, jogue meia hora antes. Se for ansiosa, jogue de 15 minutos a meia hora depois do que você planeja. Pior do que perder o voo é ouvir "tá vendo? Eu te disse".

Dica 2: A despedida de uma viagem não significa que você nunca mais vá ver alguém. Às vezes acontece, mas é raro. Então, antes de ir embora faça as pazes com quem você tiver que fazer, dê muitos abraços. Use a viagem como desculpa. A gente deveria fazer isso todos os dias. Mas, como é difícil, faça pelo menos nas despedidas.

Conexões, turbulências e os primeiros conhecidos

Cecília e eu passamos pelo raio-X com mais de uma hora de antecedência em relação ao embarque. Como estávamos adiantadas, passeamos pelo *free shop* sem pressa. Ali, comprei só um perfume, o clássico DKNY de maçã. Cheirinho cítrico de novidade. Na nossa conversa, evitamos, inconscientemente, de falar de como estávamos nos sentindo. Obviamente, nervosas e ansiosas, as duas. Então, conversamos sobre as despedidas, pais e amigos. Quando entramos no avião, parece que não tínhamos mais o que dizer. Sentamos uma ao lado da outra, do lado esquerdo da aeronave. Ainda trocamos algumas frases por cerca de 15 minutos, até o fechamento completo das portas, quando cada uma focou na sua televisãozinha. Acho que aquela era a primeira vez em que ficava quieta e sozinha, em muito tempo. Era tanta novidade, tanta correria... foi bom calar o pensamento por um tempinho.

O caminho era São Paulo – Johanesburgo – Perth.

A primeira impressão da South African Arlines foi a beleza das comissárias, todas arrumadas com penteados típicos e uniformes coloridos. O protetor para os olhos, o cobertor e outros itens também eram desenhados com um monte de formas geométricas e bem coloridas. O voo até Johanesburgo duraria quase nove horas, saindo às 18h30 e chegando pouco depois das 7h da manhã - o fuso horário da África do Sul está cinco horas à frente de Brasília. Nessa primeira parte da viagem, os avisos eram também em português, o que foi um alívio, já que quando falados em inglês foram bem difíceis de entender.

Nossa ideia era dormir naquela hora para chegar descansadas na África do Sul. Mas, quem disse que seria fácil? Para mim, foram dois filmes até conseguir relaxar. Nos intervalos, levantava para pegar mais água e/ou fazer xixi. Seguindo os conselhos da médica, para evitar os famosos problemas de circulação, estava com as incômodas meias kendall e mantive um copo de água cheio comigo por todo o voo. Assim que bebia tudo, ia até o fim do avião pegar mais. De tanto líquido, fui muitas vezes ao banheiro. Apesar de ajudar na hidratação e prevenção de trombose, a tática deixava ainda mais difícil de dormir. Quando finalmente estava pegando no sono, começaram as turbulências. Os balanços fortes me deixaram ainda mais apreensiva, mas não tinha o que fazer. Coloquei a viseira para deixar tudo escuro e aumentei a música no último volume, abafando os outros sentidos. Foi dando certo. Quando aquele chacoalhar todo enfim amenizou, dormi em seguida. Sono leve, indo e vindo, sem nenhum sonho de que pudesse me lembrar.

Depois de algumas horas, as luzes foram acesas e começaram a servir o café da manhã: chá ou café, uma minicápsula de leite, pão, manteiga, um iogurte e frutinhas. Nada muito diferente - o que achei muito bom. Nesse momento, Cecília acordou, dizendo que queria ir muito ao banheiro, mas precisou esperar os comissários com café da manhã liberarem espaço até que pudesse chegar ao toilette. Desde que decolamos, ela havia se levantado apenas duas ou três vezes, metade do que eu fizera – sinal de que a dica do copo com água funciona.

Quando voltou, começamos a conversar. Ao contrário de mim, Cecília tinha tido vários sonhos. Alguns com família, outros sobre a nova realidade que a esperava.

— Foi tudo meio confuso, sabe? Meus pais me ligavam pra saber como eu estava. Eu gostava, mas não queria falar com eles. De repente, Renato batia na porta da minha *homestay* e eu fiquei confusa. Não sabia se poderia hospedá-lo no meu quarto, me senti... invadida.

— Renato!!! Ia te perguntar mesmo. Achei tão estranho vê-lo no aeroporto. Como vocês estão? Ele aceitou bem sua ida?

— Ah, sei lá. Acho que aceitou. Não tinha muito o que fazer. A gente já está naquele chove não molha faz tempo. Acabou aquele amorrrrr, sabe? Estou precisando de mais romantismo na minha vida.

— É... Eu sei — disse me segurando pra não gargalhar no meio do avião, mas não consegui — Eu lembro... [risos] das rosas do seu... [mais risos] aniversário, Ceci... hahahahahhaha

A partir daí, a risada não parou mais. Cecília ficou vermelha. Eu continuava rindo.

— ah... Deu tão na cara assim? — Cecília perguntou baixinho, meio envergonhada.

— Deu!!! — disse, já diminuindo o riso, tentando me recompor da lembrança do seu último aniversário — Mas... também, Ceci... Você vive com o Renato, quase não sai com outras pessoas. Quem poderia ter mandado um buquê de rosas vermelhas? E ainda com um bilhete assinado por um admirador secreto...? Tava na cara que era *fake*.

— Ah, mas ele não ia descobrir que era eu que tinha mandado. Não se vocês não tivessem dito que era minha letra no cartão — retrucou ela, com carinha de quem se justifica.

— Mas ele conhece sua letra também. Se a gente não falassse, ele ia sacar sozinho, só que não seria tão engraçado.

— O problema é: que NÃO FUI EU QUEM ESCREVEU! — falou Ceci já levantando a voz um pouco — Foi minha irmã mais nova! — continuou ela, já com voz mais baixa novamente, para então complementar com algo que me faria explodir de rir novamente: — Como é que eu ia saber que nossas letras eram tão parecidas assim?

— Hahahahahahahahahahahahahhhhhahahahaha

Minha risada estava mais alta, incontrolável, chamando a atenção de um ou outro olhar ao redor.

Quando já estava com o maxilar doendo, consegui então dizer, ainda feliz:

— Da próxima você pede pra uma de nós escrever, Ceci! Ou então conta, pra gente te ajudar a planejar melhor.

Cecília, serena, respirou, me olhou séria e então respondeu:

— É, espero que não haja uma próxima.

— Sim, também espero. Mas foi engraçado e acho que esse tempo longe de tudo vai te fazer bem — comentei, enquanto dava um sorriso de cumplicidade para minha amiga.

— É, eu acho também. Estou precisando dar uma arejada na minha cabeça. Pelo menos a *homestay* do sonho era legal. Vamos ver como é de verdade.

— Tomara mesmo — suspirei.

Logo após o café, o comandante avisou que estávamos chegando a Johanesburgo. A descida ocorreu sem problemas. No caminho até o desembarque, vi um dos nasceres de sol mais bonitos de que me lembro - bem ao estilo de O Rei Leão. O frio, porém, não condizia com o tamanho ou a intensidade daquela enorme bola laranja. Onze graus era a temperatura média no exterior do aeroporto. Nesse momento, lembrei que na África, assim como no Brasil – e na Austrália – era inverno e comecei a pegar os casacos dentro da mala de mão.

Mesmo só de passagem pela África do Sul, precisamos passar pela imigração, mas que foi bem tranquila. Uma de cada vez, mostramos passaporte e bilhete da conexão, a atendente (também muito bonita, com cabelo todo estiloso, desenhado rasta) bateu o carimbo. Depois do guichê imigratório, lá no fundo do saguão, após algumas portas de vidro, já dava pra ver a rua em frente ao aeroporto.

— Olha, Ceci! Será que podemos sair pra conhecer a cidade? Aproveitar que já estamos aqui?

— Ah, não sei. Será que tempo?

Os olhos verdes de Cecília brilhavam enquanto pensávamos nessa possibilidade. E acho que os meus também. A sensação de estarmos as duas soltas, sozinhas, tão longe de casa, era algo incrível e ao mesmo tempo um pouco amedrontador.

— Dez horas até o próximo voo. Não sei qual a distância daqui até a cidade, mas deve dar, pelo menos pra fazer um *city tour*.

— É...

Silêncio. Até que Ceci teve a ideia de fazer essa pergunta no guichê da companhia, onde aproveitamos e fizemos o *check-in* pro próximo trecho, até Perth.

— *What do you want to do outside?* — perguntou a atendente, com uma cara real de interrogação, querendo entender se a gente tinha alguma coisa específica pra fazer fora do saguão.

Algumas pessoas já tinham nos avisado que a capital da África do Sul também é conhecida pela violência. É, inclusive, a cidade com a maior incidência de estupros do mundo. Porém, como turistas, nós duas só iríamos a lugares conhecidos – um *city tour*, quem sabe. Qualquer coisa seria melhor do que ficar metade de um dia dentro do aeroporto. E era isso que estávamos tentando explicar pra atendente.

O inglês, ainda se soltando, não ajudou muito, mas depois de muita boa vontade, a moça finalmente conseguiu entender. A resposta é que estava tudo bem da gente sair, mas que não era para falar com ninguém:

— Nem olhem para o lado, vão direto para o ponto de informações — explicou ela, obviamente, em inglês.

A gente foi, mas fomos barradas na saída do portão de embarque porque não tínhamos o visto pra África do Sul, somente para o trânsito no aeroporto. Enquanto pegamos a fila de novo, parou um cara atrás da gente e logo começou a puxar assunto - em português. Cara de surfista, gente boa, daquele jeito quase malandro. Brasileiro, lógico. Depois de dois minutos de apresentação, Leo confirmou minha impressão. Ele realmente surfava (inclusive estava levando suas duas pranchas na bagagem despachada), já tinha morado dois anos na Austrália, voltou, não se readaptou e decidiu fazer uma nova tentativa, dessa vez para ficar.

Enquanto conversávamos rodando pelo aeroporto, fui olhando as coisas à venda nas lojinhas. Entre elas, uma camisa da seleção brasileira de futebol, uma havaiana também com a bandeira do Brasil e vários bonequinhos do antílope mascote do *Springbocks*, time de rugby da África do Sul. Esse último me fez coçar a carteira, mas como não sabia como seriam os próximos meses, me segurei.

O estilo sul-africano de se vestir e pentear o cabelo, que tinha chamado minha atenção durante o voo, também estava presente no aeroporto. Todas as mulheres tinham os cabelos trançados, formando diferentes desenhos. Os homens não ficavam nada atrás e dá pra ver que investem bastante no guarda-roupa (o que é legal para ver, mas não sei se gostaria que meu namorado usasse um terno dourado, como vi um deles vestindo).

Mesmo com tanta coisa nova, depois de meia hora no aeroporto eu já tava exausta, quase dormindo em pé e com uma dor de cabeça absurda. Queria avisar meus pais que tinha chegado, mas não achei *wi-fi* gratuito e no aeroporto inteiro tinha somente um lugar pra acessar a internet, que era paga e sem atendente. Ou seja, era obrigatório entrar no site e comprar o acesso pra uma semana inteira, via cartão de crédito. Desisti.

A aventura estava começando, pensei. Mas minha cabeça doía tanto que não estava difícil me concentrar. Fui até a farmácia do aeroporto e comprei uma aspirina efervescente por 33 Raids, o que é cerca de seis dólares. Comentei com Leo da dificuldade de dormir no voo e ele nos levou até uma parte mais isolada do aeroporto, com várias cadeiras vazias.

— Pronto. Podemos aproveitar que temos tempo e dormir aqui por umas horinhas — enquanto falava, ele já foi colocando a mochila numa das cadeiras, afofando feito travesseiro e ocupou com o corpo o resto de uma fila inteira de cadeiras.

— Aqui? Mas, pode? — perguntei.

— Não tem placa que não pode. Além disso, é muito cedo, tá vazio. Se alguém reclamar, a gente sai.

A minha cabeça estava doendo demais pra resistir. Segui o exemplo de Leo, ocupei outra fila de cadeiras e me senti o próprio Tom Hanks, em O Terminal.

Por sorte, Leo estava certo e ninguém veio reclamar. Devo ter dormido por quase uma hora, direto - um sono muito mais gostoso do que tinha conseguido no voo. Quando acordei, percebi que Ceci, que tinha tomado outra fileira, e Leo também já estavam se mexendo.

— E agora?

— Vamos dar uma volta, comer alguma coisa? — Ceci perguntou.

— Vamos, assim pelo menos a gente mata um pouco do tempo — respondi e Leo concordou.

Depois da parada em uma lanchonete, onde comi um croissant pago no cartão de crédito, ainda tínhamos oito horas.

Voltamos pro mesmo lugar isolado, onde dormi de novo, dessa vez mais pesado. Leo também dormiu. Já Cecília, estava empolgada. Queria ficar acordada para dormir no voo seguinte e seguiu devorando o livro do Garfield, que meu pai tinha me dado de presente e eu emprestei a ela.

Quando acordei, a dor de cabeça tinha passado totalmente.

Faltariam poucas horas para o embarque, mas quando fomos ver o painel e conferir o portão de embarque, descobrimos que o voo tinha atrasado mais duas horas. Alguém se lembrou de um sofá aparentemente hiperconfortável em frente da mesma lanchonete em que tínhamos comido.

Fomos, sentamos e, dez minutos depois, já estávamos os três cochilando de novo. O sofá ficava no final do andar, separado do resto por um vidro. Não era tão isolado quanto o local das cadeiras. Na verdade, era bem em frente às escadas rolantes. Como já tinha ultrapassado em muita minha cota de sono (em casa se durmo sete horas é muito), estava mais descansando do que realmente dormindo. Em vários momentos, quando abria os olhos, via alguém que descia a escada olhando pra gente – três jovens caídos no sofá - e dando risada.

Quando finalmente entramos no segundo avião, só assisti a um filme e passei o resto da viagem ouvindo música, uma rádio de classic rock e outra de anos 80, principalmente de trilhas sonoras de cinema. Não queria mais pensar – mesmo que fosse assistindo filmes – e ouvir músicas conhecidas me deixou mais tranquila para a nova fase que iria enfrentar.

Dica da Manu:

Seu voo tem escala? Tire umas horinhas para aproveitar também essa parte da viagem. Há companhias que permitem que você fique alguns dias no destino intermediário, mas, dependendo do lugar, apenas algumas horas já são suficientes para fazer um minitour. Para dar certo, veja tudo com antecedência, como onde ir, quanto tempo demora, se precisa de visto ou trocar dinheiro. Para ter uma ideia, até hoje não sei quanto realmente custou minha aspirina.

Homestay

Era pouco mais de 1h da tarde quando aterrissamos. O aeroporto internacional de Perth é grande, mas nada comparado ao de São Paulo. Cecília e eu descemos praticamente juntas e fomos buscar as malas. No caminho, encontramos Leo. Na verdade, ele nos encontrou. Já estava atrasado para a van que o levaria para Albany, no sul do país. Deixou seu e-mail, pegou o nosso e desejou toda a sorte do mundo. No primeiro dia em Perth, já tínhamos um conhecido. Quantos mais seriam ao longo daquele ano?

Naquele momento, já conseguíamos falar de sentimentos e o principal deles era a incerteza em relação às *homestays*. Pelo endereço, não tínhamos ideia de onde ficava cada casa. Idiotice não ter colocado as rotas pelo Google Maps enquanto havia internet. Perguntamos para a moça de informações e ela disse que a casa de Cecília era perto do centro, próxima ao zoológico, e a minha, mais pro subúrbio, próximo a Bentley. Ou seja, o melhor era irmos separadas, cada uma num táxi. Pelo menos conseguimos entender as orientações. Não sei se era eu que estava assustada, mas o inglês australiano pareceu mais complicado que o sul-africano e muito mais do que o americano.

"Tomara que meu investimento em séries tenha valido a pena", pensei alto enquanto caminhava para a saída do aeroporto com Cecília.

Antes de sair, liguei de um orelhão pra Amanda, minha *homestay* e conferi que ela estava mesmo em casa. O caminho era tranquilo. Em menos de quinze minutos, cheguei ao bairro de *Queenspark*, periferia de Perth. A casa fazia parte de um complexo de pequenos pré-moldados. Todas as residências eram envoltas por um muro de PVC ondulado. Só não pareceram tão diferentes porque acho que já tinha visto construções semelhantes em filmes americanos.

O táxi me deixou na entrada do conjunto e fui arrastando a mala enorme até encontrar a casa. Amanda vivia no 7A. Bati na porta. De fora, ouvi o cachorro, Barkley, latir. Fiquei mais feliz. Amanda falava dele na descrição da casa, "*my attentive pet dog*". Esse, na verdade, foi um dos motivos pelos quais decidi ficar com ela. Cachorros são sempre cachorros, em qualquer lugar.

Amanda abriu a porta. Ela e Barkley me receberam extremamente bem. De acordo com a ficha da escola que organizou minha estadia, "*Amanda is young, very welcoming, has a great sense of humour & easy to talk to. She leads an active lifestyle, keeping fit by going to the gym & walking*".

A descrição, de alguém jovem e animada, batia exatamente com o que eu procurava – e que tinha descrito - na carta de solicitação de *homestay*: uma casa onde eu pudesse viver em relativa liberdade, sem regras de horário máximo para chegar em casa, ou tendo que pedir permissão para sair. Sei que esse não é o conceito original de uma *host family*, ou família postiça, mas não tinha mais 16 anos e, se com meus pais no Brasil eu já tinha passado dessa fase de autorizações, não seria justo voltar algumas casas no Jogo da Vida só porque mudei em 180 graus minha posição no planeta. O resultado foi que, em vez de uma família (pai e mãe) postiça, me deram uma irmã mais velha.

Se a descrição de Amanda batia totalmente, a casa dela não era nada do que imaginava, se é que eu tinha imaginado alguma coisa. Ao contrário do que acontece no Brasil, os jovens saem muito cedo de casa e, até terem dinheiro, vão para locais mais baratos, como o subúrbio em que Amanda vivia. A casa tinha três quartos, dois banheiros (sendo uma suíte), uma sala de TV e cozinha americana só com balcão e uma mesinha para o computador (até então, batia com a descrição da ficha). Só que tudo isso era em uma casa pequena e simples, antiga e funcional. Nada parecido com esses novos microapartamentos de São Paulo. Amanda tinha seu próprio banheiro. Eu dividiria o outro com a próxima estudante, caso aparecesse alguma. Depois de me apresentar a casa, ela me perguntou se não queria tomar um banho.

— *You must be tired! How many hours of flight?*

A primeira notícia boa é que o inglês dela era bem compreensível. A segunda é que – pelo menos até aquele momento – ela não tinha falado nada de regras para banho. Além do meu medo de possíveis amarras, não poder tomar banho todo dia me dava calafrios. Quando lembrava disso, me vinha à cabeça uma piada do meu avô:

"O brasileiro e o francês se encontraram. O francês contou que só tomava banho duas vezes por semana e o brasileiro, que tomava banho todo dia, achou um absurdo. Quando chegou em casa, o brasileiro contou: 'o francês é um povo sujo. Só toma banho duas vezes por semana'. O francês, por sua vez, chegou em casa e comentou, ainda mais desacreditado: 'brasileiro é um povo MUITO sujo. Precisa tomar banho todo dia para ficar limpo!'"

Moral da piada: tudo é questão de hábito. Mas, graças ao bom universo, meu segundo medo também foi em vão. Amanda não falou nada e eu tomei meu banho habitual de seis minutos, desligando a torneira enquanto me ensaboava. Em seguida, ela me serviu um sanduiche, disse onde ficavam as coisas do café da manhã (que estava incluído na hospedagem), e conversamos um pouco. No fim da tarde, me levou até o ponto de ônibus que me levaria à escola.

Além do ponto de ônibus, a casa de Amanda era também perto da estação de trem. Na volta, visitamos um comércio nas redondezas, onde comprei um casaco branco por 50 dólares, depois de ela ter dito que era um bom preço e que as manhãs de Perth eram muito frias, o que confirmei ser verdade.

Quando voltamos, o cansaço pesou. Estava assistindo a TV com Amanda até que não aguentei de sono. Deveria ser umas nove da noite (horário local) e eu estava capotando.

"Ah, vamos ver quanto tempo vou demorar para me acostumar com a diferença de fuso, o tal *jet lag*", pensei.

Usei o wi-fi da casa, que me custava 5 dólares por semana (todas as tarifas são por semana) e falei com meus pais por whatsapp quando fui para o quarto. Em São Paulo, ainda eram 8h30 da manhã e eu já me preparava para dormir. De repente, aquela máxima de "na Austrália já é ano novo" fez todo o sentido. Em seguida, comecei a assistir a alguns dos muitos episódios de *How I met Your Mother*, gravado por uma amiga, caso o Netflix não funcionasse. Santa tecnologia! Mesmo distante, o carinho do Brasil me trouxe um alento para dormir.

Dica da Bianca:

Não é obrigatório, mas não custa tanto assim levar um mimo para quem vai abrir a casa para você, mesmo que você esteja pagando pra isso. Apesar de estar no mundo todo, Havaianas continuam sempre uma boa opção (na Austrália algumas pessoas chamam de "ravanas"), assim como Ouro Branco e Sonho de Valsa para os brasileiros longe de casa. Se você quiser agradar um pouco mais, leve uma camisa ou algo com a bandeirinha do Brasil. Mas traga algo pra você também. Essas lembranças também vão fazer você mais feliz longe de casa.

Primeiro dia na escola, mas não de aula

Brasileiro que é brasileiro já sabe: no primeiro dia, ninguém chega na hora. E na minha folhinha de instruções não tinha nem ao menos o horário de início para que eu calculasse os quinze minutos de atraso de praxe. No papel, dizia somente para eu procurar o Centro de Estudantes Internacionais (*International Students Center*). E isso deveria acontecer no dia 19 – sábado -, mas hoje era dia 21, segunda. Ou seja, o meu compromisso com o horário, que já era pequeno, tornou-se nulo.

Com medo do tal *jet lag*, antes de dormir, tinha colocado o despertador para as 7h, mas nem precisei. A noite não tinha sido das melhores. Acordei de madrugada com vontade fazer xixi e depois não consegui mais dormir, possivelmente vítima do fuso horário. Devia estar amanhecendo quando voltei para o quarto, porque ouvi um passarinho cantando do lado de fora da minha janela. Em seguida, foi um avião passando. Depois, mais alguns passarinhos e, então, o apito do trem. Por fim, começou a clarear e eu perdi o sono de vez.

Para não continuar com esse ciclo de dorme cedo, levanta de madrugada, enrolei na cama o máximo que aguentei – o que significava 7h20 (é importante lembrar que, apesar do que aconteceu no aeroporto, eu faço parte daquele raro grupo de pessoas esquisitas que não gostam de dormir).

Quando fui tomar café, encontrei Amanda, que comentou, um tanto quanto preocupada, que eu estava atrasada.

— *Did you oversleep? Are you not late, Manuela?* —, ela perguntou.

— *Well... ahh.. I am not sure if I am late today, but it is possible. I am always late* — respondi, ainda gaguejando e parando um pouco para pensar como dizer que estar atrasada era algo comum na minha vida – os tais 15 minutos de tolerância comuns em São Paulo.

— *Oh, so you are just like me!!!* — comentou Amanda, toda sorridente, enquanto saía correndo pro trabalho. A reação tão espontânea me mostrou que, além de ter sido bem compreendida, éramos mais parecidas do que eu imaginava.

Depois que ela saiu, terminei de me arrumar e fui até a estação de trem, que ficava a menos de dez minutos, andando. O frio da manhã era ruim, realmente, mas o sol amenizava. O problema mesmo era o vento frio que cortava o rosto. Para entrar na estação, nenhuma catraca, nenhum funcionário verificando se eu tinha passagem. Cabe ao próprio passageiro emitir seu ticket pelo totem, que fica na entrada. O pagamento pode ser feito em cartão e o valor varia de acordo com a região que você vai. No meu caso, *Queenspark Station* ficava na zona 2 e a escola, na zona 1. Assim, o valor da passagem fica em AU$ 4,70. Bianca já tinha me avisado desse sistema. Nas estações grandes, como a *Central Perth* (para onde estava indo), há catracas na entrada e na saída, evitando que pessoas utilizem o transporte sem pagar. Já nas estações menores, o acesso é livre. Há quem se arrisque e use o trem sem o bilhete, mas corre o risco de ser abordado pelos fiscais, que ficam andando de uma linha a outra, e pagar a multa de AU$ 100. Obviamente, eu não quis arriscar, ainda mais no primeiro dia, e fui logo me entender com a maquininha. Com o ticket em mãos, ao subir a rampa e chegar na plataforma, vi que no letreiro que o próximo trem chegaria em 2 minutos, o que de fato aconteceu.

A *Central Perth Station* era enorme e linda. Toda de tijolinhos, com ferros aparentes, me lembrou muito um pouco a estação da Luz, em São Paulo.

A escola ficava a uns 5 minutos a pé. Quando cheguei, por volta das 8h30, ainda havia muita gente circulando pelos corredores. A unidade Central do TAFE era bem grande e depois de perguntar algumas vezes, finalmente cheguei ao *Internacional Students Center.* Com a culpa de quem já nasceu atrasada, uma semana depois da data prevista pelo médico, cheguei toda esbaforida, tentando entender pra onde deveria ir. Quem me atendeu foi um garoto loirinho, simpático, descendente de polonês, com cara de muito novo. Seu nome era Vandi Mikael, ou, simplesmente, Mika. A sua tranquilidade era quase que uma ofensa à minha correria. Depois de me perguntar qual o meu nome, confirmar, todo feliz, que era brasileira, falar sobre tudo o que acha legal no Brasil e querer saber todas as minhas primeiras impressões de Perth – o que até então eram quase inexistentes – ele me orientou para onde deveria ir.

Ao contrário das aulas de inglês que Bianca estava fazendo, e em que a primeira semana é somente para acertar o nível nos *Certificate IV* (espécie de curso técnico), a proficiência em inglês é medida antes de o estudante embarcar, por aquele teste online que fiz. Caso não dê certo e a pessoa sinta que não está acompanhando, pensa-se em outra solução, como troca de curso. Mas, a priori, você já chega para a aula (ou para a aula inaugural, no sábado, que eu perdi).

O problema foi que, no meu caso, o teste feito pela internet tinha desaparecido. Isso significava que teria que passar por uma nova prova, dessa vez ao vivo. Mika, então, me guiou até uma salinha, onde tive que escrever uma redação sobre o porquê estava vindo para a Austrália. Já tinha falado tantas vezes sobre isso que foi até fácil. Terminei, voltei para o Centro e, depois de uma certa espera, me encaminharam para outra sala, onde seria o momento de uma entrevista com a professora. Como ela estava com outro aluno, continuei conversando com Mika, que tinha uma paciência como nunca vista para falar devagar e repetir um milhão de vezes por dia todas as dicas para os recém-chegados à cidade - dicas essas que ele fazia questão de anotar uma por uma em um post-it diferente (o que achei um desperdício de papel, mas preferi não criar caso).

— *I think you are going to like Perth! We don't have Carnaval, but we have plenty of pubs.*

As dicas, a maioria de pubs e baladas, já me deixaram mais animada.

Quanto finalmente fui pra segunda parte da prova, conheci Sabine, que, tal como toda professora de inglês, começou falando devagar, com as palavras perfeitamente pronunciadas. Nos apresentamos, ela leu meu texto e disse que adorou meu livro – não sei se numa crítica à minha falta de síntese ou como elogio à capacidade de contar histórias. À medida que a conversa foi fluindo, ela começou a falar mais rápido, provavelmente me testando. Erros de gramática e gaguejadas à parte, passei na prova e, enfim, fui encaminhada para minha turma.

Na saída do *International Students Center*, acenei de longe para Mika, que atendia outro aluno, possivelmente também recém-chegado, com a mesma atenção que tinha dedicado a mim.

Alguns lances de escada e dois ou três pedidos de orientação depois, achei minha sala. Ali, o professor Dominique, um homem alto, branquinho e de cabelo bem preto, com cerca de 50 anos, explicava como seria a disciplina de *Writing Complex Documents*. A turma se dividiria em grupos de 8 estudantes a cada módulo. A escolha seria feita pelos próprios professores, o que imagino seja para evitar panelinhas. Meu nome já estava em um dos grupos, mas os trabalhos só começariam na aula seguinte. Essa, que terminou cinco minutos depois da minha chegada, foi só para explicar o sistema. Perdi tanto tempo na maratona até chegar, que já era quase meio-dia. Saí da sala, cansada daquele dia de burocracias. Já que estava com a tarde livre, decidi passear pelo centro de Perth.

No dia anterior, ainda no aeroporto, Cecília e eu havíamos combinado de nos encontrar às 17h no Centro de Informações ao Turista da cidade, mas era possível que ela também tivesse acabado cedo as aulas. Mandei mensagem de whatsapp, graças ao wi-fi da escola, mas só apareceu um risquinho, significando que não tinha recebido.

Como ela esquecera seu carregador de celular em São Paulo, era melhor nos atermos ao plano inicial. No caminho da sala para a saída do prédio, passei pela lanchonete e conheci o delicioso megamuffin de chocolate da cafeteria, algo que seria meu companheiro quase que diário pelos meses seguintes.

O centro de informações ao turista ficava no caminho entre a escola e a estação de trem. Lá, peguei o mapa turístico e fui explorar a *City*, como eles chamam a parte principal da cidade. Como todo centro, é cheio e muito movimentado. A rua principal lembrava o centro de São Paulo, só que menor, mais novo e mais limpo.

Fiquei rodando por diferentes lojas, entrando em shoppings, sem muito destino. Queria comprar um chip pro celular e acabei optando pela *Vodafone*, o que Bianca tinha me dito ser a operadora preferida dos brasileiros, já que era a mais barata. Os planos eram interessantes principalmente pela internet e alguns tinham até ligações gratuitas para alguns países, incluindo o Brasil. Resolvida essa questão, continuei a peregrinação – e olha que normalmente eu detesto fazer compras.

Quando entrei na *Target*, uma loja de departamentos daquelas que têm de roupas a eletrodomésticos, percebi que não havia outro item importante para ser traduzido: minha numeração. Teoricamente, é fácil: um Google resolve. O problema é que, mesmo com o chip, o plano ainda não estava habilitado e, já que tinha tempo, fui experimentando a olho até chegar no número certo. Resultado: calça 42 no Brasil é tamanho 10 na Austrália; sapato é mais simples: só diminuir dois números (no meu caso, como eu calço 40 no Brasil e a maioria dos sapatos da Austrália vêm da China, precisaria encontrar um 42).

Depois de duas horas batendo perna, experimentando, mas não comprando, achei um café bonitinho para comer e descansar. Paguei 17 dólares australianos por um sanduíche no croissant, um muffin e um chocolate quente. Fazendo a conversão para reais era caro, mas já sabia que seria assim. Tentei acessar a internet gratuita do centro de Perth, mas veio aviso de falta de bateria. Decidi relaxar e pensar no que faria nas duas horas que tinha até encontrar Cecília. A verdade é que eu não aguentava mais andar e, por isso, tentava demorar o máximo possível pra terminar a metade do chocolate quente e do muffin que faltavam.

Foi nesse momento que vi aquela conhecida mochila cor de rosa entrando no shopping e passando lá longe, na minha frente. Pensei em gritar, mas ela tava muito longe e eu, dentro do café. Para não correr o risco de perdê-la, virei de uma vez a metade da xícara que faltava (sorte que não estava mais tão quente), agarrei o resto do doce e saí correndo, esbarrando em todo mundo e derrubando meu guardanapo.

Assim como eu, Cecília também estava enrolando, andando devagar para passar mais rápido o tempo. Por isso, consegui chegar rapidamente até ela, que me recebeu com uma alegria enorme e uma revolta quase do mesmo tamanho.

— Olha que ridículo! Fui até a escola pra descobrir que só tenho a primeira aula às segundas-feiras. Ou seja, vim até aqui para ser liberada uma hora depois. Estou rodando desde as 10h da manhã — falou, ainda inconformada.

— Desde as 10h? Mas que tanto você fez?

— Ah, então, primeiro vim pra *City*, mas não tava a fim de ficar batendo perna. Então quando deu umas 11h, fui até a estação, peguei um trem qualquer, fui até Fremantle e voltei.

— Ah, Bianca chegou a falar dessa cidade. É bonitinha mesmo?

— Ah, não sei... eu não desci.

— Como é que é? — perguntei, já rindo — Não desceu por quê?

— Não sabia o que procurar, estou de mochila... não estava na *vibe* pra turismo. Então, aproveitei o tempo só pra ver a paisagem dentro do trem e depois voltei. Nem paguei outra passagem.

— Ah, tá bom... — Eu ri mais um pouco, mas preferi não discutir. Cecília às vezes tinha umas ideias que eram só dela.

Por mais que estivéssemos cansadas, o encontro deu um novo ânimo. Voltamos a passear, dessa vez com objetivos pontuais. Passamos na farmácia duas vezes, uma pra cada uma; depois, Cecília comprou um adaptador e um transformador de energia para usar o secador (Austrália como um todo é 220 volts, enquanto São Paulo, 110 volts), além de um chip também da *Vodafone*.

Com a vida semirresolvida, sentamos nos bancos da *Murray Street*, observando as pessoas passarem. Um detalhe que não esperávamos era a quantidade de orientais. Japoneses, chineses, coreanos e de todos os países que se pode imaginar. Eles estavam ali, e em peso. Enquanto a gente analisava as pessoas, uma delas veio falar conosco. Era uma menina com cara e sotaque de europeia, perguntando se a gente tava procurando emprego. Eu dei risada.

— *I heard Perth was easy to get a job, but I never thought it was that simple* — brinquei.

Mas o emprego não era tão legal. Em princípio, achei que fosse. Ela trabalhava pruma agência ligada ao Greenpeace, mas você tinha que parar as pessoas no shopping e pedir dinheiro. Se você conseguisse, ganha uma comissão. Além do fato de eu detestar arrecadar dinheiro, se estivesse doando pra uma instituição, imaginei que não ia querer que a pessoa que veio me procurar ficasse com uma parte do que estou doando. Desanimada, agradeci, mas disse que não. Ceci sorriu e disse o mesmo. Depois de alguns instantes de conversa, fomos para casa (cada uma para a sua).

— E aí, nos vemos amanhã? — perguntei.

— Ah, amanhã não consigo. Essa *timetable* que eles me deram é meio burra. Hoje só tenho uma hora de aula. Já amanhã é quase que o dia todo. Não sei por que não distribuem melhor isso. Podemos nos ver na quarta?

— Ah, Ceci, deve ser meio esquema faculdade, né? Não sei. Mas quarta está ótimo. Você vai de trem?

— Não, pra mim é só ônibus mesmo. Trem não chega.

— Pena. Então vou indo. Te mando mensagem quando meu chip funcionar. Até quarta.

— Até.

Fui andando para o trem, contemplando a cidade, os shoppings baixinhos, a cidade limpinha e os vários artistas de rua ao longo do caminho. A primeira impressão de Perth era realmente de uma cidade muito bonita. Quando cheguei a casa, fui correndo para meu quarto. Estava louca pra habilitar meu chip novo e, enfim, me reconectar. Era tanta novidade que eu não podia ficar esperando até voltar pra casa toda noite para compartilhar.

Dica da Manu

Os valores de aparelho de celular não são tão diferentes na Austràlia. Então, se tiver um celular de que você jà gosta, leva ele mesmo. Preço bom de aparelho sò se você tiver um pòs-pago, mas pra isso, precisa ser residente. Assim como no Brasil, a cobertura e os preços variam. Tem planos que incluem atè ligações internacionais no pacote (Brasil, inclusive) Vodafone è o favorito dos brasileiros por ser a operadora mais barata.

Ah, o còdigo da Austràla è o +66.

Apresentando meus colegas

Graças à internet e ao whatsapp, falei quase todos os dias com meus pais e, ao contrário do que imaginava, o enorme fuso de 13 horas deixava as coisas ainda mais fáceis. Como sempre fui dormir tarde, nós falávamos depois que chegava em casa, umas 9h ou 10h da noite eram pra eles 10h ou 11h da manhã. Minha mãe queria saber de tudo. Como foi o voo, como era cidade, a casa onde eu estava, o clima – se estava fazendo sol ou chuva - etc. Acho que é normal de toda mãe, mas o bom é que tinha todas as respostas materno-tranquilizadoras na ponta da língua.

19:20
Mamãe: E aí, tudo bem? Como você está?

19:21
Mamãe: Está se alimentando bem? Está descansando? Já se acostumou com o fuso? E a cidade? É segura? Você não fica com medo de andar sozinha por aí?

19:25
Eu: Tudo lindo, mãe! Já até me acostumei.

19:26
Mamãe: Já???

19:27
Eu: É... foi de boa. Depois de alguns dias acordando cedo e sem dormir à tarde, o corpo entende.

19:27
Mamãe: E a comida?

19:28
Eu: Nunca comi tão bem na vida! Tô tomando café da manhã todo dia, comendo qualquer coisa no almoço (aqui não tem horário de almoço, então todo mundo faz isso) e jantando com Amanda.

19:30
Mamãe: E ela cozinha bem? Você, mesmo sendo toda fresca, está comendo?

19:37
Eu: Ah, tô, né, fazer o que? hahahaaha Amanda é toda fitness, faz um monte de legumes e enfia no meu prato. Daí, fico com vergonha de deixar e acabo comendo.

19:40
Mamãe: nossa! Santa Amanda, viu

19:50
Eu: A diferença é como ela não tem mesa, a gente toma café na bancada da cozinha e janta sentada no sofá, em frente à TV.

19:53
Mamãe: Tá adorando, né? É a sua cara...

20:02
Eu: Ah, a Amanda é bem legal. Lógico que o dinheiro que ela ganha de aluguel de quartos deve ajudar, mas ela parece ser do tipo que gosta de receber.

20:04
Mamãe: Que bom! E a Cecília?
Está gostando também?

20:10
Eu: Pelo que ela falou, parece legal. É uma senhora. A casa dela é mais perto da escola do que a minha. Cecília falou que o quarto é bom, mas não falou muito da mulher.

Minha mãe realmente perguntava tudo e aproveitava quando eu estava respondendo para fazer todo o interrogatório de uma vez. Já meu pai preferia ficar sabendo as informações por ela, mas de vez em quando nos falávamos, pra ele ter certeza – pelo tom da minha voz – que estava tudo bem.

Além deles, também conversava constantemente com as meninas de faculdade. Mas, ali, além da curiosidade geral, a pegada era mais de fofoca, principalmente em relação aos colegas de classe. Assim, o grupo de whatsapp ficou uma loucura nos primeiros dias. Até o nome e a imagem do grupo mudaram.

7:40
Aninha: E aí, amiga, começou as aulas?
Como está sendo voltar quatro
anos no tempo?

7:43
Lisa: Muitos meninos bonitinhos?
Vai virar papa-anjo?

8:20
Eu: hahahahahahaha oie!!! Então... menos pior do que eu imaginava, viu? De menino bonitinho... até agora nenhum que me interessasse, mas apesar de ser

tipo curso técnico, não tem só
gente nova, não.
Tem uns mais velhos também.

8:21
Aninha: sério? Tão fazendo
o que aí? Repetentes?

8:23
Eu: não. Quer dizer, acho. Tem
muito estudante internacional, tipo eu

8:24
Aninha: Ah, menos mal. E o
povo, é legal?

8:27
Eu: Ih, tem de tudo. Ainda tô conhecendo
mais o pessoal. Até agora, tenho
três amigos: Mustafa; Suchimita e
Xóchitl. Mustafa é do Sudão, Suchi é
indiana e Xóchitl (se fala Sótchitl) é uma
filipina, filha de mexicanos
e o nome dela significa flor .

8:31
Aninha: Só gente estranha
né, amiga?

8:32
Eu: hahahaha. Pra variar. Mas, você sabe
que eu adoro. Pra ter uma ideia: a Suchi
tem uns 25 anos e tem
um filho que ainda tá na Índia.

8:33
Eu: Ela e o marido vieram primeiro
e depois vão mandar trazê-lo. Tá
morrendo de saudades, tadinha. A Xóchitl
tem uma história louca: a vida inteira

fugiu de homens, mas daí acabou conhecendo um australiano que ia pra lá fazer negócios, ficaram nove anos com relacionamento a distância, até que ela veio pra cá, casada.

8:33
Eu: Já sobre o Mustafa eu não sei muito. Até pra descobrir que ele é do Sudão foi um parto, porque o moço não me contava.

8:35
Melissa: Nove anos??? A distância??? Quem aguenta isso, meu Deus?

8:36
Eu: Mel!!! Você apareceu! Achei que tivesse me abandonado rs.

8:37
Melissa: hahahaha tonta! Você sabe que não. Só não consigo acompanhar tanta mensagem que vocês mandam.

8:40
Eu: hahaha eu sei. Imagina que o ponto alto da última aula foi quando Xóchitl percebeu que o underline desaparece quando a frase ou e-mail fica sublinhado.

8:41
Eu: Ela ficava repetindo "look, look! Now you see... now you don't see!" e daaava risada.

9:00
Aninha: nossa, amiga... gente realmente estranha.

9:05
Eu: hahahaha sabia que você ia falar isso. Mas eu me divirto com gente diferente né.

9:06
Aninha: estranha, você quer dizer.

9:23
Lisa: Tá... mas e o resto da sala? Ninguém interessante mesmo?

9:25
Eu: Bom... além de nós, tem uns 4 ou 5 australianos típicos (muito branquinhos, desde loiros até morenos, de cabelo bem preto, que mal apareceram nas aulas); outra indiana mais velha, com pouco mais de 50 anos de idade e uns 20 de Austrália; dois malasianos, um homem e uma mulher, muito legais, mas que se conheceram aqui; uma japonesa e um outro grupo de australianos, filhos de imigrantes, que aparecem um pouco mais que os outros. Ah, e tem um cara que acho que você ia gostar, @Lisa: é um espanhol, um pouco mais velho. Deve ter entre 25 e 30.

9:27
Lisa: Ahhhh, sabia que tinha alguém interessante. Pelo menos um, né?

9:38
Eu: é, mas como disse, seria pra você. Não curti muito, não. Muito arrumadinho, sabe? Ele chama Javier, mas todo mundo o chama de Zavier, com Z. Quando ouvi,

até achei que era de um país árabe. Daí, na última aula, vi o nome na lista e perguntei, afinal, como se falava o nome dele. Ele disse que as pessoas não conseguiam pronunciar o rrrrr de Javier em espanhol, então ele passou a dizer Zavier de uma vez hahaha.

9:40
Melissa: Ah, parece uma turma divertida. E você se dá bem com todo mundo? Dá, né? Nunca vi se desentender com ninguém.

9:40
Eu: Então... mais ou menos rs

9:41
Aninha: Como assim??? Você???

9:45
Eu: Ah, então... Lembra que eu falei que a sala é meio dividida em grupos? Os estudantes internacionais são mesmo muito tranquilos. A maioria vem em todas as aulas – pelo menos nesse começo – seja pra conseguir o diploma, seja pra não perder o visto por excesso de faltas (dizem que isso pode acontecer, apesar de ninguém nunca ter presenciado algo assim). Tem os australianos, que são bem gente boa e aparecem o mínimo necessário para não bombar de falta e tem ainda uma outra galerinha mais cool, que vem às aulas (à maioria, pelo menos), mas não leva muito a sério. Eles falam alto durante as explicações e dão risada dos colegas – o que me deixa beeeem puta.

9:47
Aninha: Nossa, que idiotas!

9:50
Eu: E tem uma menina que é a mais idiota deles. Chama Marisa (escreve assim, mas fala como se fossem 2 S). Ela é oriental, mas nasceu aqui. Quando entrei na sala, a menina ficou me secando dos pés à cabeça. Daí já vi que não ia dar certo. E essa certeza só vem se confirmando a cada aula.

9:51
Melissa: tá, mas ela já falou alguma coisa diretamente pra você?

9:55
Eu: Não! Até porque, quem disse que ela fala com alguém que não faz parte do grupinho dela? No máximo com o Javier porque é interessante. Mas de resto... ignora total. O negócio é que agora estamos em grupos diferentes. Quero ver como vai ser se cairmos no mesmo grupo em algum momento.

10:03
Lisa: O que, pelo que você falou, é bem possível.

10:07
Eu: ah, é né... é um grupo por mês, mais ou menos. Temos quatro ou cinco chances até o final do ano. Mas não tem o que fazer. Só esperar. Por falar nisso, deixa entrar que acabei de chegar no colégio. Pra vocês, boa noite, girls!

Dica da Manu:

Quando estiver em outro país, prepare-se e vá de coração e cabeça abertos para novas culturas. Essa é a parte mais legal de morar fora!.

Segunda semana e a noite australiana

Já fazia quase duas semanas que Cecília e eu havíamos chegado a Perth e ainda não tínhamos visto Bianca. Parecia que quando eu estava no Brasil nos falávamos mais do que agora. Um dia, nos encontramos no corredor. Não entendi se ela estava chegando ou indo, mas de toda forma, estava atrasada, esbaforida, e a culpa de tudo aquilo era trabalho. Bianca sempre foi muito competente e os chefes abusavam dela por isso. A coisa boa é que, pelo menos na Austrália, o abuso era traduzido em dinheiro. Era isso que Bianca me explicava, do jeito rápido e empolgado de falar, quase sem pausas para respiração.

— Ah, amiga, tô correndo tanto, mas não posso nem reclamar. Meu chefe me encheu de *shifts* essa semana. Ah, *shift* é como o pessoal daqui chama as escalas. Vai ser ótimo que vou conseguir guardar alguma coisa. Ah, mas então... vamos saiiiiirrr!!! Preciso que vocês me contem como está tuuuudo!!! Está gostando?

— Tô, bastant... — não consegui nem terminar a frase.

— Ah, que bom! Preciso ir agora, mas já reserva sua quinta-feira que vou levar vocês pra conhecer a suuuuper noite de Perth hahahahaha. Não se compara muito à de São Paulo, mas acho que você vai gostar.

Bianca falou isso e foi embora correndo. Não sei se a risada era de empolgação ou de zoação, mas estava curiosa. Até onde eu sabia (muito pelos post-its de Mika), os pubs e casas noturnas ficavam bem perto uns dos outros, na região chamada de North Bridge. Se fosse pra sair, ali seria a primeira opção, meio como uma Vila Madalena e Vila Olímpia de São Paulo, ou a região da Lapa, no Rio de Janeiro.

Pra ter certeza de que ia rolar mesmo, mal Bianca virou as costas e eu avisei Cecília dos planos. Pronto. Com as três combinadas, a chance de voltar atrás ficou menor.

Na quinta-feira, saí da escola e fui pra casa deixar as coisas e me arrumar. Tomei banho, me maquiei e escolhi uma roupa relativamente tranquila. Como estava frio, coloquei uma calça jeans, blusa decotada preta e um casaquinho por cima, além do famoso brincão – atestando a latinoamericanice. Já que íamos para um pub, não precisaria de muito mais.

Conforme combinado, nós três nos encontramos em frente à estação de trem, onde também havia um ponto de ônibus perto para Cecília, e fomos a pé até a frente de um dos pubs, indicado por Bianca.

— Bem, gente, essa é a North Bridge! É o principal bairro pra sair, aqui em Perth. Como vocês vão ver, balada até tem, mas não é tão normal e aqui também não existe bar, daqueles iguais ao do Brasil. Bar é pub. Ou seja, fechado, mais arrumadinho e com música. O povo aqui bebe muita cerveja e vinho, principalmente. E de vez em quando aparecem uns loucos, tipo esse daí — e olhou para nossa direita, dando uma risada.

Quando nos viramos, demos de cara com um moço quase gordo, meio sujo, loiro de cabelo enrolado e com seus 30 e muitos anos. Quando olhei mais pra baixo, vi que ele levava nas mãos um passarinho, do tamanho de um canário, só que mais colorido. O moço ficou olhando pra gente, sorrindo. Eu fiquei tensa. Era nosso primeiro teste em ambientes noturnos em inglês. Será que ia conseguir responder quando ele começasse a falar? Mas eis que soltou uma frase que na hora eu entendi:

— *Hey, come on, you can say... I know you can't wait to play with my bird.*

Eu olhei. Não sabia se ria ou ficava brava. Lembrei de Aninha dando risada e me dizendo que só atraio gente estranha. Cecília olhou pra mim com aquela mesma cara de surpresa. "Eu sei que você quer brincar com meu passarinho..." – até parece hahaha.

Enquanto isso, o cara continuou. Falou por uns dois, três minutos. Só parava de vez em quando, esperando uma reação nossa. Como ela não acontecia, ele deve ter achado que estávamos concordando. O problema é que, depois da primeira frase, eu não tinha entendido mais nada. Fiquei olhando, simplesmente esperando o fim da história ou alguma frase compreensível, o que não aconteceu durante todo aquele tempo.

Por fim, ele pediu uma manifestação sobre tudo aquilo.

— *Yeah, what you think?*

Eu fiz aquela cara de "é, não rolou", o que traduzi em palavras para um "*sorry, we didn't get it*", já esperando uma reação bem brava do moço por tê-lo deixado falar sozinho por tanto tempo.

Contrariando minhas expectativas, o cara não ficou puto. Em vez disso, abriu um sorriso daqueles de orelha a orelha e perguntou da onde a gente era.

— *Brazilians???* — e fez algum outro comentário que a gente também não entendeu. Não fosse o fato de o cara estar tão bêbado, eu teria ficado preocupada com meu nível de compreensão do inglês. Mas acontece que ele estava quase que dançando, trocando o pé de apoio a cada dois segundos e cambaleando pra frente e pra trás.

Bianca, que nunca foi de dar muita trela pra bêbados, preferiu não se envolver, mas o cara não desistiu e começou a falar da passarinha dele.

— *Her name is Eagle.*

E pra mostrar que ela era boazinha, pediu pra Cecília estender a mão. Ela, com medo, hesitou umas três vezes, então, ele, delicadamente #sqn, agarrou o bicho e quase o amassou no ombro dela. Eu adorei a cena e peguei o celular pra tirar a foto. Com a atenção, o moço, resolveu colocar Eagle na cabeça de Cecília, pra dar uma foto mais legal.

Foi nessa hora que mais duas meninas chegaram. Não sabia, mas eram amigas de Bianca. Viram Cecília com o passarinho na cabeça, olharam para Bianca, sorriram mutuamente e continuaram conversando entre elas. Quando o cara foi embora, vieram nos cumprimentar como se nada tivesse acontecido.

— Não falei pra vocês? Perth é assim... vira e mexe aparece um louco, ainda mais à noite. Depois de um tempo você nem liga mais — falou Bianca.

Todas juntas, fomos escolher um lugar para entrar. Em todos os pubs você entra de graça, mas como tava muito frio e garoando, havia poucas pessoas circulando. Amanda já havia me avisado de que Perth era guiada pelo tempo.

— No frio, nada acontece; no verão, ferve. Por esse motivo é que estou namorando. No inverno, como ninguém sai de casa, as pessoas acabam namorando. Com o verão, mil coisas acontecendo, os namoros terminam. Eu mesma gosto do Kennedy, mas somos muito diferentes. Não sei se ficaremos juntos no calor — tinha dito Amanda um dia desses.

Exagero ou não, já eram mais de dez horas quando passamos por três bares e os três vazios. Acabamos ficando em um com banda ao vivo e um ótimo aquecedor a gás. Na hora de beber, Bianca me deu a dica do *Lemon Limon & Bittar* ou *LLB*.

— Prova e me diz o que acha.

— Hum... é bom. É doce, mas não muito... do que é feito?

— Então... esse é soft drink. Ou seja, não tem álcool!

— Não? Mas, parece.

— Legal, né? É lemonade, ou seja... Soda ou Sprite, com suco de limão e um negócio vermelho bem amargo, chamado de bitter. Ele não é alcoólico, mas engana bem. O melhor é que, como não tem álcool, é barato. Quando cheguei aqui, só bebia isso. Depois, enjoei, até porque não deixa ninguém alegre.

— Muito bom!

— Vão querer um?

— Sim!

— Então, presta atenção. Aqui, o povo é educado até demais. Então, você nunca começa uma frase já pedindo o que quer. É sempre, '*hello, how are you doing*' ou '*good evening*' ou qualquer coisa assim. Em seguida, '*can I have blabla*'. Logo que cheguei, fui pegar um vinho e pedi '*a wine, please*' e a pessoa fez cara feia. No mercado, a moça perguntou se eu queria uma sacola e respondi só '*yes*', e ela ficou brava. Uma senhorinha atrás de mim me chamou e disse '*it is yes, please*', com ênfase no *please.* Nunca mais esqueci.

Após as instruções de Bianca, Ceci e eu pegamos um LLB cada e em seguida fomos para perto do palco. Antes mesmo de começar o som da banda, uma loira de vestido vermelho e um megassalto já tinha caído duas vezes no meio do salão. Em todas as ocasiões foi acudida pelo moço que estava com ela. Segundo as meninas mais velhas de "Oz", como o povo local chama a Austrália, esse é o normal. Australianas saem de microvestido mesmo no frio. Bebem demais e nem sentem.

— Tem umas que até tiram a roupa e ficam peladas no meio da rua —, me contou Bianca, não sei se exagerando ou não.

No bar, as músicas me lembravam os pubs de São Paulo, com uma ou outra diferença. Rock antigo é clássico em qualquer lugar (graças aos céus). O ambiente não estava o mais legal do mundo, até porque estava muito vazio pra isso. Mas, tendo em vista a música boa e o conforto da calefação, esperávamos uma desculpa mais forte para mudar de *venue* (lugar). Quando começou a tocar Ramones, minha cabeça foi longe, até os shows de rock que frequentava na época do colégio. Ela ali na frente, grudada na grade, e eu mais ao fundo, pulando nas rodinhas junto com os meninos.

Ainda estava longe quando Cecília agarrou meu braço e me puxou. Quase caí no chão, de tanta força. Enquanto tentava recuperar o equilíbrio, vi um moço caindo praticamente aos meus pés – mas isso não foi romântico como possa parecer. Ele caiu de bunda, barriga pra cima, visivelmente empurrado. Não era rodinha, mas briga. Quando ele se levantou, deu pra ver o tamanho do rapaz. Alto, cerca de 1,90, cabelo preto, rosto forte, bonito, bem marcado. Mal ficou de pé e voou para cima do oponente. Mas, antes que conseguisse dar qualquer soco, foi agarrado por um dos seguranças do pub, que já tinham sido acionados e se colocaram no meio dos dois brigões. Continuei olhando enquanto eram quase que carregados pra fora.

Não consegui identificar muito bem o que estava sentindo. Dó, desprezo, interesse? Bianca pareceu entender antes de mim e comentou:

— São bonitos, né? Mas em bar, assim, é só pra olhar. Esses australianos vêm pra balada pra beber com os amigos, conversar com os amigos, fazer bagunça e de vez em quando arrumar briga. Um desperdício!!! Já as australianas resolveram pegar toda a atiração pra elas. Dançam se esfregando nos moços que nem conhecem e não admitem que eles encostem de volta. Fico até com dó dos brasileiros que chegam por aqui. Sempre levam um esporro antes de entender como o esquema funciona.

Aproveitamos a deixa para seguir para o segundo pub, do outro lado da rua. Lá, tomei a cerveja mais pop da Austrália: Corona, que vem do México! Vai entender. Mesmo não sendo a cerveja australiana, que queria experimentar, Corona é sempre boa. Ouvimos um pouco mais de música e voltamos pra casa um pouco antes da 1h - penúltimo trem de final de semana. Nos vagões, um monte de australianas com microvestidos e pernas de fora, muito bêbadas, mas sem nenhum indício de frio. Acho que Bianca tinha razão nisso.

Dica da Manu:

Além do LLB, a Austrália tem várias bebidas interessantes. A cerveja é a mais conhecida. A Austrália é o sexto país que mais produz e consome cerveja no mundo, mas os vinhos também são sensacionais. Western Australia, South Australia e Victoria são alguns dos principais estados produtores de vinho australiano. Se você tiver oportunidade, gaste alguns dias fazendo passeios a vinícolas nesses locais. Isso pode ser feito alugando carro ou pagando passeios fechados (o que é bom pra beber e não dirigir).

Kings park, Fremantle e o namorado da homestay

No sábado, quando deu oito horas, Amanda bateu na minha porta, algo um tanto quanto incomum. Veio me dizer que iria passear no Kings Park, uma espécie de Ibirapuera de Perth. Se eu quisesse ir junto, deveríamos sair em meia hora. Apesar de ainda estar enrolando na cama, já estava acordada há algum tempo, tentando decidir o que fazer. Com a proposta, tomei um banho rápido, preparei meu famoso café da manhã de pão de forma com manteiga e leite com *Milo*, um achocolatado de embalagem verde e um dos mais famosos da Austrália, e saímos.

No local, em si, não havia nada de muito demais. Algumas pessoas faziam cooper, outras se alongavam, famílias brincavam com bola (de rugby, principalmente) e outras faziam um churrasco ao ar livre. Essa é uma das características da culinária daqui: australiano adora churrasco e os parques costumam ter churrasqueiras comuns que podem ser usadas livremente. A diferença é que a cervejinha do churrasco não é permitida. Não só cerveja como qualquer outra bebida alcóolica, que só podem ser compradas em lojas especializadas, chamadas de *bottle shops* ("mercado das garrafas" na tradução literal), transportadas dentro da bolsa ou de uma sacolinha de papel e consumidas dentro de casa ou estabelecimentos fechados. A verdade é que nem todo mundo respeita 100% e dizem que se você não der muito na cara os guardas de vez em quando até fazem vista grossa, mas a lei é essa. Amanda contou, inclusive, que os bares com mesa na rua possuem uma linha na calçada demarcando cinquenta centímetros de distância do estabelecimento. Somente ali que é permitido beber, sob pena de multa.

— *If you are holding a beer bottle out of this space and the guards see you, the bar and you are fined.*

O motivo principal de Amanda ter ido ao parque era correr. Me levar era só um bônus. Como eu detestava - e não tinha a menor vocação - pra cooper, enquanto ela corria, eu admirava a vista e repassava tudo que tinha acontecido nessas últimas semanas. Além disso, como estariam todos? Minha família, certeza que estava igual, brigando de vez em quando, mas sempre juntos. Os três: meu pai, minha mãe e meu irmão. Meu irmão... e a banda!!! Como que eles poderiam tocar sem sua fã mais fiel, ou seja, eu? Com certeza não seria a mesma coisa sem uma doida para gritar "Rafa lindddoooo" toda vez que ele começava seu solo. Só assim para tirar um minissorriso daquele moço, que ficava todo tenso enquanto tocava guitarra. Dei risada sozinha, fiquei feliz e lembrei... da Coca! Ah, minha cachorrinha linda. Minha mãe me disse que ela tinha tido mais um derrame naquela semana. Percebeu porque começou a andar em círculos pela casa. A imagem da minha cachorra sofrendo me deixou triste e dominou meus pensamentos até Amanda voltar.

— *Hey, is everything all right?* — Amanda perguntou.

— *Yes, all good, thanks. Did you finish it?*

— *Own, yes... on weekends it is only 5 km. Easy, just to not lose the rhythm.*

"Fácil... só 5 km... fácil pra ela", pensei e ri internamente.

Em vez de comermos por ali, pegamos o carro e de lá fomos em direção ao porto, onde havia vários restaurantes e bares (principalmente). Sempre que entrava em algum carro, tinha que me policiar para não entrar do lado direito (onde fica o motorista, pela mão inglesa) e dessa vez não foi diferente.

— *Did you forget again?* — Amanda perguntou, rindo.

O caminho foi bem rápido. Chegando ao porto, a vista por si só já valia. Na hora de decidir o que comer, segui a dica de Amanda sobre o vinho branco *Swan Valley* (australiano e, por consequência, bom e barato) e uma porção de *calamares* - ou seja, lula – fritos. A comida veio enrolada em papel de jornal, uma tradição do *fish and chips.*

No bar, dava pra ver que havia muitas pessoas de outros países, falando outras línguas que não o inglês. Ou seja, mesmo em um programa local é difícil ver só australiano por aqui.

Segundo estatísticas coletadas numa mesa de bar sem qualquer referência formal, só 30% de Perth é constituída de *aussies* (como eles mesmos se intitulam) e a cada semana chegam cerca de 2.000 estrangeiros na cidade. Até agora não conheci nenhum *aussie* que não fosse simpático, principalmente entre os homens. Quer dizer, Marisa não conta. Pelo que tenho ouvido de quem está há mais tempo, são "*friendly but not your friend*". Ou seja, são legais, conversam, mas são poucos os que ficam realmente próximos de estudantes internacionais. Pra mim faz sentido. Se é uma cidade tão turística, deve ser complicado se apegar a novos amigos que vão embora muito em breve.

Voltamos pra casa, mas eu mal cheguei e já saí pra pegar o trem, literalmente. O destino era Fremantle, onde Simi, um amigo distante do Brasil estava morando (havia chegado dois meses antes de mim). Junto com Simi, estaria Adriano, um amigo dele de São Paulo que eu conhecia de vista. Os dois tinham decidido passar um mínimo de um ano na Austrália para aprender inglês e, quem sabe juntar uma grana. Assim, quem sabe, abririam sua própria agência de comunicação quando voltassem ao Brasil. Para isso, escolheram a pequena e linda cidade de Fremantle, mais barata e com menos brasileiros do que Perth.

Fremantle era também aquele lugar para onde Cecília foi no primeiro dia de aula, mas que não desceu do trem. A cidade é pequena, com quatro estações. Eu desci na principal, chamada *Fremantle Station* e fui a pé até o bar. Meu amigo veio pra Austrália para estudar inglês e aquele era um encontro do pessoal da escola. Entre os estudantes, alguns falavam bem o inglês, outros mal conseguiam se comunicar.

Fui apresentada, falei um pouco com Simi, que me contou das primeiras impressões, das saudades que estava da comida do Brasil, em especial do feijão (ele inclusive tinha me pedido para levar uma panela de pressão do Brasil, mas tive que dizer não quando vi o tamanho da minha mala).

— É, desculpa por não ajudar com a panela.

— Ih, fica tranquila. Minha mãe já está mandando. Uma hora chega, daí te chamo pruma feijoada em casa — ele respondeu.

Aproveitei que ainda não tinha sentado e fui pegar uma cerveja. Como era cedo, o bar estava vazio. Perguntei pra garçonete sobre as opções e ela me deu o cardápio. A lista era grande. E tudo desconhecido.

— *Don't you know what to choose?* — ela perguntou

— *Hum... no. I arrived last week. I don't know Australian beers yet* — respondi, explicando que não tinha a menor ideia de qual cerveja escolher.

Foi aí que ela me fez gostar ainda mais dos australianos. Com uma felicidade de quem estava iniciando alguém no mundo das cervejas australianas, ela pegou vários copos e me serviu um dedo de cada uma das quatro ou cinco máquinas de chopp (lá chamado de *tab beer*) que tinha no balcão. Foi difícil diferenciar, mas acabei escolhendo a número três, que tinha um gosto amargo seco, diferente.

— *The third? Own, this is my favourite too* — sorriu a moça, enquanto tirava um pint inteiro de Tooheys Extra Dry para mim.

Peguei meu copo e voltei pra mesa, onde fiquei por cerca de duas horas conversando com Simi, Adriano e alguns gringos do curso de inglês. Não sei se era a falta de costume, se a cerveja de lá era realmente mais forte ou se eu que estava cansada, mas, depois de dois pints de TED, fiquei mais solta e, como ainda teria que pegar o trem de volta, me despedi.

Cheguei pouco depois do pôr do sol em casa. Quando entrei, vi Amanda no sofá com um moço alto, moreno, porte atlético, por volta de 40 anos.

— *Hi, Bruna, this is Kennedy, my boyfriend I told you about.*

Muito simpático o Kennedy. Cheguei, sentei na poltrona enquanto eles ficavam no sofá. Contei de Fremantle.

— *Ah, it's beautiful there, right?*

— *Very.*

Enquanto assistíamos a versão australiana de *Dancing with the stars*, Kennedy falava bastante e me fazia perguntas, mas eu demorava pra entender. O sotaque dele era um pouco mais forte do que o dela.

Depois de meia hora de tensão para conseguir me comunicar, me retirei dizendo que ia tomar banho e dormir. Mas, na verdade, fui assistir mais um episódio de HIMYM no quarto, deitada na cama. Por mais simpático que ele fosse, estava cansada para continuar fazendo sala. Nem vi a hora que Kennedy foi embora, se é que foi embora.

No dia seguinte, quando encontrei Amanda para o café, minha *host big sister* me perguntou o que tinha achado dele.

— *He is nice. Very talkative, he seems to like sports. Looks like you.*

— *Do you think?* — ela perguntou com cara de surpresa. Talvez tenha estranhado principalmente o fato de eu ter dito que parece com ela.

— *I like him, but we are very different. It is the first time I am with someone older.*

Ela continuou me contando que normalmente se interessa por garotos da sua idade ou mais novos, mas que ela e Kennedy se conheceram em um site de relacionamentos, como acontece com grande parte dos casais australianos. No começo, foi tudo lindo e só quando já estavam juntos é que ela percebeu que não tinham tanto a ver. E, como ela já tinha me contado, isso foi no inverno, tempo em que todos hibernam, dentro de duas casas. Mas, já estávamos na primavera, o que significava que era o momento de se preparar para sair e conhecer outras pessoas - e ela estava em crise por isso.

Dica da Bianca:

Tà na paquera e quer conhecer australianos? Aposte no pijama e prepare-se para a maratona de aplicativos. Conhecer amigos de amigos atè acontece (mas è mais dificil se você è estrangeiro). De toda forma, australiano adora um app (pronunciado èp – com "p" mudo e soprado). Depois do primeiro contato, aì, sim, pode caprichar no modelito balada pra conhecer o boy.

Uma casa para chamar de nossa!

Desde o início, o trato era "nós vamos morar juntas. De preferência, nós três, mas, mesmo que não dê certo, pelo menos nós duas vamos ter a nossa casa".

Propositalmente, só paguei um mês de *homestay*. Então, por mais que eu gostasse de Amanda, de Kennedy (quase meu host cunhado) e de Barkley, no meio da minha segunda semana comecei a procurar uma casa.

Eu sabia que ia me arrepender se não seguisse os planos de morar com Cecília. Essa talvez fosse a única oportunidade de morarmos juntas e, caso não acontecesse, nossa história teria menos chance de ser uma aventura. Além disso, se pra mim estava gostoso na casa de Amanda, para ela não se pode dizer o mesmo. A dona da casa em que Cecília estava morando era uma mulher educada, mas não escondia de ninguém que o aluguel de seus quartos extra para estudantes tinha como principal função a geração de uma renda extra – e não fazer amizades.

Vinka era uma mulher de uns 40 anos, solteira, e que trabalhava como *cleaner*, ou seja, faxineira. Diferentemente do que acontece no Brasil, essa é uma profissão muito bem paga, mas que, como em qualquer lugar do mundo, exige muito fisicamente. Como consequência, Vinka chegava sempre cansada, se ocupava com seus próprios afazeres e não contribuía praquele clima gostoso que Cecília tanto queria.

— Que pena, isso, Ceci. Mas o que você escreveu no pedido de *homestay*? Você não preencheu o que estava buscando?

— Ah, eu não sabia o que escrever, então pensei que a única que não gostaria era de que a casa fosse suja, então coloquei que queria que fosse uma pessoa limpinha.

— Limpinha? Então faz muito sentido. Você praticamente pediu para morar com uma *cleaner*! Não que seja um problema, mas veio o que você pediu — comentei, pra variar, rindo bastante, enquanto fazíamos o login no computador na sala de informática da escola.

— É, vamos ficar quietas — sussurrou Cecília ao perceber que todos olhavam para o nosso lado. Pelo menos não rolou aquele constrangedor "shiiu", compreensível em qualquer lugar do planeta.

Enquanto o computador iniciava o Windows, eu pegava meu caderno com post-its de dentro da mochila. Além das baladas, Mika dera dicas preciosas em relação a casas. Alguns exemplos eram: achar *share houses* (repúblicas) é fácil. Uma casa inteira, nem tanto. Na verdade, ele e outras pessoas nos assustaram tanto, disseram que era tão difícil, mas tão difícil, que preferimos não perder tempo. Por isso, mal tínhamos entrado na segunda semana de aula (e de estadia nas respectivas *host families*) e lá estávamos as duas, aproveitando um dia sem aula, para procurar moradia.

O início foi devagar. Como só tinha um computador livre, sentamos juntas e passamos a pesquisar a lista de sites indicados. Nos anúncios, a maioria era de casas. Apartamentos eram poucos, em prédios bem baixos, sem zelador.

— Olha esse aqui é legal. Bem no centro. Preço não está alto. Cem dólares por semana.

— Dois quartos?

— Ixi, não... é *studio*. Não daria pra nós duas.

— Não mesmo. Isso é forçar a amizade. Mas e esse outro aí debaixo?

— É bom, mas é mais longe. Quase depois de onde estou morando.

— Dá pra chegar de trem?

— Parece que sim, mas não sei. Anota, vai.

— Anotado.

E assim foi por cerca de uma hora, até vagar o computador ao lado. A partir de então, otimizamos nosso trabalho. Enquanto uma olhava o anúncio por descrição e preço, a outra pesquisava o endereço no Gmaps pra ver se era viável. Passamos a manhã e a tarde inteira assim. E no dia seguinte, a mesma coisa. Pra que tanto? Pelo seguinte:

Ao contrário do que acontece no Brasil, onde você procura um apartamento, liga pra imobiliária e ela faz quase todo o trabalho, na Austrália os imóveis estão listados na internet. Se você gostou, terá que esperar até o dia da visita (*open house*), porque ninguém vai te levar pra ver o apartamento só porque você está interessada em alugá-lo. Há dias pré-determinados para conhecer os imóveis anunciados e todos os interessados aparecem juntos, por quinze minutos. Se é isso mesmo o que estava procurando, preenche o formulário e torce muito para que a agência escolha você em vez de algum dos outros interessados. Uma brasileira que a gente conheceu no trem disse que demorou um mês até ser aceita em dos lugares e a nossa perspectiva não parecia ser muito diferente. Se no Brasil tínhamos toda uma reputação de boas pagadoras, com pais que poderiam ser fiadores, aqui éramos apenas duas garotas que haviam chegado há menos de duas semanas no país, não tinham emprego e muito menos referências, além das respectivas *homestays*.

Os anúncios de alguns sites, como o GumTree, misturavam anúncios profissionais e particulares, alguns reais, outros falsos. Dois deles, feitos por pessoas diferentes, eram de encher os olhos, bons demais pra serem verdade. O bom de ter visto tantos anúncios é que deu pra perceber como esses dois eram parecidos e foi aí que a fraude apareceu. O primeiro anúncio era de um homem que foi morar no Reino Unido com a família. O segundo, de uma mulher que perdeu o marido e voltou com a filha pro

Texas, nos Estados Unidos, onde se casaria de novo em breve. Os dois estavam com seus apartamentos mobiliados em Perth, tentando desesperadamente alugar por um preço fantástico. De tão bons, mandamos e-mail pedindo mais informações, mesmo desconfiadas. A resposta veio rápida e com fotos (lindas) dos imóveis, junto com as orientações (em inglês):

"Se você gostar do imóvel, me mande seus dados que eu preparo os documentos. Nós dois assinamos. Você faz um depósito de 1 aluguel como garantia e eu mando as chaves pelo correio".

Na Austrália, o normal são três meses de aluguel adiantado como o chamado "bond", que é o depósito por garantia. Pra não deixar o valor parado, algumas imobiliárias oferecem uma espécie de poupança, em que se coloca essa quantia x. Ao fim do contrato, se nada na casa precisar ser arrumado, o valor é devolvido ao inquilino. Ou seja, apenas um mês de aluguel a mais era algo bem baixo em comparação à política imobiliária padrão. O golpe era claro, mas nas circunstâncias em que a gente estava, era difícil não ficar tentada.

— Bem que podia ser verdade, né?

Ao todo, devemos ter mandado uns 30, 40 e-mails, para proprietários e imobiliárias, manifestando interesse ou pedindo mais informações. Desses, conheceríamos apenas quatro casas, duas no sábado e duas no domingo.

A primeira era num dos bairros mais queridos, tanto por brasileiros, quanto por australianos: Subiaco, lugar que dá nome ao antigo estádio de *football*. A região era realmente uma graça. O apartamento, até hoje eu não sei. O lugar lembrava de longe um complexo habitacional. Pareciam apartamentos, mas eram casas geminadas, uma em cima da outra, em dois ou três andares, com escadas do lado de fora. Logo que chegamos, fomos recebidos por um dos nossos possíveis vizinhos, meio indonésio, com olhar bem desconfiado. Em seguida, passamos por um velhinho totalmente trêbado. Quando chegamos ao apartamento, nos deparamos com o imóvel trancado e com uma porta tão suja quanto todos os outros. Decidimos não esperar a equipe de *open house* e fomos para o próximo da lista.

O segundo apartamento do dia era um estúdio, perto da escola, não tão perto do trem. Mobiliado, mas com só uma cama, de casal. O preço era ótimo. Como móveis de segunda mão são baratos, a gente podia comprar outra cama. O problema era a total ausência de paredes. Nem a maior das amizades sobreviveria a isso. Então, fomos embora. Por mais que só tivessem sido duas casas, demoramos demais até achar os endereços (os números das ruas não são guiados pela distância em metros, então, por mais que tivéssemos achado a rua, não dava pra saber o quanto teríamos que andar do 10 até o 200, por exemplo).

Exaustas, voltamos para nossas respectivas *homestays*. Depois de tudo que tínhamos procurado e visto, as casas delas estavam longe de serem ruins. À noite, não quis nem entrar no computador. Sabia que precisaríamos encontrar uma nova casa, mas ainda mantinha esperanças para as três visitas do dia seguinte. Sim, se o sábado foi corrido, domingo deveria ser um pouco mais. Tínhamos decidido ver três casas. Uma às 10h30, outra às 13h30 e uma terceira às 16h. Antes de dormir, revi a lista, falei com Ceci e decidimos cortar a primeira opção. Era um apartamento de um quarto pelo valor de dois - e sem mobília.

— É, não vale a pena acordar cedo por isso — comentou Ceci.

No dia seguinte, mesmo sem precisar, acordei cedo, tomei café, entrei na internet, vi e-mail, Facebook, Instagram. Conversei um pouco com Aninha e Lisa. Quando deu 11h30, fui tomar banho pra me arrumar pra sair. Amanda, que já tinha voltado da corrida, estava no quarto, então nem me despedi. Fui andando até a estação e constatei que o tempo daria certinho. O problema é que não tinha percebido que precisaria fazer baldeação. Quando percebi, já era tarde e tive que voltar algumas estações. Desci, fui pegar o trem certo e era o errado (a mesma plataforma serve para mais de um trem e você só descobre olhando o letreiro, tipo ônibus, mas nos trilhos). Voltei mais uma vez. Quando cheguei na casa, finalmente, parecia que era a casa perfeita. Apesar de meio longe do centro, tinha preço bom, dois quartos e pertinho da estação. Já a parte de dentro, nem imagino.

Quando cheguei, já tinha passado meia hora do combinado e não encontramos mais ninguém. O máximo que deu pra fazer foi dar uma espiadinha pela janela.

Cecília tinha chegado ali perto no horário certo, mas não conseguiu achar o endereço. Perguntou pra todo mundo, olhou no mapa e nada. Quando achou que ia ganhar uma informação relevante, recebeu foi um número de telefone, "pro caso de um dia você querer companhia pra sair".

Enfim, ainda tínhamos uma última e ótima oportunidade. A quarta casa era mais perto da *City*. A dona tinha sido uma das primeiras a responder meu e-mail e inclusive mandou fotos, uma fofa!

— Dois quartos essa? — Cecília quis confirmar.

— Isso, dois quartos, mas sem suíte. Parece bonitinha, mas sem mobília alguma.

— Ixi, então vale a pena?

— Ah, já estamos aqui, né... não custa.

Para garantir, dessa vez, chegamos no horário, depois de almoçar coxinhas de frango frito dentro própria da estação. Quem veio nos receber foi a própria dona da casa, Rachel, que veio com o marido e uma amiga.

Ela nos mostrou a casa, que a gente já havia conhecido por fotos. Dois quartos bons, um banheiro meio feio, bem antiguinho, valor do aluguel que não estava barato, mas dentro do aceitável. O único problema era a mobília. Era. Quando comentamos que não tínhamos nem cama, Rachel respondeu que tinha alguns móveis guardados e que poderia emprestá-los por 15 dólares a mais por semana por isso. Ia mandar um e-mail formalizando e dizendo qual mobília estava disponível. Além de nós, ela ainda tinha outro casal interessado, mas, por algum motivo, parecia que tínhamos preferência.

— Acho que ela gostou da gente.

— Não dá pra ter certeza, mas também acho. Agora o problema será segurar a ansiedade até ter uma resposta — comentei.

Mas, a dúvida não durou muito. Na segunda-feira seguinte, pouco mais de uma semana depois de termos começado nossa busca, estávamos com todos os documentos assinados. Como o negócio foi feito direto com o proprietário, não precisou da tal burocracia de formulários. A única coisa foi o bond, em que tivermos que depositar três aluguéis adiantados em uma conta conjunta nossa com ela. Ou seja, uma parte não poderia tirar sem a autorização da outra.

Ao sairmos do banco, Ceci olhou pra mim e me deu um abraço:

— Manuuuuu!!! Nós temos uma casa!!!

— Siiiiiimmmmmm!!!! Nós temos uma casa!!!

Primeiro item, cumprido. Só faltava o resto.

Dica da Manu:

Caso você não queira o perrengue de alugar um lugar do zero, veja os anùncios da sua escola ou faculdade. Sempre tem muita gente alugando quartos de casas jà montadas, naquele esquema de repùblica brasileira. È mais barato e mais divertido do que uma homestay. Por outro lado, perde-se a experiência de viver com uma famìlia australiana. Da mesma forma, a nacionalidade de seus roommates. brasileiros são mais fàceis de lidar, afinal, os costumes são basicamente os mesmos mas você se força menos a falar inglês e se envolve menos com outras culturas. Como diria Aninha "cada escolha significa uma perda – e um ganho". Ah, os valores de aluguel são sempre semanais ou quinzenais, assim como os pagamentos. No começo parece mais dificil de se planejar, mas depois se acostuma.

Era uma casa muito engraçada

— *Amanda?*

— *Are you ready, Manuela? Sure?*

— *Yes. I am ready. We can go.*

Enquanto puxava minha malona de rodinhas para fora de casa, pensava em como era incrível que, em pouco mais de um mês, já aumentara tanto a quantidade de coisas. Mesmo tirando o presente para Amanda e os chocolates para Bianca, a mala ainda estava muito mais cheia do que tinha vindo e olha que eu não tinha comprado nada além do meu casaco. Levei a mala até o carro de Amanda, com a ajuda dela coloquei no porta-malas e entrei pelo lado esquerdo, do passageiro.

Em seguida, fomos até o bairro de Mount Lawley, minha nova casa. Quando estacionamos, vi um táxi parado. Diferentemente de Amanda, que fez questão de me levar para a casa nova, Cecília teve que fazer a mudança de táxi.

Ao entrarmos, Rachel nos apresentou os móveis que trouxe emprestados (e que já tínhamos visto por foto). Absurda a diferença que um sofá, uma mesa e duas camas faziam – além da TV, que era antiga, de tubo, mas que serviria para passar tempo. Assim que ela saiu, começamos a desfazer as malas. E foi aí que vimos como uma casa fechada pode ser suja. Até as cubas da cozinha (aparentemente, é comum que as casas australianas tenham duas cubas com tampão, uma para lavar e outra para enxaguar, sem gastar tanta água) estavam com o aço inox manchado. Assim, nossa primeira compra foi de comida (pão, presunto e queijo), pratos (de papel) e produtos de limpeza. Só no banheiro, foram três horas limpando – e mesmo assim ainda não me sentia à vontade para tomar banho sem chinelo. A janela estava emperrada de tanta sujeira. De tanta força pra limpar, acabei quebrando.

Para começar a nos sentir realmente em casa, fomos para o shopping do lado de casa e entramos na lojinha chinesa, uma espécie de loja de 1,99 moderna, em que 99% das coisas custam mais que 1,99 e você nunca tinha sentido falta até ver na frente e perceber que tem uma necessidade incontestável. Compramos alguns vasinhos de flores e muitos porta-retratos, papeis de EVA para criar murais e imãs para segurar as fotos na geladeira. Na área de cozinha, foram três pratos de louça (um para cada e um terceiro pra visita), um liquidificador (para Cecília, que queria fazer sopas emagrecedoras) e uma batedeira (para eu fazer bolos engordativos). Tudo muito barato, de marcas um pouco duvidosas (algumas das vantagens de estar tão perto da China).

Quando chegamos perto da fila, vi um último item que chamou muito a minha atenção: um relógio vermelho com o desenho de patinho feio.

— Olha, Ceci! Vamos levar?

— Nossa, Manu... mas não é muito de criança?

— Sim, essa é a graça. Vamos? Colocamos na cozinha.

— Tá... se você quer, pode ser. Três dólares, mesmo.

Pedi pro chinês pegar, mas ele decidiu me explicar que aquele era pra criança. Em vez de só dizer "aham, beleza", resolvi advogar em prol da liberdade e disse que era pra mim mesmo. Acabei levando o tal relógio, mas só depois de discutir por alguns minutos com o china, que só desistiu porque a fila atrás da gente estava muito grande.

Com isso, a casa finalmente parecia uma casa. Mas, ainda tínhamos um problema: lavar roupa. Para comprar a máquina, visitamos uma loja de eletrodomésticos que conhecemos durante o passeio a pé pelo bairro. No mostruário, havia tanto produtos novos quanto usados, de segunda mão. No nosso orçamento, só cabia o último tipo. Optamos por um tanquinho que deveria ter uns dez anos, pelo menos. O vendedor, muito atencioso, se comprometeu a levar, ele mesmo, a máquina até nossa casa, já que não tínhamos carro e alugar um frete não era uma opção. Passamos o cartão naquele dia cedo e, algumas horas depois, ele e o irmão chegaram em casa para entregar a máquina e ainda nos ajudar com a instalação.

— Simpático ele, né, Manu?

— Demais, né. Será que queriam alguma coisa, uma caixinha?

— Não sei. Eu tentei oferecer, mas ele ficou sem graça e não quis aceitar ou fez muito doce.

Essa história deveria ter terminado aí, mas alguns dias depois, apareceu uma surpresa em nossa casa, tocando a campainha.

— *Hey.*

— *Hi...*

— *How are you, good?*

— *Yes, good, thank you.... and you?*

— *Good, thanks. And the washing machine? Is working good?*

— *The... machine? Yes, it is working perfectly, thank you.*

— *Wow... that is good... so... ok. Have a good evening.*

— *You too. Bye* — acenei.

— Quem era, Manu?

— O vendedor da máquina de lavar. Queria saber se ela estava funcionando bem.

— Nossa, que educado né. E já foi?

— Já... não sei se ele queria que o chamasse pra entrar... mas... agora realmente não dá.

— Você acha? — perguntou Cecília, se matando de dar risada.

Quando a campainha tocou, eu estava no quarto, acabando a segunda megafaxina de casa, que incluiu três horas só tirando as três mãos de tinta do exaustor, já que os proprietários ou antigos moradores acharam mais fácil pintar o negócio junto com a parede, em vez de simplesmente limpá-lo de vez em quando. Meus dedos estavam brancos e ressecados, o cabelo desgrenhado, a roupa suja, a cara de alucinada. Já Cecília, de top e shorts, desfilava pela casa carregando três pratos de uma vez (um na mão direita e dois na mão esquerda, com um deles apoiado no pulso). Bianca, um dia, decidiu mostrar como se carregava três pratos de uma vez. O que, segundo ela, era essencial para trabalhar com *hospitality* (bares, restaurantes e hotéis). Desde então, Cecília tinha decidido treinar para um possível trabalho e passava horas colocando em risco nossos três únicos pratos da casa. Enquanto falava, Cecília colocava mais uma vez os pratos nas mãos e pulso e andava pela casa conversando com clientes imaginários.

No fundo, tinha ficado com pena do moço, mas é... realmente não seria aquele dia em que abriríamos a casa para visitas.

Dica da Manu:

Abuse das second hand shops! De roupas (a mais famosa é a do Exército da Salvação) a eletrodomésticos, as lojas de produtos usados são verdadeiras salvadoras de vida para estudantes internacionais. Ali você encontra blusas por até 5 dólares e, além de fazer bem pro bolso, são ótimas pro meio ambiente. Economia circular e redução de consumo é o nosso futuro, gente!

O primeiro emprego!

Dizem que o tempo é relativo. Quando se está fazendo as coisas de que se gosta, passa muito rápido. Quando algo é enfadonho, demora uma vida para passar. No caso dessa viagem, pode-se dizer que os ponteiros viravam com a velocidade de um furacão!

Calma, me deixe explicar: passar rápido não significa que as coisas não estivessem acontecendo. Muito pelo contrário, elas estavam e até bem rápido. O que todo mundo diz é que se demora muuuito até conseguir uma casa própria - por causa de toda aquela burocracia de achar uma casa, ser aceita, não ter referências sérias a menos de meio planeta de distância etc. etc. E a gente achou! Mais do que isso, nos mudamos em menos de um mês. E mesmo a simples adaptação à nova rotina já tinha sido motivo de comemoração.

— Cara, Ceci... já parou pra pensar que louco? A gente veio prum país diferente, está dormindo no horário que deveríamos acordar e acordando quando ainda era muito cedo pra ir pra cama...

— Temos que ficar o tempo todo alternando inglês pra português e vice-versa.

— As cervejas que eu tomo não são as mesmas que eu tomava há pouco de mais de um mês, o supermercado também não...

— Até o lanche do McDonald's tem umas opções estranhas...

— E isso sem falar do...

— *Hungry Jacks*! — falamos as duas, rindo muito. Na Austrália, *Burger King* se chama *Hungry Jacks* - o mesmo logo, os mesmos lanches, as mesmas propagandas, mas o nome era diferente.

Em resumo: as coisas estavam andando? Sim! Com certeza estavam, mas o fato é que minhas metas de curto prazo já chegaram muuuuuito ousadas. E pra dar conta delas faltava um item primordial: um emprego! *A job*!!! - que diferentemente da gíria publicitária é emprego mesmo e não mais um simples... uma conta? Um cliente? Bom, esse é o job no Brasil, mas não na Austrália. Aqui é emprego mesmo. Deu pra entender?

E nessa pegada de *job*, eu já tinha perdido as contas de quantos *job applications* preenchi. Aliás, outro chamado dos um milhão de falso cognatos que o povo daqui usa. *Applications*, em inglês, é como se fosse um formulário de requerimento. Pra tudo se usa isso. *Job Application*; *Internship applicattion* (pra pedir bolsa); *real estate application* (requerimento de imobiliária). O que isso vira na boca de brasileiro? "Estou aplicando para um novo emprego". "Já aplicou pra bolsa de estudo?" Dá mesma forma como "você já bukou nosso hotel?", do verbo booking, de reservar. É daquelas coisas que todo mundo sabe que é errado, mas é muito fácil falar dessa forma e todo mundo entende. Gírias do *overseas*.

Voltando (de novo!). Na primeira semana de Perth, já tinha pegado no *International Students Center* as principais dicas de como conseguir trabalho e a principal delas era o "*Seek*". O verbo em inglês para "procurar" também é o site de empregos mais famoso da Austrália, ou pelo menos da *Western Australia*. Todo dia são cadastradas vagas novas em diferentes áreas. Logo de cara, percebi que a grande maioria exigia um tal de RSA. Perguntei pra Bianca e ela me disse que aquele era o *Responsible Service of Alcohol*, ou Serviço Responsável de Álcool – um certificado que qualquer pessoa que quisesse trabalhar em bares ou restaurantes que servissem bebida alcóolica deveria ter. Sem isso, o governo não permite a contratação.

— Ah, é bem fácil de conseguir, viu, amiga. Você entra no site, paga a taxa com cartão de crédito, faz o curso online, que não demora muito e pronto, já recebe o resultado.

— Tá, mas o que tem esse curso de especial? — perguntei.

— Hum... de especial, nada. É um curso que tem algumas informações de bebidas, de como reconhecer quando alguém está bêbado - ou *intoxicated*, como eles chamam. O negócio é que, fazendo o curso, você teoricamente já consegue identificar quando alguém está bêbado e pode negar bebida pra essa pessoa. Aqui isso chama "*to cut off*" alguém. Se, mesmo com esses conhecimentos, você deixar alguém bêbado e essa pessoa fizer besteira, você é corresponsabilizado. É pra isso que serve o RSA. Mas não tem jeito. Você precisa fazer pra conseguir emprego nessa área.

Depois do conselho, fiz meu RSA na mesma noite e passei a entrar um dia sim, outro não, para mandar todos os currículos que fossem possíveis - que aqui não se chama curriculum, mas "resumé" - com acento no E final mesmo. A minha busca já tinha ficado até gravada - e mesmo assim eu ainda recebia avisos relacionados ao meu perfil. Eram vagas de *Hospitality* (o que envolve tudo relacionado a servir bebidas, comidas, limpeza e arrumação de casas e hotéis), do tipo *casual* (sem contrato e única forma que os estudantes internacionais podem trabalhar) e até 20 horas por semana. A partir daí, era só ver quais eu mais me encaixava e mandar currículo, digo, *resumé*, por e-mail ou ir até o local no período determinado.

Foi por meio de um desses anúncios que caí no bairro de Subiaco, e conheci Penny, a gerente do The Vic Pub. Tenho que confessar que me deu um friozinho na barriga. O lugar era grande, bonito, com as paredes externas todas de vidro. Logo de cara, acostumada com os pubs fechados de São Paulo, pensei "isso aqui não é pub", mas depois lembrei que Austrália praticamente não tem bar. Tudo é chamado de pub.

Ao entregar o *resumé*, Penny me deu um papel (mais um formulário de *application*) e uma caneta. Sentei no banquinho alto, apoiei meu papel na mesinha bistrô, do estilo que tantas vezes usei para apoiar meu próprio copo de bebida, e preenchi rapidamente. Como referências, coloquei Bianca e Amanda: uma brasileira (que estava na Austrália há mais tempo do que eu) e uma legítima australiana, que me abrigou tão bem em sua casa.

Quando entreguei o formulário, Penny, que devia ser uns 10 cm mais baixa do que eu, bem gordinha, com um rostinho redondo de bochechas rosadas e sorriso meio sarcástico, leu meu documento bem por cima, mas realmente bbeeeeeeem por cima, e me perguntou quando eu gostaria de começar.

— *Ahm? Am I hired?* — perguntei, tentando entender se eu tinha realmente conseguido o emprego.

— *Yeah, sure* — ela respondeu como que sem se importar — *Can you be here Thursday at 3?*

— *Sweet!* — ela respondeu depois que eu disse que sim. Então, me deu outro papel, com as orientações do que vestir (calça social preta, sapato preto e cabelos amarrados; a blusa seria providenciada por eles) e anotou novamente o horário de início.

Aquela era uma terça-feira. Isso significa que tinha apenas um dia e meio para conseguir encontrar uma calça social e um sapato – que eu achava que sabia meu número.

****

15:44
Eu: Ceciiiii!!! Where r u?

Há alguns dias, tínhamos feito o trato de falar somente inglês pelo whatsapp, pra treinar. Além disso, usar abreviações em inglês fazia minha autoestima inglesística ir à loucura, me sentia suuuper adaptada. Por isso, usava sempre que podia e que aprendia alguma nova, mesmo que de vez em quando não fosse assim tão claro pra pessoa do outro lado.

Antes de ela visualizar, continuei:

16:02
Eu: I got a job!!! Now I need to buy some clothes. Wanna come?

Cecília respondeu depois de 5 min. Estava terminando sua aula da tarde e me encontrou na entrada da *Target* do centro. Subimos depressa as escadas rolante rumo ao segundo andar, onde fica o vestuário feminino. Mesmo já tendo uma, ela ia aproveitar a oportunidade para também comprar outra das tais calças sociais preta, que, pelo que Bianca contou, era uniforme padrão na maioria dos locais.

— Acho que realmente deve ser uniforme. Olha só a quantidade de calças pretas — comentou Cecília.

— O bom é que tem de vários preços e modelos. Vou pegar esses daqui — falei, mostrando dois tipos diferentes, não muito caros.

— Que tamanho você está pegando?

— Peguei dois de cada. Tamanhos 10 e 12.

— Legal, vou fazer o mesmo.

Na hora, lembrei do livro "Tamanho 42 não é gorda", de Meg Cabot. No título original era "*Size 10 is not fat*". Também a sequência – Tamanho 44 (ou Size 12) também não é gorda. Apesar desses números não dizerem nada, estava torcendo muito pra fechar a 10. Para não correr o risco de me frustar, fui primeiro na maior. Serviu, mas ficou larga. Ufa! Em seguida, fui para a 10. A calça era daquelas de dois botões, um na frente, por dentro, e outro por fora, uns cinco centímetros à direita do umbigo. De cara, não fechou. Murchei bem a barriga, fechei o olho... voi-lá!!! Soltei a respiração com calma, pra ter certeza de que o botão não ia voar pelo meio do provador. A pressão não era taaaão grande. Resolvi levar, apesar de ter ficado um pouquinho curta.

— Ah, não... com o sapato não vai nem dar pra perceber — comentou Ceci.

— É... pode ser. Além disso, acho que não vou encontrar outra calça mais comprida mesmo. Vamos pros sapatos?

Nesta segunda parte, não teve jeito. Nenhum dos 4 pares que peguei para experimentar na maior numeração possível ficou bom. Mais do que isso, em todos meus dedos nem se mexiam dentro dos pisantes. Mandei mensagem para Bianca perguntando se ela sabia onde encontraria sapato preto número 41. Mas, de toda forma, teria que resolver no dia seguinte – e era bom que desse certo.

***

Na quarta-feira, me arrumei cedo e fui pra aula, que começava às 9h. Aquele era dia de *Acccounting*, ou seja contabilidade, ou seja, uma dificuldade. As contas eu entendia bem, mas pra chegar ali, tinha que passar por termos como *Assets and Incomes; Fees, Liabilities* e outras coisas que eu nunca tinha entendido nem mesmo em português – obrigada, papai, por fazer meu imposto de renda todos esses anos.

Quando terminou, segui o conselho de Bianca e fui para a *Hay Street*, famosa pelas lojas de roupas e acessórios e pertinho da escola. Passei em três delas até que finalmente achei uma que tivesse "Large Numbers Shoes". Nem mesmo na Austrália, onde as pessoas aparentemente são mais altas, é fácil de encontrar sapatinhos 40 (9 na numeração local ou 43 dos importados chineses) para a Cinderela aqui.

Além de ser difícil de encontrar sapatos grandes, quando eles aparecem – e isso tanto na Austrália quanto no Brasil – normalmente são modelos antigos, grandes, pesados... nada, mas nada interessantes. Enquanto encarava minhas opções medonhas, lembrei da história de que em alguns países os homens escolhem suas mulheres pelos pés. Se isto acontecesse por aqui, com certeza ia morrer encalhada.

I will take this one, please — disse para a vendedora enquanto entregava um sapato preto, inteiro fechado e com um salto anabela de 5 centímetros, me fazendo fica ainda mais alta. Se dependesse daquele sapato, com certeza não seria no trabalho que encontraria meu príncipe encantado. Ainda bem que essa não era minha pretensão principal. O foco era trabalhar, conseguir me sustentar e estudar ainda mais, na tão sonhada pós, no ano que vem. Era nisso que pensava no caminho de volta pra casa.

Quando abri a porta ao chegar, encontrei Cecília na cozinha.

— *Hey, you!!!*

É... aos poucos o inglês ultrapassava as barreiras da nossa vida privada, mas era por um bom motivo: precisávamos treinar muito ainda.

— *So, you got it!!! Let me se... Wow... it is not so ugly as you told me in the message.*

Cecília tentava me animar melhorando a aparência do sapato, mas, quando mudou de assunto, me deixou ainda mais nervosa.

— *Do you know what you are going to do?*

Arregalei o olho e pensei a respeito. Eu não sabia o que iria fazer no bar.

— *Are you nervous???* — Cecília continuou.

Até aquele instante, eu não estava. Até porque minha única preocupação era a de ter sapato e calça para o primeiro dia. Mas, com a pergunta dela, percebi que não tinha ideia de como seria a rotina no bar. Mesmo assim, não dei o braço a torcer.

— *No... not nervous. I am gonna do bar stuff. Simple as that* — respondi, sem acreditar em mim mesma, enquanto ia para o quarto.

Sentada na minha cama de solteira, que era a única que cabia no meu pequeno quarto, tentava mentalizar que tudo ficaria bem. Três meses antes de vir para a Austrália, tinha feito, junto com Aninha, um curso de *bartender.* Ela teve a ideia mais por diversão, afinal, adorava inventar algo diferente. Já o meu intuito era ter um diferencial para ser contratada logo e de preferência em bar, já que eu me sentia muito mais à vontade segurando uma coqueteleira do uma vassoura – e mesmo porque os *cleaners* praticamente usam só um esfregão chamado "*mop*", e não vassoura.

Durante o curso, tinha aprendido sobre as diferentes medidas para uma dose, como montar um drink em layers (camadas que não se misturam), fiz muitos drinks, desde caipirinhas até os famosos *Long Island Iced Teas* (nos quais eu mesma não vejo muito graça, mas é famoso). Porém, só tinha feito esses drinks em ambiente controlado. Como seria ser uma bartender no dia a dia - ou, melhor dizendo, no noite a noite? E se eles me pedissem algo que não sei fazer?

Decidi baixar a apostila do curso no celular – e esperar que eu pudesse usá-lo durante meu *shift*. Depois, preferi realmente relaxar e só me preocupar com o resto no dia seguinte, quando chegaria no bar às 15h novamente. Voltei pra sala e vi Cecília ainda na cozinha.

— *Yes, I am nervous. Let's watch a movie?* — perguntei, enquanto ligava o note e abria o netflix. Melhor assumir e pensar em outra coisa.

Dica da Manu:

Para trabalhar na Austràlia você vai precisar de um TFN (nùmero de imposto, como o nosso CPF). Todos os seus pagamentos terão dedução de imposto, mas quando você for embora de vez poderà pedir o reembolso do que pagou. Alèm disso, tambèm pode pedir reembolso dos itens que comprou porque eram obrigatòrios para o trabalho, como calça preta, sapato fechado e uniformes. Tudo isso è dedutìvel do seu imposto, mas o prazo termina em julho de cada ano (conforme o ano fiscal deles).

Conhecendo o outro lado do balcão

No dia seguinte, desci na estação de Subiaco e ainda eram 14h. Estava cedo, mas era consciente. Estava com medo de chegar tarde, então saí da escola e fui direto pro bar. Se fosse comer alguma coisa seria no caminho, mas estava tão ansiosa que não tinha nem fome. Quando cheguei à esquina do pub, eram 14h30. Fiquei com vergonha de entrar tão cedo, então dei uma volta, cheguei até uma entradinha pequena que, apesar de se chamar bakery, não tinha nada das padarias que conhecemos. Peguei um cinnamon roll (um enroladinho doce fantástico de canela com cobertura de glacê), comi, tentando enrolar ao máximo, dei uma olhadinha básica no espelho pra ter certeza que o dente estava limpo e fui de novo pro pub.

Ainda eram 14h45, mas, mesmo assim, entrei.

Logo na entrada, vi uma menina loira, cabelo cortado bem repicado, olhos bem pintados, limpando a mesa. Dei um "hi" e perguntei por Penny. Ela sorriu e disse que iria chamá-la.

— *Just a second, ok?*

Quando Penny chegou, fomos para uma mesinha mais escondida dentro do pub, onde já estavam mais duas pessoas e outras duas – sem contar comigo – eram esperadas. Todos novos funcionários. Daí entendi porque a contratação tinha sido tão fácil. Estavam chamando a rodo. A maioria parecia ser de australianos, tanto pelo sotaque quanto pela cor de pele e cabelo (e eu que me achava branquela no Brasil). Todos muito simpáticos, mas quando começavam a falar rápido e entre eles, era bem difícil de entender.

Penny esperou o resto chegar, distribuiu camisas listradas e aventais pretos com o logo do pub. Eu estava de regata. Normalmente, vestiria ali, por cima mesmo. Mas me senti um pouco intimidada e fui para o cantinho, onde todos estavam indo, e lá coloquei por cima, como faria na frente de todos. Em seguida, nos levou para dentro do balcão, que era comprido, mas estreito, em formato de U. As máquinas de *tab beer* ficavam espalhadas em três pontos. Cada uma tinha determinada cerveja, mas as mais famosas, como a *TED* ou *Coopers*, estavam em mais de uma boca. Os vinhos ficavam na geladeira atrás do balcão, na parte de baixo, e as caixas registradoras intercalavam as máquinas de *tab beer*. Era uma experiência diferente que recomendo a todos. Por um momento, me senti no filme Show Bar, mas sem a parte de dançar no balcão.

Enquanto ainda analisava o ambiente, os primeiros clientes chegaram. Alison, a menina que estava limpando a mesa quando cheguei, estava ao meu lado e logo se apresentou para atendê-lo. Eu fiquei olhando, possivelmente com cara de deslumbrada, a facilidade com que ela fazia aquilo. Não consegui acompanhar o processo todo, porque em seguida alguém me interrompeu:

— *Hi, can I make an order?*

— *Ow... yes, sure* — falei com um sorriso meio sem graça

— *Can I have thcnananamm?*

— *Sorry?*

— *A thcnananamm wine.*

É, me embananei toda. A música alta, que de repente ficou muito alta, não contribuía. Só entendi que me pediram um vinho, ou seja, *wine*. O resto me soou como thcnananamm – e foi exatamente isso que eu repeti pra Alison, pedindo ajuda.

— *What?* — perguntou, enquanto ria.

— *I am not sure... I will ask him again* — respondi pra ela e já segui pro moço pra perguntar pela terceira vez.

Depois da resposta, voltei pra Alison, que continua atendendo outras pessoas.

— *Something swan!... Is that possible?* — perguntei com minha cara de pena a la gato de botas.

— *Oh, yes!!!!* — ela respondeu feliz, como quem tinha descoberto uma charada e me mostrou o vinho *Swan Valley*, o mesmo que tinha tomado no porto outro dia.

Peguei a garrafa, servi a taça - vinho é vendido em taça e é mais barato que cerveja – e a pessoa não reclamou, então deveria ser aquilo mesmo.

Olhei para Alison, que me acompanhava de longe e sussurrei *thank you* com um grande sorriso. A mesma cena se repetiu mais três, quatro vezes ao longo da noite, e isso porque o bar... digo o pub, estava realmente vazio aquela noite. Quando não consultava meus universitários, perguntava até três vezes para os clientes, que chegaram a me apontar do lado de fora do balcão o local onde estava sua bebida dentro da geladeira de porta de vidro. Uma ou outra vez cheguei a entregar a bebida errada, mas os moços me corrigiram e resolvemos sem problemas.

Foram cerca de duas horas de trabalho mais tenso do que intenso. A cada novo pedido eu abria um sorriso com a esperança de abrir os ouvidos junto. Em um determinado momento da noite, sem maiores explicações, Brad, o outro gerente, a quem havia sido apresentada no início da noite, me chamou para o lado de trás do bar, onde estava George, o único negro entre o staff.

— *Are you ok?* — me perguntou.

— *Yes, I am fine* — respondi, fingindo tranquilidade e já esperando um feedback daqueles horríveis – e ainda pior, em inglês. Mas, ao contrário, ele foi bem gentil.

— *As today is a bit calm, can you help George to polish some wine glasses?*

Ou seja, mesmo com pouco serviço e minha dificuldade em entender pedidos, ainda não estava dispensada. Só teria que ficar polindo copos. Achei meio frescura, mas ali fiquei. Era bom dar um tempo na tensão.

— *Hi, I am George* — o cara repetiu. Devia ter a minha idade, mais ou menos, mas era mais magrinho, falando sorrindo.

— *Hi, I am Manuela.*

Lá íamos nós para aquele papinho de sempre: "*de onde você é. Brasilll? Sério? Neymar, futebol, caipirinha. O que você está fazendo na Austrália?*"

George era da Nigéria e estava ali fazendo um mestrado em tecnologia da informação - uma das profissões mais promissoras para quem quer migrar para Oz.

— *Do you know how to polish?* — perguntou, quando eu finalmente já começava a ficar incomodada de ficar ali, só papeando. Fazer só uma coisa de cada vez nunca foi meu forte e se continuasse assim era capaz de acabar pegando meu celular.

— *I am not sure* — respondi, tentando não me sentir mal por não saber como e por que precisaria polir os tais copos.

Em seguida, ele pacientemente me mostrou que tirava a água quente da máquina de café, enchia um pequeno balde de gelo e pegava as taças de vinho e copos de drinks já lavados e colocava um pouco em cima do balde, com a boca para baixo. Isso fazia com que o copo ficasse levemente molhado com o vapor. Então, ele secava com o pano seco. Esse era o tal do *polish*. Fácil, mas não tinha entendido o motivo de tudo aquilo. Então George me mostrou a diferença de um copo só limpo e de um *polished*: A máquina de lavar louça limpa os copos, mas deixava marquinhas no vidro. Pra quem fosse beber, ficaria feio. O ato de polir resolvia tudo.

— *Crystal clear, see it?*

George tinha um ótimo inglês, trabalhava no bar há quase um ano e o que recebia o ajudava a pagar o mestrado. Era estranho que alguém com aquele nível de inglês e conhecimento de bar estivesse trabalhando como *glassie* (que é quem carrega e limpa copos) em vez de *bartender.* Mas preferi ficar quieta pra não parecer preconceituosa – não em relação à raça (já que não tinha certeza se na Autrália acontecia igual ao Brasil, onde brancos costumam ter melhores cargos e salários do que negros), mas, sim, em relação aos *glassies* (com salários tão parecidos, será que servir bebidas é necessariamente melhor que recolher os copos e lavá-los?).

Por mais de uma hora, fiquei de pé naquele balcão, molhando e secando copos e taças de vinho. Quando não aguentava mais ouvir a voz de meus próprios pensamentos, tentava me concentrar no que fazia e acho que isso foi o mais próximo que já tinha chegado de uma meditação. Às 21h exatamente (sei porque do lugar onde estava eu via perfeitamente o relógio na parede), Brad me chamou de longe. Fui até o final do bar, onde estavam outros funcionários. Ele aproveitou para falar para todos de uma vez: a noite estava tranquila, sem muito movimento, então estávamos todos dispensados. A nova escala já se encontrava pregada na madeira do bar. Meu próximo *shift* seria no dia seguinte, ainda como bartender.

— Ufa! — pensei. Ou eles não me viram e ouviram perdidinha ou estão sendo muito compreensivos. De toda forma, "*thank you*", principalmente para Alison e Brad.

Fui para a estação a tempo do trem das 21h30. Quando cheguei em casa, por volta das 22h, Cecília me esperava, radiante.

— Heeeey!! I decided to wait for you awake to give you the news in person... guess what? I think I got a jooooob!!! Bianca called me and the hotel she is working with has an open position, so, she will book an interview to me and – if gets right - I start after tomorrow! At 5 AM.

— Cinco da manhã???

De tão chocada, até esqueci da regra do "*only English at home*".

Cecília me explicou que a vaga de emprego que abriu no hotel em que Bianca trabalhava era para o café da manhã, por isso tão cedo. Mas que não tinha problema. Seriam poucas horas, nem chegava a dar as 20h por semana, mas pelo menos seriam todos os dias. Sobre dormir, ela poderia compensar no final de semana. Além disso, como nossa casa era perto do trabalho, não tinha problema o trem estar fechado. Ela poderia sair às 4h e chegar a tempo só andando. Tudo o que precisava agora era passar na entrevista, que, com a indicação de Bianca, deveria ser fácil.

Então Cecília continuou falando, empolgada, enquanto andava pela casa e cozinha, mexendo nas coisas. Relembrava que o primeiro *job* é difícil, então ela nem cogitou em dizer não, mas que mais pra frente poderia mudar etc. Eu sentei no banco da cozinha e peguei meu celular. Desde que tinha saído do pub em direção à estação, tinha jogado o aparelho na bolsa e não mais tirado. Então, enquanto ouvia Ceci, fui rolando as mensagens de whatsapp. De repente, minhas mãos enfraqueceram e meu celular caiu no chão.

— Você tá bem? — Cecília se virou e perguntou preocupada, também esquecendo nossa regra.

— Ahãm... vou ter que ligar pros meus pais. Pelo visto são notícias ruins. Muito muito ruins — comentei, quase chorando, ao mesmo tempo em que recebia um abraço.

Enquanto eu sempre fui a racionalidade em pessoa, Cecília expressava o carinho de quem tem duas irmãs mais novas. Formávamos uma bela dupla.

Dica da Manu:

Na Austrália o nosso CV (Curriculum Vitae) é chamado de Resume (tem gente que ainda coloca os dois acentos Résumé, já que vem do francês). A grande diferença, além do nome, é que o Resume é muito mais simples. Em uma página você pode descrever tudo o que faz, sem muita enrolação. Os modelos você acha aos montes na internet. Tá a fim de trabalhar, mas não se sente segura para trabalhar porque o inglês ainda não está tão bom? Se arrisque! As funções de washer dishes (lavador de pratos), glassie (quem recolhe, coloca na lava louça e faz polimento em taças e copos na balada) e cleaner (faxineiro) pagam um valor decente por hora (às vezes até mais alto do que os de bartender ou garçonetes) e não exigem tanto inglês. Mesmo assim, o ambiente de trabalho é um dos melhores para desenrolar a língua, porque você aprende além das frases prontas da aula de inglês.

Carta a uma cachorra muito amada

E você se foi.

Depois de tantas vezes que fiquei com medo de isso acontecer, você se foi.

Não posso dizer que fiquei chocada. Meio que já esperava que uma hora ou outra a notícia viria. Já não comia, não bebia água. O cérebro não funcionava mais, não dizia que você precisava fazer esse tipo de coisa. Agora, não precisa mesmo mais.

Quando vim pra cá, já tinham me dito que provavelmente você não ia conseguir me esperar. Mesmo assim, foi de repente que piorou. Os contínuos AVCs e os quase 15 anos tiveram um efeito avassalador. Não vou cometer esse erro de te humanizar demais e esquecer quem você foi. Por trás desse focinho de pelos brancos tem muitas histórias. Muitas de carinho, amor e outras de instinto, de caça, como é normal de um bom cachorro.

Vendo a foto dessa senhora de idade, que estava andando curvadinha, batendo a cabeça nas paredes, é difícil lembrar que já foi algoz tantos bichos, já arranjou tantas brigas. Você foi uma guerreira. Em todas as vezes que exagerou, por mais que soubesse que seria punida, voltava com aquele ar de missão cumprida.

Tem gente que não entende como alguém pode se apegar tanto assim a um bicho. Bem, só o que posso dizer é que toda a dedicação valeu mais do que a pena. Toda criança precisa de um animal de estimação. Com eles a gente aprende a ter responsabilidade, a dar e receber carinho, a não acumular sentimentos ruins (ou esquece ou vai lá e resolve, mesmo que resolver signifique fazer xixi no meio da sala, só pra descontar). No fundo, crescemos as duas juntas.

Há alguns dias, meus pais me disseram que ultimamente você nem sabia quem estava ou não do seu lado. Sua cabecinha já não funcionava direito. Quando nos despedimos, o rabo mal abanava quando sentia meu cheiro. Estava cada vez mais no seu próprio mundinho e menos no nosso. Além disso, sei que estavam te tratando muito bem. Mas queria eu ter cuidado de você. Me sinto culpada por não ter feito mais. Estar aí, com você no meu colo seria quase que como um reconhecimento por todos esses quase 15 anos que a gente passou juntas. Quinze anos. Mais do que muitos casamentos. Uma vida inteira, literalmente.

É verdade que tudo tem um começo e tudo tem um fim, mas não sei se um dia vou ser suficientemente madura pra aceitar. Amanhã completo dois meses fora do Brasil. Há várias formas de ver essa sincronia. Eu prefiro pensar que você se esforçou pra me esperar ir embora e só então poder descansar. *Rest in Peace, my girl.*

Dica da Manu:

Sem dicas desta vez.

Com o novo emprego, um novo amor

Quando as pessoas falam de morar fora, todo mundo sempre comenta das aventuras, dos perrengues de *homestay*, da adaptação à culinária local, mas nunca ouvi ninguém comentar sobre a correria que é para conseguir os certificados. Talvez o meu caso fosse diferente. Devo ter escolhido o *level hard* no jogo da Austrália. Mas, o sentimento que tinha é de ter entrado numa corrida maluca, uma caça ao tesouro com uma meta por mês ou semana. Pelo menos até então estava conseguindo cumprir todas elas e passar de nível pegando todas as estrelinhas disponíveis. O problema é que, quanto mais a gente avança, mais difíceis as metas ficam. Meu próximo desafio era o de conseguir *eight or higher* (mínimo de 8) nos testes oficiais de proficiência – os mesmos *Toefl* ou *Ielts* – e isso mal tendo completado dois meses de Austrália.

"Se no Brasil eu tinha tirado média de 6,5, será que em apenas 60, 70 dias de imersão conseguiria subir para 8? E se não conseguisse? Qual seria meu plano B?". As dúvidas rodavam pela minha cabeça.

Além disso, as inscrições para a universidade estavam para começar e eu não tinha ideia de onde cursar. Por mais que estivesse gostando da vida de Perth, a temporada de inverno que estava vivendo começava a me deixar desanimada. Todo mundo diz que a Austrália parece com o Brasil, mas eu sou de São Paulo e fui pra Perth (que seria tipo uma Porto Alegre). Naquele momento ainda estava esquentando, estávamos caminhando para a primavera ainda, mas desde minha chegada, percebi que comumente a temperatura mínima tinha alcançado os 4 graus. Era possível que no ano seguinte não fosse tão complicado, até porque com as mudanças climáticas está uma loucura, mas eu não estava muito a fim de arriscar. Como resultado, ia começar todo o processo de busca por curso mais uma vez.

"Mas ia valer a pena... vai valer a pena, vai valer a pena!", repetia para mim mesma como uma espécie de mantra, tentando convencer a mim e ao universo ao mesmo tempo.

Fazer uma pós-graduação em meio ambiente era o meu grande plano e era nisso que me apegava toda vez que as matérias do curso técnico ficavam muito difíceis, chatas ou tinha que aguentar mais um olhar fuzilante de Marisa. Não gosto de falar mal dos outros, especialmente quando estou na casa deles, mas, eita menininha chaaaaata!!!

Marisa era uma das poucas australianas da minha sala, ou pelo menos uma das poucas que ia às aulas mais de uma vez por semana. O curso era técnico e muito bem cotado, mas misturava estudantes de dentro e fora da Austrália. Então, para nivelar o conhecimento, cerca de metade da grade era dedicada a "como escrever". Como escrever documentos simples e complexos – ou seja, memorandos, cartas convites, propostas etc. A outra metade das matérias não envolvia diretamente o *writing*, mas ortografia e gramáticas eram muito cobradas nas notas. Para os estudantes internacionais é ótimo – quer dizer, pelo menos eu, que adoro comunicação, achava ótimo – porque de maneira direta ou indireta você melhorava a fluência no idioma. Já para os locais deve ser meio sacal. Se eu tivesse esse tipo de matéria em português também iria o mínimo possível às aulas. Quem é nativo ou residente australiano paga menos pelo curso, e como costuma ser a família – que ganha em dólares australianos e não em reais – que banca o valor, eles costumam ficar bem de boa.

Marisa, apesar de todos os nossos problemas, faltava uma vez ou outra, mas vinha bem mais – beeeeem mais - do que Catherine, Brenda ou Alan. Vai ver era a família dela que cobrava mais. Mesmo sendo australiana no papel e nos trejeitos, Marisa era de origem asiática: olhos puxados, cabelo bem comprido e preto e o tom de voz mais agudo. A forma de se vestir lembrava a de australianos, mas os australianos mais engomadinhos. Acho que nesse tempo que estive com ela, nunca a vi usar *thongues* (o nosso chinelo de dedo), que o povo australiano usa em tudo quanto é lugar.

Apesar de achar o jeito deles mais solto, o que eu adoro, também não cheguei a adotar essa parte do estilo *Aussie*. Eu continuava usando minhas calças jeans e saias com meia-calça no frio e, quando fazia calor, as saias sem meia calça e os shorts que trouxe do Brasil. Vai ver que era por isso que Marisa me olhava constantemente dos pés à cabeça quando entrava (atrasada, obviamente) na sala. Nos primeiros dias achei que tinha algo de errado, depois percebi que era só o jeito irritante de ela mostrar que percebeu sua presença. Um "bom dia" ou "G'Day" seria mais educado, mas... fazer o quê? Ah, o tema de como se vestir na Austrália foi o assunto da minha primeira matéria em inglês, como uma tarefa de uma das aulas de escrita, em que os melhores textos foram publicados. E o meu estava entre eles! Fiquei tão feliz que até compartilhei a história para as meninas da sala de jornalismo do Brasil, na certeza de que, elas, sim, ficariam muito orgulhosas.

Voltando ao meu grande plano de fazer a pós, naquela semana eu tinha enfim constatado que... "FERROOU!". Olhei o calendário e percebi que precisava pagar o teste de proficiência de inglês (desta vez, obrigatoriamente *Toefl* ou *Ielts*), arranjar uma data para fazê-lo nas próximas semanas, conseguir estudar mais, mesmo com o trabalho e as aulas, e ainda receber o certificado a tempo do fim das *applications* da faculdade. Para completar, aquele era meu mês de ser líder de projeto na escola (!!!).

Primeiro, me deixa explicar: como forma de ampliar a socialização e talvez evitar que a mesma pessoa do grupo fizesse sempre todo o trabalho, a escola tinha a mania de mudar os grupos a cada duas semanas. Neste período, era escolhido/sorteado um líder de projetos, que seria responsável por fazer toda a engenhoca funcionar. Quando Dominique chamou meu nome para líder de projetos eu custei a acreditar. Justo naquele momento em que mais precisaria de tempo livre, ia ter que acumular funções. Mas, como tudo na vida, tinha seu lado positivo: um dos temas que íamos trabalhar era o que mais estava esperando desde a divulgação do calendário do semestre: *fundraising*, ou arrecadação de recursos! Nada mais empolgante pra quem queria trabalhar com ONGs.

Quando ele disse o tema do trabalho, já tinha ficado até mais animada, esquecendo da grande responsabilidade, pensando que talvez esta liderança fosse boa para eu me forçar a praticar ainda mais o Quarteto-Nada-Fantástico *Writing, Speaking, Listening and Reading*. Estava viajando, imaginando as campanhas que poderíamos fazer, quando Aurora, a outra professora, começou a sortear os componentes de cada grupo. E adivinhem quem foi a primeira pessoa a ser sorteada pera meu querido grupo? Sim!!! Marisa, ob-via-men-te.

Certeza de que o universo deveria não só estar rindo, como gargalhando da minha cara.

Além de Marisa, estavam:

Xóchitl, a filipina que é casada com australiano. Apesar de ter a cidadania e ser filha de mexicanos, ela fala muito pouco inglês, não sei se por vergonha ou falta de conhecimento, porque entende a escrita muito bem. Outra coisa engraçada é que ela realmente se recusa a dizer sua idade, mas acho que deve ter uns 30 e poucos.

Lou e Jack, dois taiwaneses daqueles moleques ultradescolados. Os dois andam sempre juntos, o que pra mim tornava difícil diferenciá-los. Fiquei feliz quando vieram os dois – e não só um deles – para o meu grupo - assim, era só não os chamar pelo nome que estava livre de erro. Eles usam um boné tão grande que caberia a cabeça dos dois dentro de um só, e sempre com aquela etiqueta enorme e dourada que demorei até entender que estava ali de propósito, bermuda larga, camiseta larga e o skate a tiracolo (se não me engano, era só um que tinha skate, mas não sei qual deles). Apesar de serem melhores amigos de Marisa, fazendo um trio que dá preguiça só de lembrar, quando estavam longe dela pareciam ser legais e surpreendentemente bons alunos.

Cherry, outra asiática, mas essa do Japão mesmo. Uma fofa. Quietinha, pequenininha, sempre sorridente e andando com seu um milhão de *gadgets*, entre relógio que conecta no celular, tablet, iphone de última geração e sei lá mais o que aquela bolsa enorme esconde. Um dia ela me disse que também quer ir pra faculdade, mas no caso dela, aos 18 anos, é faculdade mesmo, graduação, e não pós, como a minha.

Mojiba, um cara grande, que me lembra o cara da loja de camarões da série *Hawaii 5.0*. Assim como o personagem, ele é super do bem, brincalhão... um pouco perdido, mas sempre pronto pra te ajudar. No momento em que Aurora falou o nome dele, senti o porto seguro de um Obelix em minha vida.

Por fim, Catherine. Como já citei, outra australiana da turma, mas ela, como sempre, não estava na sala quando foi sorteada e, na hora, já duvidei que aparecesse nas próximas semanas.

Depois de anunciado o novo grupo, ocupamos uma das mesas redondas da sala e puxei o andamento, pedindo para que todos se apresentassem. Marisa olhava para baixo, no celular. Ela era a mais próxima de mim pelo lado direito, mas havia uma cadeira vazia entre nós. Tentei ser delicada. Tirei a cadeira vazia, fechando o círculo energicamente, abri um sorriso e chamei, tentando incluí-la enquanto havia tempo:

— *Marisa, what do you think? Could you start presenting yourself?*

Em vez de responder ao chamado, minha anti-heroína levantou a cabeça com um ar de "ah, que idiotice" e disse que sentia (sentia somente, tipo "*sorry*", economizando até no "*really*"), mas tinha que ir embora.

Como imaginava, não seria fácil. Suspirei, como uma professora suspira com alunos malcriados e continuei. Pedi, então para meu querido Mojiba, que estava à minha esquerda, se apresentar da forma que quisesse. E assim foi, sem muita padronização. A maioria só falou nome e de onde era. Alguns disseram a idade. Outros, como eu, preferiram omitir essa parte. Terminamos e ficou aquele silêncio constrangedor. Por problemas na impressora, ainda não sabíamos ao certo o que deveríamos fazer. A saída intempestiva de Marisa tinha deixado o clima estranho e, por mais que eu quisesse concentrar no *fundraising*, a minha cabeça ficava ecoando dúvidas sobre o que eu faria no próximo semestre. Foi então que Mojiba surgiu e mostrou que estava certa em considerá-lo meu grande aliado! A brilhante ideia dele era: já que não dá pra começarmos nosso trabalho em grupo, que tal adiantarmos as tarefas individuais para amanhã?

Aclamação geral. Começava minha liderança num clima de democracia, deixando todos felizes e me livrando de um silêncio superconstrangedor, que com certeza mandaria minha popularidade lá pra baixo – se é que eu tinha alguma.

Na volta pra casa, fiz o caminho me arrastando. E nem o muffin enorme de chocolate com gotas de chocolate comprado na cafeteria conseguiu me levantar. O final de semana tinha sido quebrado, com dois *shifts* de três horas, um no sábado e outro no domingo. E o resto dos dias tinha passado na casa dos meninos, já que era aniversário de Simi. Assim, aproveitando que era segunda-feira e não tinha *shift*, meu único desejo era me jogar no banco do trem e já quicar para o sofá de casa, onde ficaria até de madrugada olhando sites de universidades australianas enquanto comeria *Lays* de *sour cream* e deixaria algum programa bobo, de preferência um filme, rolando na TV.

Porém, no momento em que coloquei a chave na fechadura de casa já senti que minha noite não seria tão tranquila quanto gostaria.

"Acho que Ceci está dando uma festa", pensei, tamanho era barulho do outro lado da porta. Só não tinha entendido pra quem, já que nossos amigos eram meio que os mesmos. O som era uma mistura de barulho de talheres e música brasileira bem alta. Quando abri, vi que Cecília estava sozinha, mas com a felicidade de mil mulheres. Andava pela casa saltitando, tipo a Bela, de A Bela e a Fera - antes de ficar presa no castelo, lógico -, cantando e – pasmem! – carregando, ou melhor, tentando equilibrar nossos três únicos pratos de uma única vez nas duas mãos (um prato em cada mão e um terceiro equilibrado no pulso).

— Ceci?

— *Manuela!! You got here, finnally!!... I have much... many things to say to you... I mean... to tell you... but I am so excited... I don't know if...* Ah, podemos abrir uma exceção e só hoje falarmos em português, pelo menos até eu te contar tudo?

O trato havia sido claro, mas eu estava tão cansada que...

— *Sure... why not?* Mas, da próxima vez que fizermos um acordo desses, precisamos estipular multas pra essas exceções.

— *Indeed* — ela concordou, para em seguida disparar a falar.

Depois da conversa que teve com Bianca, Cecília tinha ido até o hotel, para se apresentar ao gerente e ver se queria mesmo a vaga. E foi aí que minha amiga arranjou o emprego e uma segunda novidade: estava apaixonada!!! Quer dizer, segundo ela, não era paixão, mas um interesse. Afinal, o gerente do hotel, cujo nome ela me falou umas 20 vezes, Bob, era alto, simpático, educado, bastante profissional e liiiindo!!!

— Manuela, você não está entendendo, ele é realmente lindo! Não sei porque Bianca nunca falou dele pra gente. Será que eles já tiveram um caso? Será que estão tendo um caso? Bianca está tão sumida, que não duvido de nada.

Pelo que eu conheço da Bianca, pelo que a gente conhece da Bianca, dificilmente ela se envolveria com alguém do trabalho. Além disso, caso é quando é proibido. Você sabe se ele é casado? Olhou a mão dele pra ver se tinha aliança?

— Lógico!!! Foi a primeira coisa que eu fiz. Não tinha nada, mas vai saber, né? Fiquei tão perdida que até fiquei surpresa que ele me deu o emprego. Respondia gaguejando, devia estar da cor desse tomate aí — disse ela, apontando para um saco inteiro de tomates em cima da bancada e que, pelo visto, acabara de comprar — mas ele me deu o emprego e disse pra eu começar amanhã. Falei com Bianca e ela me disse que, como o café da manhã é buffet, quase não se tem interação com os hóspedes, por isso não precisa mesmo de inglês bom. Acho que ela só falou isso pra eu não me animar demais, pensando que ele me contratou porque também gostou de mim. Mas bem pode, sim, ter sido por isso.

E Cecília continuou falando, descrevendo dez mil vezes a mesma entrevista que durou apenas cinco minutos enquanto tirava e colocava a mesa outras dez mil vezes, colocando em risco todos os nossos três pratos e os quatro conjuntos de garfos, colheres e facas que tínhamos na casa.

— Ele me disse que o café da manhã é muito movimentado... *very busy* como eles falam aqui. Bianca mesmo, toda vez que a encontro diz que está *busy*... enfim, ele vai me mostrar tudo amanhã. Acho que será ele... ai meu Deus!!! Mas, já adiantou que é importante aprender a carregar três pratos ou bandejas de uma vez só, para otimizar tempo. Preciso ser *very fast*, ele falou. *Very, very fast*!!! Por isso estou treinando já faz uma hora e vou treinar mais e mais até ficar craque nisso.

— Tá... legal... Eu queria pedir comida hoje pra compensar meu dia estressante. Você vai lavar a louça que está usando para a gente comer ou usamos a caixa da pizza? —, perguntei brincando.

— Isso... pode chamar. Até eles chegarem acho que já estarei mais *fast*. Ah, vou colocar de novo essa música! Adorei ela, sabia? Mas, estava conversando e nem prestei atenção — disse ela apertando o botão para repetir "Vento Ventania", música antiga do Biquini Cavadão, que estava em um dos meus pendrives trazidos do Brasil.

Enquanto continuava sua encenação, Cecília repetia "eu preciso ser *fast, very, very fast*, Bob falou. Vou deixá-lo orgulhoso".

Pedi a pizza, segui meus planos e, enquanto ia pro banho, vi Cecília voltar mais uma vez a música.

— Ah, mas já acabou? — comentou sozinha para começar do zero. Pelo visto vou ouvir muito desses dois Bs: Bob e Biquini Cavadão.

Dica da Ceci:

Quer saber o truque para carregar três pratos de uma vez? Abra sua mão esquerda e deixe os três dedos do meio esticados, com o punho pra cima (pra bons entendedores, é como o Homem Aranha quando vai jogar a teia). Com a mão direita, você pega o primeiro prato e apoia nesses três dedos. Em seguida, também com a mão direita, pega o segundo

prato e apoia no gordinho da mão, equilibrando com dedão e dedinho (é quase um beliche de pratos na sua mão). Por fim, só pegar o último prato e levar com a mão direita, que está livre. É fácil, eu juro! Mas tente primeiro com os pratos vazios. É melhor.

No pain, no gain

Minhas duas quinzenas de liderança seriam marcadas por duas grandes tarefas: a de *fundraising*, que os professores já tinham adiantado, e uma de administração de um hotel. Não preciso nem dizer que achei SEN-SA-CIO-NAL!!! Posicionamento e reposicionamento de marca eu conheço e já tinha feito bastante, na faculdade e no estágio. Agora, então, seria trabalhar de uma forma ampla, reunindo tudo o que a gente tinha estudado, naqueles dois meses de aula de gestão de negócios, com a minha experiência no Brasil. Eu ficaria como maestra, designando tarefas para cada um da minha equipe, além de fazer algumas coisas eu mesma, porque já assumi que não consigo ficar sem colocar a mão na massa.

A minha primeira missão, que comecei a rascunhar enquanto Dominique falava, era a de elencar as tarefas que seriam necessárias, para então atribui-las.

Tarefa	Responsável	Prazo
Definir o tipo de empreendimento (qual o tipo de hotel, localização, público-alvo, missão, visão e valores)	TODOS	Hoje
Criar HIRACP (Hazard Identification, Risk Assessment And Control Procedure - ou Procedimentos de Identificação de Ameaças, Acesso e Controle de Riscos)	Mojiba (?)	
Definir quantidade de empregados necessários		

Definir forma de comunicação interna		
Criar uniformes para a equipe	Manuela ☺	
Formatar layout e imprimir		

A lista era fácil de fazer e acho que cobria todos os itens. Se não cobrisse, eu mesma terminava os itens faltantes depois. Por não conhecer direito alguns membros da minha equipe - e conhecer outra mais do que gostaria -, preferi ficar a distância, como backup. Assim, deixei a lista só com as tarefas para tentar, democraticamente, ver se mais alguém tinha alguma ideia ou fazia questão de algo específico.

Ninguém estava tão empolgado quanto eu, mas todos encontraram alguma ocupação que mais lhe interessasse. Os únicos que faltavam definir eram Marisa e Catherine, que nem apareceram em aula. Para não deixar nada pra depois, peguei o telefone das duas com Lou e Jack e mandei mensagem pras duas, informando a tarefa que cada uma deveria entregar e perguntando se elas estavam ok com isso. Marisa visualizou quase que imediatamente, mas não respondeu e acho que nem cogitou responder. Depois que os dois tickzinhos azuis apareceram na tela, fiquei esperando pra ver se aparecia "*Marisa typing...*" e nada. Em vez disso, quem respondeu quase tão rápido quanto leu foi Catherine, mas a resposta não era muito legal.

> 11:05
> Catherine (TAFE): Hey, love, how r u? I dropped course n will continue nxt yr. ☺👋✡"

A mensagem tinha tanta abreviação que era quase cifrada, mas o mesmo acontece com a gente em português, certo? E fiquei bem feliz de conseguir entender.

Ou seja, com Cathy *out*, eu faria a lista de *job description* (perfil das vagas) de nossos supostos funcionários e a revisão final do texto ficaria com Marisa – assim, se ela não fizesse, não prejudicaria a entrega do trabalho, talvez só a qualidade. Além disso, eu teria somente a tarefa de supervisionar o *team* e fazer algo que deixei escondidinho, só pra mim: criação dos uniformes. Sei que é feio que um chefe pegue para si a melhor parte do trabalho, mas os uniformes são pra mim a cara desse novo empreendimento e como sou eu quem estou cuidando, eles têm que ter a minha cara!

Ah, um resort na praia, calor, roupas frescas... areia, mar!!!

Para ser realmente maravilhoso, os uniformes tinham que ficar à altura e a inspiração para aquilo tudo que vinha do céu. Finalmente Perth começava a me mostrar o tal calor de que todos falavam – e olha que ainda estávamos no meio da primavera!

Infelizmente, ainda não tinha dado ainda pra ir à praia, mas já era possível ver a diferença até pelas roupas das australianas. Foi só sair um solzinho que todo mundo saiu de micro shorts. Micro mesmo. Mas a maioria das meninas é mais magrinha, então não fica chamativo. E, mesmo quando são bem gordinhas (aqui é terra de extremos), elas usam as mesmas roupas e ficam muito felizes com isso – adoooooro! Toda vez que vejo uma dessas mais animadinhas, lembro da minha mãe, preocupada, enquanto eu fazia minha mala. "Pra que você vai levar essas coisas? Nem todo lugar é como o Brasil pra usar uma saia ou um shorts desse tamanho". Pelo que vi, provavelmente, quando voltar, o discurso vai ser diferente "aonde você pensa que vai com uma saia desse tamanho??? Você não tá mais na Austrália pra se vestir assim".

E esse clima de primavera e altas temperaturas não ficava somente no estudo do clima. Em casa, Cecília estava cada vez mais apaixonada. Não fazia nem três dias que ela tinha começado o novo trabalho, mas eu já sabia tudo sobre o chefe. De acordo com Ceci, Bob era simpático, mas muito sério. Tinha por volta de uns 35 anos. É loiro, alto, um pouco gordinho, mas nada demais e longe de isso ser um problema, afinal deve ser uma delícia deitar a cabeça naquele colo gostoso.

— Por falar em gostoso... pensa em algum que fica bem de calça jeans semiapertada. Ma-nu-eee-la!!! Ah, eu falo e me dá até calor. Hoje, quando estava terminando de limpar algumas mesas, ele passou pra ir embora. Por algum motivo, tinha feito o turno da madrugada, então quando era 7h30 ele deu uma passadinha na cozinha, já sem uniforme, de jeans e camisa social, pra ver se estava tudo bem. Lógico que ele nem falou comigo, né? Só se dirigiu à mal-amada da Francesca, que fica de supervisora. Mas tenho certeza que ele faz isso de propósito, para não demonstrar que está interessado e causar problemas no trabalho. Afinal, acabei de entrar, né? Pega mal. Mas, então... ele falou com a Francesca, olhou pra mim, assim, meio de relance, pra ninguém perceber, e foi embora. A hora que ele virou... quase derrubei os pratos! Pensa num bumbunzinho perfeito dentro de uma calça jeans levemente justa... nossa, só isso já valeu meu dia.

Enquanto eu me matava de dar risada das histórias loucas de Cecília, me veio um pensamento... uma espécie de orgulho como que de irmã. Ceci sempre teve uma vida boa, sem se preocupar com ter que trabalhar em São Paulo – trabalhava porque queria - e só não continuou assim nos *overseas* porque não quis. De repente, largou toda a sua vida de tranquilidade para acordar às 3h30 da manhã todo dia, caminhar por cerca de uma hora até o trabalho e ficar por mais três horas em pé servindo os outros, o que tem lhe causado algumas dores nas pernas e fez das meias kendall do avião seu IPE (*individual protection equipment*) de todos os dias. Era mesmo um ser incrível.

Com a rotina, tínhamos passado nos encontrar menos. Mesmo não trabalhando todos os dias, nos meus dias de escala no bar, só nos víamos durante a tarde ou na escola. Isso porque, em *shifts* bons, meu horário costumava ir até a 1h. Eu e outros funcionários saíamos correndo até a estação, que era do lado, pra pegar o último trem, que deixava a central à 1h e chegava 12 minutos depois em Subiaco. Até chegar em casa, já eram 1h45, a menos de duas horas de Ceci acordar.

Fora nossos desencontros, pra mim, estava sendo uma rotina deliciosa. Trabalhar à noite significava ter a manhã e a tarde livres, mesmo que com aula. Em uma Perth em que tudo fecha às 18h – com exceção das quintas-feiras, quando o comércio fica aberto até as 21h -, ter a tarde livre é lindo demais. Além disso, trabalhar nos finais de semana significava estar dentro de um bar, como sempre adorei, conversando com pessoas diferentes, ouvindo música alta e sem gastar nada por isso – melhor ainda, ganhando! Era bom até para o meu *Listening* e *Speaking* do *Toefl*, marcado para dali a duas semanas. O problema é que comecei a ver que essa rotina não poderia durar muito.

Apesar de estar a cada *shift* mais confiante, entendendo finalmente o nome dos vinhos, cervejas e demais drinks - mesmo quando o inglês dos clientes era atacado por um fortíssimo sotaque alcoólico -, era difícil concorrer com meus colegas australianos, que ganhavam mil vezes mais *shifts* do que eu. A explicação é lógica: australianos têm o inglês melhor, conhecem as bebidas locais há mil vezes mais tempo e ainda têm a capacidade de conversar sobre AFL (*Australian Football League*) com os clientes, algo muito importante em um *sport pub* e que – de verdade - não sei se um dia eu serei capaz.

Nos dias de jogo, o bar lotava de uma maneira surpreendente. E não havia problema em misturar torcidas. Tanto no bar quanto no estádio, *supportters* dos dois times bebiam e confraternizavam lado a lado. Dentro de campo (um campo oval, a propósito), o tal do footy era ainda mais diferente: os atletas faziam jogadas com os pés e com as mãos, a lateral era cobrada com o jogador de costas pro campo, arremessando a bola pra trás e era permitido subir (pisar mesmo) nas costas do adversário para interceptar a bola. Mas, essas características todas eu só consegui perceber e entender ao longo do tempo, analisando as coisas em casa, conversando com outras pessoas. Porque... em dia de jogo, como tinha sido aquele, é loucura, *baby*!

Nessas ocasiões, escalava-se quase todos os *bartenders* disponíveis. Do momento em que cheguei, às 18h30, até a hora de ir embora, à 1h, foi pedido atrás de pedido. Como resultado, por várias vezes criou-se fila de bartenders nas caixas registradoras. O lado bom é que sempre tinha alguém do lado, na minha vez de usar o caixa, e acabava me ajudando, já que ainda me atrapalhava com a quantidade absurda de botões e opções.

Outra coisa boa de dia de jogo é que os pedidos normalmente são de cerveja ou chopp (a tal *tab beer*), então era só decorar o tipo de copo para cada marca – e trazer o pedido certo. Mas, como era costume em noites muito *busy*, seja pelo barulho, pelo sotaque ou esquecimento mesmo, eu tinha trocado alguns. O bom é que o pessoal de pub é tranquilo. De todos os clientes, o único que me fez voltar e trazer o certo foi um senhor pra quem levei um copo de água em vez de uma Carls.

— *Oh, nooo!!!! Are you saying I am intoxicated?* — ele brincou, dizendo que o estava chamando de bêbado, e por isso a água.

Na Austrália, as leis para beber e dirigir não são tão pesadas quanto no Brasil. O limite existe, mas permite beber alguma coisa (na maioria dos casos a porcentagem alcóolica limite é de 0,05%). A missão de controlar a quantidade a bebida é do cliente, mas também do *bartender*, que, de posse de todo o conhecimento adquirido no tal RSA, deve identificar quando a pessoa começar a ficar bêbada e negar o atendimento. Segundo Penny, para evitar ser grossa à toa, até porque se ele está bêbado é porque você ou um dos seus colegas o estava servindo, o melhor é primeiro oferecer um ou dois copos d'água de torneira, que é de graça e boa, esperar uma meia hora e então servir outra cerveja.

— *If the client is too annoying, you ask them to leave and call the security, if this is necessary. After that, you write down what happened in this book, with the description of the man or woman you declined to serve.*

Ou seja, se a pessoa não aceitar bem a negativa de atendimento, a gente se protege anotando no livrinho que se negou a atendê-lo e o expulsa do bar. Assim, se ele ou ela sair dirigindo e causar algum problema, o bar e o funcionário estão isentos. Mas esse não era o caso. O senhorzinho estava bem sóbrio. Eu é que não tinha conseguido ouvi-lo.

Quando deu dez horas, Penny me chamou, perguntando se não queria tirar um break dali a meia hora. Concordei e quando deu o horário, me deu um prato de *wedges*, as nossas batatas rústicas, cortadas em formato de meia lua, com casca e polvilhadas com páprica e alecrim.

— *Take this with you. It is for free.*

— *Wow... thank you!!!* — respondi, mais feliz que criança quando ganha bolo de chocolate.

"Como eu adoro dia de jogo", pensei, enquanto devorava aquele prato inteiro de wedges.

Quando voltei do *break*, de meia hora, devidamente descontado na folha de ponto, o bar continuava cheio e assim ficou, até que, como num passe de mágica, Alison foi passando pelos *bartenders* e avisando "*last drinks*". O que significava que só poderia atender mais um último pedido. Era 00h45. Em quinze minutos, exatamente, o bar fecharia, estivesse você bebendo ou não. Atendi meu último cliente e comecei a rotina de fechamento: limpeza do balcão, lavar e polir os copos restantes, limpar mesas e esperar a buzina. À uma da manhã em ponto toca aquele barulho alto e preocupante, como navios que estão de partida. Junto com a buzina, vem o segurança avisando.

— *We are closed, please, step out!*

Na primeira vez que vi esta cena fiquei surpresa. Pessoas que mal tinham começado sua bebida precisavam deixá-la ali - já que é proibido beber fora do bar. E mesmo esses clientes iam embora de boa, sem reclamar, pedir mais cinco minutos, nada. No máximo, viravam o resto da cerveja para não desperdiçar o investimento. Australiano lida de forma muito diferente com regras.

Assim que o último cliente saía, estávamos liberados.

Eu assinei o ponto, peguei minha bolsa e me preparava para sair rumo à estação quando Penny chamou meu nome e me entregou um envelope lacrado. Todos os outros bartender estavam por ali, cada um com seu envelope. Era o comprovante de pagamento da semana. Enfiei na bolsa e saí correndo para não perder o último trem. Só fui lembrar do documento quando fui pegar a chave de casa. Ali, fui do êxtase ao inferno.

Aquele era meu segundo pagamento e aquela semana tinha tido muito mais *shifts*. Ou seja, deveria ser muito mais dinheiro. Mesmo assim, foram só doze horas, 21 dólares por hora, menos descontos... aquilo não dava nem pro meu aluguel da semana. Precisaria mesmo arranjar outro emprego – e urgentemente.

Dica da Manu:

A condição de estudante internacional te deixa trabalhar na Austrália, mas em um máximo de 20 horas por semana. Isso é lei. Tem gente que extrapola e não acontece nada e tem gente que extrapola e pode até ser deportado. A dificuldade, então, é você conseguir trabalhar o suficiente para pagar suas contas. Se encontrar um trabalho fixo com a quantidade de horas fixas é o melhor dos mundos. Senão, você pode ir acumulando empregos até chegar na quantidade limite de horas.

Dica da Bianca:

Australianos, no geral, são pessoas extremamente amigáveis. São simpáticos, gostam de saber de onde você é, adoram a cultura de outros países (talvez, até por ser um país tão novo). Mas é lógico que você não vai agradar todo mundo e talvez você conheça algumas pessoas não tão legais, especialmente no início, quando o inglês não é tão bom, e ainda mais se estiver trabalhando. Mas, não desanime. Tudo é experiência e logo melhora.

Esporte para canguru ver

Apesar de o AFL ser o esporte mais famoso em Perth, outras duas modalidades também têm a sua vez. São elas o rugby e o cricket. O rugby é mais conhecido no Brasil, e eu mesma cheguei a jogar na época universitária. Em resumo, o rugby é uma disputa por território em que o time A tem que chegar no final do campo do time B, mas com uma pegadinha: os jogadores têm que carregar a bola mas só podem passar a bola pra trás. Pra parar o ataque, o jogador adversário tem que agarrar e derrubar o que está com a bola. Na Austrália, o famoso é o rugby league – e não o rugby union, como nos outros países. Principal diferença? No league se disputa menos (para entendedores, não tem rucks e uma quantidade muito menor de scrums). Se a bola cai no chão, para tudo, e o time adversário recomeça, o que achei bem entediante – fora disso, os jogadores são tão bonitos quanto, só estão em menor quantidade.

Já o cricket é muito mais fácil de explicar, especialmente para quem brincava na rua na década de 90/anos 2000. Basicamente, o cricket é a profissionalização do nosso jogo de taco. Ou seja, ficam um jogador de cada time em frente um do outro. O jogador do time A joga a bola, pequena, como de beisebol, para o jogador do time B rebater de volta, usando um taco. Então, enquanto o jogador do time A vai correr atrás da bola para derrubar a casinha que o time B protege, o jogador do B tem que percorrer quantas vezes conseguir a distância entre ele e o posto do seu adversário. Quanto mais vezes ele fizer esse trajeto, mais pontos. Só pra confirmar, é o nosso taco. Ah, os jogadores de cricket também são bonitos, mas as roupas são muito menos interessantes do que as do *rugby players*.

Enquanto os meninos da bola oval usam mini shorts e camisas agarradas, os de cricket parece ter combinado com os americanos do baseball de irem como a mesma roupa para a escola. E, mesmo com minha total descrença de que alguém pudesse se divertir assistindo ao jogo de taco(!!!), longe de mim reclamar desse hábito australiano, herdado dos colonizadores ingleses, assim como os também cricketfanáticos sul-africanos e indianos. Afinal, eram jogos como esses que poderiam pagar meus próximos salários – meus e de todas aquelas centenas de pessoas que faziam fila para se cadastrar na temporada de empregos do estádio de Subiaco.

No dia seguinte à minha constatação de que precisaria de um complemento de renda, entrei no Seek.com.au e voltei às buscas. Entre as vagas que tinham a ver como perfil, estava essa de atendente de *Food & Beverage* para os eventos esportivos e culturais do estádio da cidade, administrado por uma grande empresa de entretenimento. Porém, diferentemente das outras vagas, em que se manda um currículo antes, você cadastra o interesse e é convidado a comparecer no dia e hora marcados com cópia do seu *resumé*, foto 3X4 e cópia do RSA – caso você queira trabalhar com venda de bebidas. Sorte que o meu estava concluído desde a primeira semana no Novíssimo continente.

Fiz o cadastro e, alguns dias depois, estava na fila para a entrevista. Quando chegou minha vez, a longuíssima experiência de três semanas no The Vic Pub abriu todas as portas. Se falasse português, a selecionadora provavelmente teria dito "ah, então fica sussa que você tá de boa". Como ela só falava inglês, comentou que eu iria me sair muito bem, que o trabalho no estádio seria muito mais simples do que no bar. E, conforme descobri no meu primeiro *shift* no estádio, era mesmo.

O jogo de *West Tigers versus Broncos* só começava às 17h, mas nosso horário de entrada era duas horas antes. Quando saí de casa, vi que Ceci se arrumava para ir à praia, depois de ter voltado do trabalho pela manhã e dormido um pouco na volta. Com aquele dia lindo, seria ridículo dizer que não fiquei tentada a largar tudo e ir com elas, mas minha conta bancária já estava vazia e aquela era a minha quinzena de pagar o aluguel.

Assim que cheguei no estádio, olhei o celular e segui as instruções enviadas por e-mail. Desta forma, cheguei até o *Bar Number 4*, onde encontrei Luiza, uma carioca que conheci enquanto preenchia a ficha de inscrição, no início da semana. Apesar de ter chegado há menos tempo que eu na Austrália, Luiza era super descolada e sabia de todos os macetes (lógico... afinal, ela é carioca).

— Manuela!!! Que ótimo te ver por aqui! A supervisora foi ao banheiro, mas já volta. Enquanto isso, a gente fica assim... enrolando... aliás, já pegou sua camisa?

— Não, que camisa?

— Essa aqui, ó... igual à minha. Você vai pegar e assinar um termo de responsa, afinal esse será seu manto sagrado por tooodo o sempre, ou até o fim da temporada, o que vier antes hahahahaha — falou ela, enquanto puxava com o polegar e dedo indicador um pedaço da camisa polo azul marinho que estava vestindo com o nome SUBIACO bordado.

— Além disso, vão te dar esse bagulhinho aqui... chama *name tag* e a gente tem que colocar como um botton na blusa o tempo todo, todos os dias...

— Das nossas vidas? — brinquei.

— Não, só os que estivermos trabalhando aqui, hahahahahahahaha. Cara, aqui eles levam muito a sério esse lance de nome. Esse é o terceiro lugar que entro de garçonete e o terceiro em que me dão esses bottonzinhos com meu nome. Daqui a pouco vou fazer coleção. Quer um?

— Hahaha não, valeu. Hoje serei Manuela mesmo. Quem sabe da próxima. Aliás, vou lá pegar meu kit antes que a supervisora chegue.

No caminho, já comecei a ver os primeiros *supportters* chegando ao estádio e pegando seus lugares. Assim como no pub, não havia divisão de torcidas. Torcedores dos dois times dividiam arquibancadas, sentavam lado a lado e a quantidade de seguranças era infinitamente menor do que dos jogos de futebol no país do futebol.

Cheguei na sala da administração, esperei umas cinco pessoas serem atendidas e menos de dez minutos depois já estava voltando para o bar number 4, com meu kit de camiseta e *name tag* em mãos. Ainda cheguei a tempo de me despedir de Luiza, que estava indo para outro container.

— Ué, já vai?

— Ah, aqui vai ser só bebida e ainda não fiz meu RSA. Mas tudo bem. É muito mais fácil vender cachorro quente. *See you later.*

Em seguida, conheci minha supervisora, Erika, uma mulher de cerca de 40 anos e que parecia estar há várias temporadas naquela rotina.

— *So, do u wanna be a cashier, beer taker out or a runner?*

— *I don't know* — eu respondi, com cara de pena.

— *Ok, do you know how to take beer?*

— *Yes, sure* — respondi, deixando a modéstia de lado. Não era lógico que alguém pudesse saber como tirar um chopp. Mas, no meu caso, era.

— *So, this is your job.*

Erika falou e foi embora sem olhar pra trás. Como disse, tinha a paciência de quem estava há muitos anos fazendo a mesma coisa. Já eu, fui me ambientar a meu posto novo. Um só tipo de cerveja, com três torneiras e copos descartáveis. Na teoria, seria fácil. Me apresentei às outras pessoas (um caixa e um *runner*, que correria para pegar as bebidas na geladeira e, então, fazer a entrega de tudo o que for pedido) e começamos a atender.

Já estávamos no quinto cliente, mais ou menos, quando Erika chamou um "para tu-do!!!" para fazer um minidiscurso. Ela disse que aquele era o primeiro jogo da temporada e que era nosso dever atender bem.

— Agora está tudo tranquilo, mas já começa a esquentar. Em alguns momentos, como nos intervalos, vai ser *crazy*. Então, boa sorte, fiquem tranquilos e qualquer coisa é só me chamar — disse ela, em inglês.

As previsões não poderiam estar mais certas. Durante o intervalo, a fila para a cerveja virava o túnel. E, por mais que tirasse rápido as cervejas, adiantando quando possível, o número de pessoas não diminuía. E, naquele calor, a única coisa que eu poderia beber era água, que pedia de vez em quando aos *runners*.

O apito final do juiz marcava também o encerramento das vendas. Depois disso, era só fechar as contas, fazer a contagem dos produtos que sobraram na geladeira e passar um pano no chão, mas que era papel dos caixas.

Por mais cansada que eu estivesse – e nossa, como eu estava cansada -, me ofereci para ajudar em todas as tarefas pós-fechamento. Mais horas é igual a mais dinheiro no final da semana e, em vez de sair às 22h, fui embora 40 minutos depois. Mais uma vez, fui andando até a estação de trem, ainda cheia de torcedores, de onde segui o caminho pra casa.

Quando cheguei à *train station* de Mt Lawley, a rua estava estranhamente iluminada. Já eram mais de 23h, mas não ainda madrugada, como estava acostumada. De repente, não sei se me sentia mais segura assim, com um ou outro andando a pé, ou quando voltava à 1h da manhã e realmente não tinha ninguém. Nessas horas, quando sentia um certo medo, aproveitava para ligar para meus pais.

O bom de trabalhar de madrugada e ter whatsapp em um país com 11 horas de diferença para sua terra natal é que usava o meu retorno pra casa, sozinha, de trem, como um bom momento para falar com quem estava do outro lado. Em menos de dez minutos, enquanto eles almoçavam, eu colocava o papo rapidamente em dia e não pensava em medo.

Quando entrei, ainda falando no celular, a casa parecia estar vazia. Por um momento, achei que a praia estivesse tão boa que Ceci tinha decidido ficar por lá, em uma balada pé na areia famosa em *Cotesloe Beach*. Mas, que nada. Como descobri pelo bilhete fofo, junto com um chocolate, em cima da bancada, Cecília estava dormindo.

— A praia estava ótima. Queria muito que você estivesse lá. Tenho novidades sobre Bob e um bombom pra adoçar sua noite. *See u tomorrow.*

Dica da Manu:

A legislação na Austràiia varia conforme o estado, mas è bastante rìgida no geral. Na Western Australia (WA), bartenders sò precisam do RSA para atuar. Jà no estado de Queensland (onde fica Brisbane, por exemplo), a maioria dos bares possui caça-nìquel, o que exige que bartenders tambèm tenham a certificação para responsabilidade em jogos de azar. Tudo isso pode se tirar pela internet, a um custo de poucas horas e alguns dòlares.

O retorno de Bianca

Meninas, vamos sair?

De vez em quando essa frase aparecia no nosso grupo de whatsapp. Era Bianca que provavelmente havia conseguido um tempinho de folga para encontrar as amigas brasileiras.

Apesar de trabalharem no mesmo local, ela e Cecília mal se falavam durante o expediente. Bianca tinha realmente muitas escalas e, elétrica como só ela, duvido que ficasse um minuto sem ter o que fazer. Cecília, por sua vez, estava muito focada sempre que estava no hotel, mas não era beeem no trabalho.

— Hoje tinha certeza que ele me chamaria pra sair. Estava pegando, toda atarefada, as bandejas de *bread rolls* (o nosso pão francês) para repor a mesa e quase trombei com Bob na saída da cozinha. Eu estava olhando pra baixo, mas ele não tinha nada nas mãos, certeza que me viu. Mas em vez de avisar, esperou chegar bem pertinho para quase batermos um no outro. É... na verdade batemos um no outro, mas tudo bem porque nem derrubei nada. Nesse momento, ele segurou meu braço, olhamos um para o outro e ele sorriu. Eu queria dizer alguma coisa, mas fiquei olhando e ele também. Uma pegada forte, sabe? Ah, que homem — me contou Cecília naquele domingo cedo, dia seguinte ao jogo.

De tanto abrimos exceções, acabamos desistindo do *only English at home*.

— Era essa a novidade, Ceci? Um esbarrão durante o trabalho?

— Não foi um esbarrão qualquer! Mas é... foi isso.

— hahahaha sem problemas, Ceci e agradeço o chocolate. Aproveitando, você viu a mensagem de Bianca?

Dessa vez, a mensagem de Bianca tinha vindo no sábado à noite, em horário em que Ceci já deveria estar dormindo, mas o convite era só para o dia seguinte. Junto com o calor, tinha começado a temporada de *parties* em *Cotesloe Beach*, o verdadeiro point durante o verão.

Como o curso era mais puxado do que imaginava, todo meu tempo livre eu estava passando na frente do computador, brincando de estilista ou de administradora. Seria uma delícia mudar a rotina. Mas será que Cecília iria querer fazer dois dias o mesmo programa?

— Ah, não. Fica tranquila. Ainda não conheço Cotesloe. Ontem falei com as meninas da escola e acabamos indo pro lado de Fremantle que deveria estar mais vazia. Vamos pra Cotesloe, sim! Vai ser bom.

Pra chegar até lá, fomos até a *Central Perth Station* e pegamos outro trem. Nós e dezenas de pessoas muito brancas, muito loiras, portando bolsa de praia, mas nenhuma com guarda-sol. Depois de quase uma hora, todo mundo desceu. A praia em si eu nem achei tão bonita. Eu e as meninas colocamos nossa canga em um local tranquilo, perto de onde a maioria das pessoas estava, mas não tão perto a ponto de um atrapalhar o outro. As plantas que ficavam enroscadas na areia me incomodaram um pouco, mas consegui deitar mesmo assim. Bianca perguntou se não queríamos ficar no morrinho cheio de grama, mas essa ideia foi logo descartada por ficar muito longe da água.

A areia de Cotesloe é branquinha e bem quente. Por mais que eu adore torrar no sol o dia todo, cinco minutos ali e já precisei me refrescar. Mas foi só tentar entrar na água que me deu saudades da areia escaldante. Eita, mar gelado! Mar aberto, gelado.

Ou seja, areia tava muito quente, o mar muito gelado. Quando parecia que não poderia ficar menos interessante, tocou uma sirene ensurdecedora.

Perguntei pra Bianca o que era aquilo e ela me responde com a maior tranquilidade do mundo:

— Ah, é alerta de tubarão.

Fiz uma cara de assustada e ela continuou.

— *No worries*! Aqui é normal. Ninguém deixa de entrar no mar por isso. Quando o salva-vidas avista um tubarão, toca a sirene. Banhistas e surfistas saem da água e de boa.

Na praia também não tinha vendedor ambulante, o que fez com que eu ficasse ainda mais feliz quando deu 15h e o bar abriu.

Entramos e já fui direto para uma cerveja, para hidratar. Ao contrário do que todo mundo fala, tem um estudo que comprova que uma cerveja depois de exercícios físicos é ótima para hidratar – coisa que o rugby já sabia há muito mais tempo, tanto que comemora o fim das partidas no terceiro tempo tomando shandy, que é uma mistura de cerveja e refrigerante de limão.

Aos poucos, a praia ficou vazia. Todo o pessoal que estava ali voltou pra casa ou foi pro bar. E ainda havia aqueles que estavam chegando somente pra essa balada. A decoração era fantástica. Todas as paredes de vidro, música alta e bebida cara. Seria lindo se o único problema fosse o preço do *Long Island Iced Tea* e a música não fosse tão chata.

Ficamos por cerca de uma hora, uma hora e pouco. Eu me esforçava para dançar, mas aquele eletrônico lounge realmente não era meu estilo. Então, passamos, instintivamente, a conversar, mas já estávamos o dia todo juntas, não tinha mais tanto papo. Mesmo assim, nos forçamos a esperar pra ver se melhorava.

Quando não rolou mais, pegamos o rumo pra casa. No caminho, Bianca comentou que reparou em um grupo de cinco rapazes que estava bem empolgado. Segundo ela, um deles estava olhando pro nosso grupo, mas nada aconteceu.

— Ah, cara, às vezes eu sinto uma falta de brasileiro, viu? O povo daqui é muito lento. Eles olham, olham, mas não tomam a iniciativa. Às vezes acho que essa história de achar um namorado pelo site ou aplicativo pode dar certo. Porque quando eles saem, é só pra ficar dando risada com amigos. Devem ter algum lugar que eles saem pra passear, conhecer gente.

Essa não era a primeira vez que eu ouvia Bianca reclamar dos homens australianos, mas por algum motivo parece que dessa vez, o universo também escutou. Enquanto saíamos de uma plataforma do trem para fazer baldeação, um dos guardas da estação chamou Bianca de lado. Ela achou estranho e foi ver - fomos ver – o que era.

Em vez de uma reclamação porque levava o copo de suco (com vodka) na mão, ela recebeu foi uma cantada, daquelas simples mais eficazes, um sincero "você é muito bonita".

Em seguida, o guardinha pediu seu telefone. Pedir telefones na rua é uma abordagem muito mais normal na Austrália do que é no Brasil, mas mesmo assim ela ficou insegura. Sob a apoio das duas amigas – acabou passando o número.

Fomos para nossa plataforma as três. Eu e Cecília parecíamos duas crianças, empolgadas. Só faltava cantar "tá namorannnnndo". Mas Bianca bancava a durona. Quando finalmente sentamos na estação e tudo estava correndo certinho, ela confessa:

— Ah, adoro homens de uniforme!

E foi assim que começou a temporada indiana das três na Austrália.

Dica da Manu:

A Austrália é conhecida por ser um local de praia e surfe, mas é um país grande e em cidades como Sydney, Perth, Melbourne ou Adelaide, os invernos são iguais aos do sudeste e sul do Brasil (ou seja, faz frio). Já em Cairns e na maior parte do estado de Queenland (onde fica Brisbane, Gold Coast, Sunshine Coast e as cidades que dão saída para a Grande Barreira de Corais) o clima é mais ameno mesmo no inverno. De toda forma, se seu objetivo é ficar apenas seis meses, planeje e aproveite a temporada de calor. O verão é a época mais divertida em qualquer lugar do mundo e no país dos cangurus não seria diferente.

Punjab nos apresenta uma nova Austrália

Por incrível que pareça, Bianca namorando (mesmo que não oficialmente) era muito mais presente do que Bianca solteira. Desde que ela e Punjab tinham começado a sair, há menos de uma semana, já tínhamos nos visto três vezes. Era praticamente um dia sim, um dia não – quase metade de todas as vezes que saímos desde que eu e Ceci tínhamos chegado na Austrália. Por um lado, eu até entendo. Eles estavam se conhecendo e ela não tinha certeza ainda se estava ou não interessada. Por isso, melhor sair com as amigas junto, assim quebrava o gelo e via se rolava o interesse. Por outro lado, por mais que eu tentasse, não conseguia gostar 100% daquele garoto. Era muito grude, muito mel, muito drama – mas ok, tem gente que gosta.

Durante toda a semana, ele tinha ligado pra ela algumas dezenas de vezes (em um único dia foram 21!), foi até o hotel e ficou esperando por horas na porta até levá-la pra casa, ofereceu dinheiro pra ajudar na comprovação financeira de renovação do visto, pra comprar passagem pras férias e pra comprar um carro... além de tê-la pedido em namoro e casamento!!!

Bianca também achou que era muita coisa de uma vez. Entrou em crise e disse que era muito cedo para namoro (casamento ela ignorou), que precisavam se conhecer melhor. Aparentemente, ela gostava dele (ou, pelo menos, estava interessada), mas, além de toda essa intensidade, era difícil combater alguns preconceitos. Em Perth, os indianos estão crescendo em número e se fortalecendo, porém não são tão benquistos como gostariam – talvez por terem uma cultura tão diferente. Indiano é muito família.

Uma amiga também indiana me disse que lá é comum que, quando uma pessoa se casa, os pais construam mais uma casa em cima da deles para que os recém-casados e a família toda fiquem assim... bem juntinhos.

Mesmo os indianos que não são hindus costumam ter uma relação forte com a religião, expressada nas vestes e no modo de falar e de tratar os outros - uma descrição que não combina em nada com o clima de festas, cerveja e curtição da juventude australiana. Vale dizer que uma coisa que quase todo australiano adora em relação à Índia é a comida - e quanto mais apimentada, melhor. Já o sotaque forte e o cheiro bem característico que eles exalam às vezes costumam ser motivo de brincadeiras. Nada sério, mais ou menos como as nossas piadas com portugueses ou outras etnias, mas tem que saber levar.

Assim, minha amiga, que desde que chegou estava buscando se identificar com a cultura australiana, até aprimorando o sotaque como o deles, parecia não estar muito confortável namorando um *outsider*. Por outro lado, o cavalheirismo indiano a cativava cada vez mais. Punjab era dedicado, atencioso (até um pouco demais) e atraente (baixinho, meio bombadinho, cabelo raspado). Mas, pelo visto, levava tudo a ferro e fogo. Enquanto Bianca estava decidindo se gostava mais do que se incomodava, Punjab se esforçava para agradá-la - e, como não havia outro jeito, abraçou o pacote que dava direito às amigas.

— Ceci, você não se sente mal de ficar o tempo todo com Bianca e Punjab? Eu sei que é ela que pede, mas... é meio estranho — perguntei um dia, em casa, depois de aceitarmos ir de biconas na festa de um dos amigos dele.

— É... de vez em quando também acho, mas deve ser no início. Depois eles se soltam e vamos sentir falta dessa época.

— É, vai ver você tem razão.

Depois desta miniconversa, preferi acreditar que Cecília e eu éramos duas velas iluminando os encontros dos dois. E como vela derrete, era melhor aproveitar a mordomia enquanto dava, conhecendo um lado da Austrália a que até então não estávamos acostumadas.

Naquele sábado, nosso dia foi inteiro com o casal. Logo de manhã, ele tinha passado de carro no trabalho de Bianca, onde ela tinha acabado de terminar uma escala de café da manhã, depois na minha casa e de Cecília e de lá fomos para *Penguin Island*, uma ilha bem bonitinha, bem romântica. Para chegar, precisamos pegar uma balsa – se bem que também é possível se aventurar atravessando a pé, quando a maré está baixa. Se estivéssemos só as meninas, não duvido que a gente tivesse esperado a maré baixar pra ir caminhando, mas como aquele era um encontro, fomos de balsa mesmo.

Penguin Island é realmente uma graça. Vazia, se comparada a Cotesloe, muuuuuito vazia se comparada às praias do litoral de São Paulo. Assim que chegamos, escolhemos um canto, cada uma estendeu sua canga e ficamos conversando. Em vários momentos, Bianca aproveitou que há tempos não conseguia conversar com Ceci sobre o trabalho e se juntou à amiga em um papo só das duas pra colocar as novidades em dia. Eu, então, ficava tentando puxar conversa sozinha com Punjab, o que por mais incrível que pareça, dada a minha facilidade em arranjar assuntos, demorou até que conseguisse estabelecer uma *real conversation*.

O meu desconforto com ele tinha surgido na semana passada, quando foi conosco pruma exposição na *City*. Foi algo tão visível que as meninas até cogitaram que fosse TPM, mas não era. Foi uma semi-antipatia gratuita e recíproca. Eu não o detestava, simplesmente não tinha adorado o cara. Mas isso é tão difícil de acontecer que fiquei até me sentindo mal e tentando encontrar alguma explicação. Cheguei até a cogitar que pudesse ter sido despeito... orgulho mesmo. Afinal, depois que se apresentou, no trem, ele simplesmente ignorava todas as minhas tentativas de conversa, de querer saber mais sobre a Índia, e eu adoro conversar!!! Mas, para ele, a única pessoa que existia era Bianca, a quem chamamos, de brincadeira, de *Big Boss* do trio, por ser a mais decidida, e ele adotou pra sempre o apelido.

— *So, Punjab, do you like Perth?*

— *Yes, I like here.*

— *And did you come alone?*

— *No.*

— *No? Who came with you?*

— *My big brother came first and called me to live with him.*

— *Hum… I came with the girls, but the good thing is that they are like family.*

…

Silêncio. Eu fiquei olhando para o mar e ele para o nada. De vez em quando, se virava para Bianca, que continuava no maior papo com Cecília. Então, lá ia eu de novo.

— *Do you have many friends?*

— *Yes.*

Nossa... que vontade de chacoalhar a criatura!!! De respostas monossilábicas em respostas monossilábicas, eu fui perdendo a paciência, mudei de lugar e resolvi entrar no assunto de Cecília e Bianca. Punjab ficou no mesmo canto, olhando, ouvindo e tentando arranjar mais uma forma de agradar sua pretendente. Depois de mais uns 15 minutos, meia hora de conversa, a rodinha se desfez. Bianca voltou pra sua canga, ao lado do moço. Ceci e eu ficamos conversando sobre o nada olhando para o mar.

Conforme o calor foi aumentando, Cecília e eu decidimos tirar a saída de praia para tomar sol. Bianca continuava de roupa. A decisão de ficar ou não de biquíni foi algo tenso. Para o padrão brasileiro, nossos biquínis não eram pequenos, mas bem menores do que o de todas as meninas que estavam por ali (o que denunciava que não havia mais brasileiras entre nós). Mesmo assim, estava calor, eu estava na praia, sentada na areia e, mais importante, a pedido de Bianca. Não havia a menor chance de ficar de roupa. Fiquei um pouco de frente, deu um soninho, deitei de bruços e dormi. Até onde eu sei, Ceci fez o mesmo. De uma forma ou de outra, deixamos o casal a sós.

Algum tempo depois, não sei ao certo quanto, Bianca me acordou.

— Meninas? Eiii! Manuela? Tá acordada? Ceci-lia...

— Hum? — respondi ainda fazendo careta, recuperando os movimentos do rosto, meio amassado pela areia.

— Vamos comprar o passeio de barco pela *sea lions island*. Querem ir?

"Ahn? *Sea Lions*... isso quer dizer... leões marinhos... legal... bem melhor do que ficar dormindo. Mas será que é caro? Ah, vale, vai... mas será que não vamos ser muuuuito velas? Será que eles não querem ir sozinhos e chamaram só por educação?"

Várias coisas passavam pela minha cabeça, recém-acordada. Tá... eu poderia ir, mas só se Cecília fosse junto - e parece que ela ouviu meus pensamentos.

— Vamos! — respondeu, quase que instantaneamente.

— Isso, vamos! — emendei em seguida.

Fomos todos para o guichê do passeio, mas Punjab fez questão de pagar todos os tickets. A moça da empresa disse que nem sempre dá pra ver os tais *sea lions*, mas... ticket comprado e dez minutos de barco depois, a gente deu sorte e viu... um único representante dos bichos, mas tá valendo. Ele tava ali, estirado na areia, de barriga pra cima tomando sol, tipo eu estava alguns minutos antes.

— Nossa, super me identifiquei com esse sea lion — comentei em português, arrancando risos das meninas.

— É, bem que eu vi mesmo. Só falta agora o leão roncar — disse Bianca.

— EU RONQUEI??? — respondi como num susto — Ah, que feio! — e em seguida caí na gargalhada.

— Não, não roncou, não. Mas deu pra ver que vocês duas dormiram bem pesado.

Ao contrário de mim, que posso ter dado uma roncada, o leão marinho estava tão quieto, que nem respirar ele respirava direito. Até fiquei com medo de que estivesse morto, mas daí, como que respondendo à minha preocupação, ele piscou e, bem indolente, abanou a cauda - pra em seguida voltar a dormir.

No passeio não teve parada pra banho, foi só uma voltinha de lancha mesmo. No retorno à ilha principal, com o sol um pouco mais entre nuvens, já considerava o momento de irmos embora, até que Punjab abriu a mochila que estava a tiracolo e tirou de lá uma garrafa de vinho branco!

Neste momento, mais uma vez, pensei "*What the hell are we doing here?*", ou, em bom português, "que diabos Cecília e eu estamos fazendo aqui?".

Então olhei pra Ceci, desmanchada em felicidade por ver Bianca com seu novo *date*, e pensei "OK, nós viemos apoiar o momento".

Não satisfeito em trazer o vinho, ele levou a garrafa até o mar e deixou ali, amarradinha, para que a água mais congelante que já tinha presenciado na vida se encarregasse de gelar a bebida.

— Ah, fofo né? — comentei com Cecília, ainda petrificada. Ok. Por mais que não estivesse simpatizando com o menino, ele parecia estar cuidando bem da minha amiga.

Quando deu tempo suficiente, Punjab abriu o vinho – não tão elegantemente como a situação previa, mas abriu. Bebemos cerca de duas taças cada um e ficamos conversando, tomando mais um pouco mais de sol. Depois de muito esforço, ele se abriu e começou a contar sobre a vida, histórias e tradições da Índia, em particular de Punjab, de onde ele veio (e por isso o apelido).

Punjab é uma região imensamente rica perto da Caxemira, como a gente pôde entender pelo mapa que ele tatuou no braço e mostrava toda vez que falava de seu país. O idioma que eles falam também tem o mesmo nome do estado. Segundo ele, na Índia se falam mais de 300 dialetos. O mais famoso deles é o Hindi, mas nem todo mundo fala Hindi. Por isso, a língua universal acaba sendo mesmo o inglês.

— *The Punjab Boys* são conhecidos em toda a Índia como um povo guerreiro e respeitado — comentou ele, em inglês.

O orgulho da terra natal, Punjab carregava por onde passava, com símbolos adesivados no carro, tatuados no braço e pendurados na enorme corrente de ouro que ele usa no pescoço.

Quando já eram mais de 4 da tarde, pegamos a balsa e o carro de volta pra Perth. Todo mundo exausto, mas o dia estava longe de ter acabado. Aquele era o que apelidamos de *Punjab Day*! O que isso significa? Que fomos todos para casa para nos arrumarmos para uma "*big party*" – aquela que aceitamos ir de acompanhantes da acompanhante. Essa era a primeira festa de australianos e residentes (sem nada relacionado a estudantes internacionais) que estávamos indo e isso era realmente algo bem importante.

A festa começava às 20h30. Saímos de casa às 22h, o que é um bom horário, pelo menos no Brasil. Chegamos e Punjab ligou pro seu amigo, que ele adorava dizer que era policial e que já estava no lugar. O cara, também estrangeiro, da Indonésia, veio nos receber na porta. Na frente da casa, um monte de carros estacionados, o que dava a impressão de que a festa estaria boa, quem sabe até com as 200 pessoas prometidas.

Assim que entramos, veio o susto de "nossa, só tem homem aqui", mas era só impressão. De repente, duas mulheres de salto alto, cabelo muito comprido, solto, peitos à mostra e vestindo só uma tanguinha colorida como tapa sexo entram e começam a desfilar pela sala.

— *Wow! Are we in a Bachellor party?* — perguntei pro amigo, querendo saber se caímos em uma despedida de solteiro. Não que fosse um problema. Só pra saber mesmo.

— *No... these are the waitress* — ele respondeu, explicando que eram só as garçonetes.

Nós três olhamos com uma cara de quem não estava acreditando na naturalidade com que ele encarava aquilo.

— *What can I do? This is an Australian party, mate* — ele respondeu, dando risada.

Conforme fui andando pelos outros cômodos da casa, conheci mais uma garota, também convidada, também vestida. Além de nós, havia mais umas três na casa, mas que não foi o suficiente para tornar aquela festa algo normal.

— Vamos lá pra fora um pouco? — Bianca pediu.

Fomos. A noite estava gostosa, não muito fria, então ficamos conversando as três ali por um tempo.

— Cara, que festa doida — comentou Bianca.

— Demais!!! — respondi rindo muito.

— E a naturalidade com que o amigo disse que as meninas eram garçonetes? Essa festa é muito louca. Será que todas são assim? — comentou Cecília.

— Ah, não sei. Eu já fui em outras festas de australianos e não eram assim, não. Acho que são esses amigos do Punjab — Bianca emendou.

Ficamos na varanda, sentadas, conversando. Até que começou a tocar "*Seigh is King*" - uma música sobre a região de Punjab que a gente já tinha quase decorado de tanto ouvir no carro. Junto com a música, um coro de pessoas cantando e gritando, como se fosse a música mais famosa em um show de rock.

— Vamos ver? — as três falaram quase que em sintonia. Corremos pra dentro e tamanha era a energia, que acabamos as três dançando como se fosse a nossa terra natal. Mesmo assim, nada nem perto da empolgação do grupo de indianos, que pulava e usava o taco de bilhar em suas coreografias. Se não estivéssemos nos divertindo tanto, seria quase amedrontador.

Naquela noite, por três vezes eu pedi pro Punjab me ensinar a dançar *Indian music* (eu juro que estava me esforçando pra sermos amigos), mas ele estava muito bêbado pra manter o mesmo pensamento por dois segundos na cabeça. Jogamos bilhar, eu e as meninas, de três mesmo, sem muitas regras.

Quando acabaram as bolinhas, fiz dupla com um indiano de meia idade, mas que me cansou em menos de uma partida. Pela primeira vez em muito tempo, pedi pra ir embora. As meninas gostaram da ideia, mas tínhamos que falar com nosso amigo. Foram várias vezes que pedimos, mas ele não arredava o pé.

Enquanto esperava, acabei conversando com uma das garçonetes, que foi uma simpatia. O dono da casa nos apresentou às outras, explicou que éramos do Brasil e perguntou se poderíamos tirar foto com elas (algo que eu tinha comentado que gostaria).

“Imagina quando o pessoal do Brasil ver isso”, pensei.

Uma das meninas recusou. Disse que não fazia fotos. A outra, mesmo já de calça jeans, aceitou na hora e ainda perguntou se não queria fazer top less junto, o que recusei educadamente.

Saímos do quarto, jogamos mais uma partida, dessa vez com o único loiro da casa, o que fez pensar que realmente aquela não deveria ser uma festa típica australiana. Em seguida, fomos embora.

Punjab, de tão bêbado, nem conseguia ficar parado. Juntou um grupo de uns cinco, seis guardinhas do trem pra convencê-lo de que ele não poderia dirigir, mas ele não desistia. Depois de tudo o que tinha acontecido, eu já estava achando toda a festa, além de muito louca, muito divertida. Estava conversando com vários dos moços e nem ligava mais para ir embora – é incrível como o inglês melhora quando não se está sob pressão.

Para resolver o problema, o amigo policial, que se chamava Carl, iria nos levar pra casa. Entramos as três meninas no banco de trás do carro, esperando. Punjab continuava do lado de fora, próximo ao carro, se recusando a entregar as chaves. Ele argumentava e mexia as mãos enquanto falava, bebiiiiinho que só. Aquela cena ia longe. Eu estava sentada do lado da janela próxima a ele e me segurava para não fazer nada. Quando não aguentei, perguntei, com cara de criança que quer aprontar:

— *Hey, Carl, can I take his keys?*

— *What?*

— *Take his keys... Can I?*

Ele acenou com a cabeça, consentindo que eu pegasse as chaves à força. Então, abri o vidro e, em um único movimento, numa atitude quase ninja, arranquei o chaveiro da mão do indiano. Aí, tenho que confessar duas coisas: a primeira, que adorei fazer isto!!! A segunda que, na pressa, quase arranco junto o fone do iPod, que por algum motivo ele estava usando no meio da festa.

Punjab ficou meio perdido, demorou um pouco pra entender, mas, como não tinha mais como lutar, entrou no carro junto com Carl, deixou nós três em casa e voltou pra festa. Depois de um tempo, ligou de novo, acordando todo mundo, pedindo para também dormir em casa. Mas aí foi a vez de Cecília que, em um dos seus raros poucos momentos de estresse, cortou qualquer possibilidade sendo bastante dura pelo telefone. Quase fiquei com dó do menino.

No dia seguinte cedo, ainda meio com sono, mas sem ressaca, fui limpar as fotos do meu celular, já que há dias aparecia aquele triangulozinho de falta de espaço na memória e não queria correr o risco de não poder mais tirar fotos em algum momento importante. O backup eu já tinha feito no sábado antes da festa, enquanto as meninas se arrumavam. Preguiça mesmo era apagar tudo. Mas, por sorte, naquele dia cedo, achei um botão que limpava toda a pasta. Apertei e dois segundos depois me arrependi. A foto com a garçonete – e todas as outras da festa - tinha ido junto e sem backup.

Quando as meninas acordaram, contei o que aconteceu, gerando tristeza num primeiro momento, mas alívio num segundo.

— Talvez tenha sido até melhor, viu Manu? Tem imagens que é bom a gente manter só na nossa cabeça — comentou a sempre sábia Bianca.

Dica da Manu:

Há várias atrações fora de Perth que merecem um passeio de um dia. Uma delas é a Penguin Island. Outra é o deserto de Pinnacles, onde há uma infinidade de rochas e uma paisagem incrível. Apesar de demorar umas três horas de viagem, dá pra pegar um passeio e ir e voltar no mesmo dia.

Também bem pertinho tem a Rottnest Island, uma pequena ilha paradisíaca onde vive o quokka, um animalzinho fofo, primo do canguru, que tem de monte na ilha. Rottnest é pertinho, mas vale um final de semana.

Foco, que chegou o grande dia

Depois que Bianca foi embora, cedinho, sem nem tomar café da manhã, Ceci e eu caímos no sofá, pensando no que fazer no resto do dia. Mas, o cansaço das pernas e da cabeça era tão grande que acabamos ficando horas ali mesmo, em silêncio, até que, em determinado momento, comentei, um tanto quanto tensa:

— Amanhã é o grande dia.

— Do quê? Novo trabalho? Você não cansou de ficar pulando de emprego em emprego, não?

Não era isso. E eu também não tinha o menor desejo de ficar pulando de emprego em emprego, como disse Ceci, mas precisava pagar minhas contas. E nem eram assim taaantos *jobs*: eram o pub, os jogos no estádio, um ou outro show e algumas promoções, daquelas de ficar distribuindo flyer ou comida em supermercado, de vez em quando. Aquilo era muito? Fiquei em dúvida de qual resposta dava primeiro, mas assim que abri minha boca para responder, ela lembrou e deu um pulo do sofá.

— Ah, nãaao!!! A prova!!! Esse, sim, é um grande dia. Mas já???

Sem me mexer demais para não estimular a dorzinha que tilintava na minha cabeça – lembrança do vinho de caixa, cuja marca eu nem lembro, que tomamos na noite anterior – respondi.

— Já! Muito rápido né?... Tô me sentindo naqueles passeios de barco, nas férias, e o cara pergunta 'com ou sem emoção?' e você responde 'com', mas no meio do caminho já se arrependeu mil vezes da escolha, sabe? Devia ter feito igual a você e pedido um visto por um prazo maior, como se fosse fazer mais semestres do técnico. Provavelmente teria que pedir dinheiro pra minha avó pra comprovar renda, mas valeria a pena. Estou correndo tanto com essa prova, pra então conseguir admissão na faculdade antes do meu visto expirar, que estou com medo de ter marcado o *Toefl* cedo demais.

— Ah, mas você vai passar. O *Reading* você sempre mandou bem. *Writing* meio que também. O problema é falar e ouvir, mas isso você já se virando superbem. Eu te vi conversando ontem com os caras da festa. Supersolta, dando risada, falando um monte. Eu, que estudo há muito mais tempo que você, estava muito mais travada.

Nisso Cecília tinha razão. Eu estava a cada dia mais solta. Uma das coisas boas de trabalhar em bar é que o ouvido fica muito mais apurado. Até porque é preciso filtrar o que o cliente diz em meio a sotaques, falas enroladas e música alta no fundo. Enquanto isso, as conversas com outros staffs durante os breaks, mais as aulas, obviamente, favorecem o processo. O resultado de tanto treino é que minha segunda língua realmente tinha dado um salto em dois meses e quase meio. Mesmo assim, meu medo tinha justificativa. Se não passasse, não sabia se teria tempo de marcar outra prova. E se minha evolução tinha sido suficiente ou não, só saberia com o resultado do teste.

— Tá... mas e aí? Não adianta ficar nervosa. Vai fazer o quê? O teste é amanhã, relaxa — continuava minha amiga.

— Ah, relaxar não dá. Mas já sei. Vou pra praça — respondi e saí em seguida.

O fato é que, para ficar mais segura, fiz o que todo mundo fala que não se deve fazer frente a um teste estressante: fui estudar. Mas, pelo menos, foi uma forma gostosa. Decidi ler "As Aventuras de Tom Sawyer", livro infanto-juvenil que peguei na biblioteca. Para isso, atravessei a rua de casa, onde tinha um parque com um gramado enorme, sempre vazio, e me dediquei a melhorar gramática e vocabulário. Como já estava praticamente no meio do dia, com sol a pino, só aguentei ficar na grama umas duas horas, mas que foi tempo suficiente para queimar minhas costas inteiras.

Quando voltei pra casa, Cecília estava se arrumando ao som de Vento Ventania, como sempre acontecia quando ela estava empolgada.

— Ahh, você chegou!!! E aí, o que você acha? Estou naturalmente bonita? Do tipo que não se arrumou muito, mas está ótima?

— É... acho que sim. Por quê? Vai sair?

— Bob acabou de me ligar. Quer saber se posso cobrir o turno da noite; uma menina deu o cano. Então tenho que ir bonita, né?

— Verdade. Mas você acha que ele tem alguma intenção no convite?

— Ah, não sei. Na maioria das vezes eu acho que sim. Você ouve as histórias que conto. Mas, daí, eu vejo Punjab com Bianca e... é tudo tão mais fácil, né? Fico em dúvida se não é coisa da minha cabeça. Mas não custa se arrumar. Vai que... e o que você acha? Cabelo solto ou preso?

— Você não tem que prender de todo jeito pra trabalhar?

— Tenho, mas só quando estiver trabalhando. Antes disso, posso ir bem casual, bem bonita e deixar um certo gerente de... BOCA ABERTA — disse Cecília, enquanto virava a cabeça e batia cabelo.

— Acho que você já se decidiu, né?

— Hahahaha já!! Cabelo solto *it is*!!! Estou indo, ok? Não sei até que horas vai o *shift*, então não me espere acordada.

— Você sabe que ainda são 5h da tarde né?

— Sim, mas vai que... hahahaha.

É... "vai que"... tinha se tornado a frase daquela casa.

****

Eu não estava preparada pra passar o resto do dia, sozinha, em casa. Então, aproveitei para entrar na internet e procurar novos empregos. Me inscrevi em uma das agências, que dizia prestar serviços para grandes eventos e locais, entre eles o cassino de Perth, do qual Bianca já tinha dito que pagava muito bem. Por falar em Bianca, aproveitei e mandei mensagem pra ela, querendo saber se estava tudo ok.

16:05
Eu: Oieee! E aí, como foi seu dia? Alguma ressaca?

16:17
Bianca: Oiiiii!!! Nada, fiquei de boa. Mas, mais tarde nos falamos. Agora estou na casa do Punjab. Ele está cozinhando pra mim!

16:21
Eu: Ah, que chique!!!! E aí, finalmente virou namorado? rs

16:22
Bianca: hahahahahaahahaaha virou! Depois te conto.

Ok... por essa eu não esperava. E esperava ainda menos que depois de um sábado cheio como aquele eu experimentaria esse sentimento de abandono que estava sentindo naquela hora. Do nada, percebi algo tão desagradável quanto o sabor de *Vegemite* (uma pasta australiana de vegetais com cor de Nutella mas que é a coisa mais amarga que comi na vida).

Fazia mais de dois meses que estava naquela Austrália e não estava me divertindo. Tirando a noite de ontem e uma ou outra noite nos pubs, era correria atrás de correria, enquanto as meninas estavam uma namorando e outra investindo, mesmo que no trabalho. Tudo bem que Bianca tinha acabado de conhecer Punjab depois de não sei quantos meses na vida de sozinha, mas estava me dando o raro direito de me autolamentar. E o pior é que naquele momento eu não tinha nada pra fazer a respeito. Até poderia ligar para alguns colegas do colégio, mas teria que ter a sorte de encontrar alguém que já estivesse na rua ou com intenções de sair. Estava muito tarde para combinar algo e eu também não estava me sentindo confortável com a ideia de mendigar companhia. Pelo menos era assim que eu entendia o que estava por fazer.

Na falta de plano melhor, liguei a TV e, junto com a busca na internet, fiquei assistindo *The Voice Autralia*. Depois, uma série qualquer e assim segui por toda a programação do *Channel Nine*. Quando deu 11 da noite, fui dormir, mesmo sem ter sono ou notícias de Ceci. Tranquei todas as portas, inclusive a do quarto, e só acordei no dia seguinte.

Quando levantei, por volta das 7h da manhã, já ouvi o som dos pratos e daquela música conhecida. Cecília estava na cozinha, lavando a louça e cantarolando Biquini Cavadão.

— E aí???

— Ahhhhh!!!! Eu saí com o Boooob!!! Quer dizer, não foi um encontro, um date, mas ele me trouxe em casa e rolou um beijo.

— Ahhhh que demais!!! Conta tuuuudo! — pedi, enquanto sentava na banqueta que ficava no balcão de nossa cozinha.

— Bom, o trabalho não era desculpa. Realmente, a menina que iria ontem deu o cano e o restaurante estava *super busy*. Nossa, nunca trabalhei tanto, correndo de um lado pro outro. Cliente pedindo pra mudar prato, um inferno! Ainda bem que o hotel proíbe a alteração de qualquer ingrediente – pelo menos foi isso que Bianca me falou e eu super levo adiante. Assim fica menos arriscado. Daí, em determinado momento, vi o Bob me olhando meio de longe, parecia até um pouco orgulhoso. Quando terminou, ele dispensou Francesca e me pediu pra ajudá-lo a fechar o caixa, já que o jantar é cobrado. Não é como no café da manhã que é incluso para os hóspedes. Isso já era mais de dez da noite. Quando ele nos disse isso, eu quase pulei de alegria. Devo ter aberto um sorriso do tamanho do mundo.

Francesca, aquela mal-amada, acho que percebeu e veio se meter dizendo que depois ia ficar muito tarde pra voltar pra casa. Ahhh que vontade de bater nela. Mas, então Bob respondeu seco, que estava tudo bem, que podia deixar que ele dava um jeito, e me prometeu uma carona se precisasse. Só pelo fora naquela sonsa já tinha valido trabalhar no final de semana. Bom... ficamos mais de uma hora fazendo a contabilidade de tudo o que foi consumido e de quanto dinheiro entrou. A gente estava sentado um do lado do outro. Ele sério, trabalhando focado, e eu tentando não viajar demais, esconder que estava toooda arrepiada só de estar ao lado dele. Mesmo assim, consegui me concentrar e a conta bateu. Quando acabamos, era mais de 23h. Ele comentou "sinto muito, acho que você perdeu o último trem". Mas eu não tinha perdido, você sabe.

— Sim, e acho que ele também sabia.

— Ah, com certeza. Até porque ele também pega trem de vez em quando. Mas fiz uma cara de coitada e ele disse que me daria uma carona. No caminho, me agradeceu mais uma vez, disse que eu ajudei muito, que estou evoluindo, que logo depois que me viu tinha certeza que eu era uma menina bem esperta, apesar de um pouco atrapalhada. Perguntou o que eu estava achando, do que estava gostando. Em seguida, mudou de assunto e começou a perguntar o que eu estava achando de Perth, se era muito diferente do Brasil. Essa foi a primeira vez que realmente conversamos.

— Tá... mas e daí?

— Daí que a gente mora muito perto do trabalho!!! Chegamos em menos de dez minutos e eu estava toda triste de ter sido assim tão rápido. Mas quando paramos aqui na frente, em vez de só encostar, ele entrou em uma dessas vagas aqui da frente e continuou o assunto um pouco mais, como se estivéssemos num bar.

— Nossa... tá, mas aqui não tem perigo né?

— É... falam que não. Eu sou meio assustada. Se fosse no Brasil não sei se ficaria de boa parada a essa hora na rua, mas valeu a pena. Eu falei das pessoas, do ambiente... tudo isso olhando meio pra baixo, com vergonha...

apesar de esperar há tanto tempo, meu coração tava batendo muito forte, estava com borboletas no estômago. Então, ele segurou meu rosto e perguntou se não tinha mais nada que eu estivesse gostando. Eu fiquei ainda mais sem graça e ele foi bem direto. Respondeu: "*like me , for example*" e me deu um beijo.

— Woooooowwwww. E aí, foi bom?

— Foi... mais ou menos. Não foi ruim, não. Mas não bateu totalmente. Agora vou ter que praticar muuuuuito até chegar no beijo bom hahahahaha

— Ah, que legal! Mas, e em relação ao trabalho? Por falar nisso, você não teria que estar trabalhando agora?

— Ah, é que eu voltei quase meia-noite, então tínhamos acordado que eu não precisaria trabalhar no dia seguinte. Sobre o trabalho, depois de me beijar ele me fez prometer que não contaríamos pra ninguém, pra não termos problema. Antes me perguntou se eu estava ok com o beijo. Fofo, né?

— hahahaha muito, Ceci. Mas, agora eu que preciso sair correndo porque o dia será cheio — comentei um tanto quanto sem graça de cortar a história, mas estava realmente atrasada.

Aproveitei que Ceci ainda estava na função, deixei minha louça na pia e saí voada para o local da prova, que foi mesmo muito mais tranquila do que tinha imaginado. Só de fazer redação no computador em vez de com papel e caneta – como havia acontecido no Brasil - já tinha sido lindo. E me poupou muito tempo. Agora... se tinha tirado oito, iríamos ver.

Na parte da tarde, fui para a escola, ter mais uma aula com Dominique. Era dia de recebimento de trabalhos de redação. Para variar, 7. O que não era ruim, mas não suficiente para passar na faculdade.

Saí da sala torcendo para que meu teste tivesse sido melhor. No momento em que peguei meu celular, vi uma mensagem dos meninos de Fremantle com algo que me ajudaria muito com as cobranças mentais: uma festa!!! Melhor do que isso, uma festa à fantasia! Já estávamos no final de outubro *and it is Halloween Time!!!*

Dica da Manu:

Os certificados mais comuns de proficiência em inglês são o Toefl (americano) e o Ielts (britânico). As duas provas são bem parecidas. Na internet, você acha facilmente alguns testes online, para você ter uma ideia de como está antes de fazer pra valer. Porém, antes de pagar algum deles, decida qual escola ou curso você quer fazer. Para cursos de idiomas é normal que a própria escola ofereça um teste de nível, sem cobrar a mais por isso.

Look, it's a leprechaun!!!

O Dia das Bruxas vem derivado de uma tradição celta. A história diz que no equinócio de Primavera, depois da colheita, os mortos aproveitavam o dia de 31 de outubro para voltar à Terra. Era um dia de festa, em que as famílias recebiam a visita de seus entes queridos agora em outro plano. Como uma forma de celebrar, os humanos também se fantasiavam, diminuindo a diferença entre vivos e mortos. Com o passar dos anos e das religiões, o dia dos mortos foi para 2 de novembro e o 31 de outubro se popularizou como uma festa popular nos Estados Unidos, para então dominar o planeta.

No Brasil, há anos eu comemorava frequentemente o Dia das Bruxas ou qualquer outra festa à fantasia. Na faculdade, então... perdi as contas de quantas fui. E como australiano também fala inglês, logo imaginei que também comemorassem Halloween. #sqn. Ao contrário do que acontece em São Paulo, nenhum club grande de Perth fez propaganda de noite à fantasia. A festa dos meninos, então, tinha vindo no momento perfeito.

Apesar de adorar bruxas, só fui vestida assim uma ou duas vezes. Sempre achei sem criatividade. Mas em outro país, em um halloween, resolvi arriscar. Comprei um chapéu laranja numa lojinha tipo Armarinhos Fernando que tinha na *City*. Paguei 3 dólares, mas não tava feliz. Num dia em que terminamos a aula mais cedo, fomos eu e minha *roommate* pra *Second Hand shop* - meu lugar favorito pra fazer compras. Levei entre outras coisas um vestido verde água mega curto de AU$ 12,50 (que pretendia usar pra ir de fadinha) e um chapéu preto, diferente, que não sabia como usar, mas que achei bem estiloso.

Chegando em casa, depois de muito pensar, deu um clique e resolvi ir de *leprechaun*, em homenagem à festa de Saint Patrick, que também adorava. Na verdade, percebi que era quase uma *leprechaun* e não sabia. Tinha todas as coisas que precisava, mesmo sem ter trazido nada de especial do Brasil. Peguei minha camisa branca, decotada e de babado, minha saia pregueada, o casaco verde compridinho, um cinto preto usado do lado contrário, a meia verde limão até o joelho que ganhei de uma amiga dois meses antes e que nunca tinha usado, o sapato de trabalho e meu chapéu novo, customizado com um trevo de quatro folhas e um quadradinho laranja recortados do EVA que sobrou do meu mural de fotos.

Um dia antes da festa, guardei tudo na bolsa, já que iria direto do trabalho pra lá.

No próprio 31 de outubro, parecia realmente que a bruxa estava solta. Quebrei o dosador de bebidas quando queria repor a garrafa de *Canadian Club*, fiz confusão com os números do restaurante e ainda quebrei dois pratos quando fiz uma pilha maior do que deveria em cima da mesa. Meu novo chefe, um japonês estressado gerente de uma taverna na *City* – onde eu tinha recém-começado -, disse que se eu quebrasse mais alguma coisa ele me mandava pra casa. Eu cheguei a cogitar que talvez fosse melhor mesmo. Além do que, se fosse, conseguiria ir com as meninas pra festa, em vez de sozinha. Mas, depois do meu break, tudo melhorou. Mais tarde, quando ele veio me perguntar se eu tinha quebrado mais alguma coisa eu respondi toda orgulhosa "*no!!! Nor a single glass!!!*". No final do dia, quebrei este outro um copo, mas foi quase dentro da lava louças, então ele nem viu e nem eu me senti culpada.

Naquele dia, o bar ficou vazio na hora do almoço, cheio no happy hour e vazio de repente. Melhor pra mim, que fui dispensada às 21h e consegui ir pra casa pra me trocar e ir com Cecília, vestida de vampira – com capa e maquiagem dark - pra estação de trem.

Ali na *Mt Lawley Station* encontramos com Sophie, uma amiga da sala de Cecília que tinha vindo das ilhas Fiji para estudar e há dois anos morava com sua irmã e seu cunhado, australiano. Negona, orgulhosamente plus size e toda estilosa, Sophie não fez a menor questão de colocar fantasia e foi para o Halloween arrumada para uma festa qualquer, só com a maquiagem mais forte, mas nem por isso se sentiu deslocada ou mesmo envergonhada ao andar conosco.

No caminho até a *City*, o trem foi sendo invadido por várias pessoas fantasiadas. Algumas, inclusive, que já pareceriam já ter nascido para Halloween; se fantasiam como roupas normais todos os dias do ano e mostram o seu verdadeiro eu no 31/10. Esse era o caso de um casal de adolescentes que subiu na mesma estação que a gente: os dois de preto; maquiagem perfeita; a bolsa da menina era um caixão com corrente de prata e eles ainda levavam uma aranha de pelúcia como marionete. Estavam sensacionais.

Mesmo que Ceci e eu não estivéssemos tão assustadoras, nossas fantasias também estavam bem representativas e a risada deliciosa e alta de Sophie frequentemente chamava a atenção dos outros para o nosso grupo, despertando sorrisos por todo o trajeto.

Quando encontramos Bianca na estação central de Perth, demos meu chapéu laranja de bruxa pra ela e rumamos pra Fremantle. Em dias normais, em Fremantle, você já conseguiria ver pessoas fantasiadas. Ela é uma cidade pequeninha, cheia de europeus - ao contrário de Perth, que tem muito mais asiáticos - e, por causa disso, com muito mais gente louca. Quando íamos da estação pra lá, vimos uma festa de Halloween num club famoso. Uma menina, vestida de fada, viu a gente de longe, veio correndo, parou na nossa frente, abriu os braços e, muito feliz, gritou "*happppyyyyy halloooweeeeeeeennnnnnn*", a quem eu correspondi com o mesmo entusiasmo. Uma outra apontou pra mim e disse, toda meiga, "*look... a leprechaun*" (pronunciado como "*a lêprêcon*"), o que me deixou felícissima.

— Olha, reconheceram minha fantasia!!! — falei bem alto, esquecendo que Sophie não falava português.

No caminho ainda paramos em um *bottle shop* para comprar as bebidas. Como era festa grande, Bianca nos aconselhou a só levar cervejas ou outras bebidas engarrafadas.

— Dizem que na Austrália acontece das pessoas colocarem coisas na sua bebida. Eles chamam de rufi. É tipo o Boa Noite, Cinderela, que tem no Brasil. Mas aqui é mais comum. Dizem, né? Não sei se é verdade, mas eu prefiro não arriscar. Então, quando for beber alguma coisa, nunca aceite uma garrafa que já esteja aberta ou que te tragam um copo de vinho. Fica sempre de olho.

Bianca é desconfiada por natureza, mas "vai que, né?". Preferimos seguir o conselho. Até porque as cervejas da Austrália eram bem boas.

Dois quarteirões depois, estávamos na casa de meu amigo. Uma delícia de casa. Térrea, geminada, com uma varanda mínima logo na entrada. Em seguida, tinha uma sala de estar pequena, dois quartos à esquerda, um corredor, onde se concentrava a maioria das pessoas, em direção à cozinha, outro lugar favorito da galera. No fundo, um quintal grande.

Chegamos e havia cerca de trinta pessoas. Aqui o sistema mais comum das festas é o BYOB, ou seja, *Bring Your Own Booze* – o que na gíria australiana significa traga sua própria bebida. Assim, a primeira parada em qualquer festa tem que ser a geladeira. Pelo menos para nós, brasileiros. O resto da galera nem sempre se incomoda com cerveja quente (ou não tão gelada).

Enquanto fui para a cozinha, já me perdi da primeira amiga. Sophie viu a pista e caiu na dança. Junto com ela, os *roommates* árabes dos meninos. Cada um no seu estilo, era difícil ver quem dava o maior show.

Simi foi me apresentando a casa e os amigos, até chegarmos à geladeira. Para a maioria, somente um "hi" e um sorriso. O corredor foi a parte mais difícil de passar. Parece que locais pequenos são os que mais atraem as pessoas e dois ou três casais conversavam ali. O pessoal da casa não estava tão empolgado em relação aos trajes típicos. No máximo um ou outro acessório. Nada que despertasse alguma atenção em especial.

Eu e as meninas deixamos as bebidas na geladeira e voltamos para encontrar Sophie, que dançava até o chão, jogando a mão para trás, no meio da pista, com uma flexibilidade extraordinária, mesmo se não fosse gordinha. Entramos todas na dança, rindo, bebendo, mas sem chegar nem perto da desenvoltura da fijiana, que chamava a atenção de todos. Alguns realmente achando legal. Outros, infelizmente, pareciam estar rindo dela e não com ela. A dificuldade de aceitar o diferente está em todo lugar.

Os meninos apareciam de vez em quando, mas estavam muito mais entretidos com as amigas do colégio. Uma delas estava terminando sua estada e a festa era quase como sua despedida. Apesar de ter tudo para estar divertido, em um momento comecei a cansar. Bianca e Cecília ficavam as duas no celular conversando com seus respectivos dates. Sophie era a dona da festa e as músicas muito tecneras são legais até a primeira meia hora.

Aproveitei para ir ao banheiro e pegar outra bebida. A terceira das quatro longnecks que tinha trazido. Quando fechei a geladeira, uma figura atrás da porta me pergunta:

— *Hey, do u wanna I open it*?

O moço era interessante. Alto, um pouco malhado, mas nada exagerado, regata bem suja, cabelo raspado, pele quase morena coberta de talco branco. Ou seja, era uma tentativa de fantasia.

Contrariando as regras de etiqueta que dizem que meninas devem sempre aceitar o cavalheirismo, acabei sendo eu mesma.

— *Oh, no, thank you. I am used to* — e antes de terminar a frase já estava com a garrafa aberta e a tampinha, solta mas ainda enrolada na aba da minha bata, na mão.

— *But thanks anyway.*

O cara ficou olhando com um jeito intrigado e então continuou fez aquela maldita e famosa pergunta, que eu já estava cansada de responder.

— *Where are you from*?

Respirei, suspirei, e, quando respondi "*Brazil*", a feição dele se iluminou.

— Brasil??? — ele repetiu em português — Nossa, mas tu não parece brasileira. Agora pensando talvez um pouco pelo sotaque, mas... não parece mesmo.

— Ah, é... todo mundo fala. Muito alta, né? Meio branquela. As pessoas têm outra ideia de brasileira. E você, da onde é? Digo, de que lugar do Brasil?

— Rio de Janeiro, mas estou aqui já faz três anos. Acho que não volto mais. Você acabou de chegar?

— Faz três... dois meses e meio. Vim de São Paulo com uma amiga e outra que já estava aqui, veio seis meses antes.

Enquanto falava isso, olhei para a sala, com a esperança de que uma das duas olhasse para a minha direção pra me salvar daquele momento. Apesar do cara ser... até que interessante, não estava muito naquele clima de flerte. São sempre as mesmas perguntas, a mesma historinha... ainda mais em português e... com alguém que VEIO PARA UMA FESTA DE HALLOWEEN E NÃO ESTAVA FANTASIADO PARA UM HALLOWEEN!!! Porém, a minha conexão com as meninas não estava das melhores, naquele dia. As duas continuavam uma em frente à outra, interagindo cada uma com seu respectivo celular. Enquanto isso, eu continuava presa àquela conversa com o carioca fantasiado dele mesmo.

— E da onde você conhece o Dri e o Simi? — perguntei, tentando variar pelo menos um pouco o assunto. Mas no exato momento em que terminei de falar, o som da sala foi aumentado dez milhões de vezes!!! Tanto que eu mesma não consegui terminar de ouvir o que tinha acabado de falar. Quando olhei para a sala, e vi minha amiga de Fiji no meio do salão fazendo uma competição de dança com um dos árabes donos da casa. Sorte que olhei rápido. Meio segundo depois, minha visão foi bloqueada por várias cabeça que saíram sei lá de onde e entupiram a sala e corredor com seus celulares em mãos, fazendo fotos e vídeos. Cheguei a cogitar me juntar à multidão, mas desisti quando vi, por um dos espaços vazios, Cecília e Bianca, ainda na roda, de cabeças baixas, sorrisos bobos nos rostos, conversando com pessoas que não estavam lá. Desanimei. Enquanto isso, o moço continuava tentando puxar conversa.

— Gosta de amora?

— OOOOI????

— QUEERRR IRRR LÁ FOOOORA???? — O moço perguntou mais uma vez, agora quase que berrando no meu ouvido. Se esse convite tivesse sido feito há cinco minutos, a resposta com certeza seria não. Mas em comparação àquele clima de balada crowdeada, até que um pouquinho de flerte não faria mal.

— VAAAAAMOS!!! — respondi gritando e com um sorriso involuntário, reflexo do ouvido ainda dolorido.

No fundo da casa, havia uma espécie de quintal, com varal para estender roupa, lugar para fazer o churrasco australiano e um muro de tijolos não muito alto, que era a única coisa que separava essa casa das outras vizinhas. “Parece um lugar bem gostoso de se morar”, pensei.

Atravessamos o quintal em silêncio, nos separando da música alta (ensurdecedora) e passando por um ou dois grupos de pessoas que conversavam tranquilamente em rodinhas, sempre com a cerveja na mão. Quando paramos, retomei minha pergunta.

— Então, daonde você conhece os meninos?

— Ah... amigos de amigos. Tu vai ver. Aqui, depois de um tempo, todo mundo se conhece. Às vezes não sabe o nome, mas pelo menos conhece de vista.

Enquanto dizia isso, o carioca cujo nome eu não sabia ou não lembrava foi chegando cada vez mais perto, pegando no meu cabelo e enrolando com os dedos.

— Ah... e...

Wooowww! Antes que eu terminasse de elaborar a pergunta seguinte, o rosto dele chegou ainda mais perto e me deu um beijo. Beijo brasileiro mesmo, roubado, forte, intenso. Abri os olhos no meio e um milhão de coisas passou pela minha cabeça.

"O que estou fazendo? Aqui é a Austrália. Pessoas demoram para ficar na Austrália. Mal cheguei e já estou ficando justo com um brasileiro, dois segundos depois de ele ter falado que aqui todo mundo se conhece. Ah... quer saber... já era. Ferrou... Hum, pelo menos o cheiro dele é bom. Perfume bom. Beijo bom... é... algumas boas qualidades de brasileiros... mesmo eu não tendo ficado com um gringo pra comparar. Saco!!!"

— E aí? — ele perguntou enquanto me olhava sorrindo.

Pensei bem e entendi que ele estava falando do beijo.

— Ah... bom né?, respondi com uma cara de descrença. "*What the hell of question is that???*", pensava.

— Então... que tal um pouco mais? — ele falou alguns milésimos de segundo antes de se lançar em minha direção e engolir minha boca de novo. Mas, dessa vez, eu interrompi.

— É... legal, mas me fala pelo menos seu nome de novo.

— Ah, não falei? É Artur. E o seu, qual é? — ele disse enquanto arrumava o cabelo e a regata.

— Manuela — respondi, tentando não ficar desapontada, mas nada que ele tenha notado. Meus poucos centésimos de segundo de silêncio repreendedor por ele também não lembrar meu nome foram suficientes pra ele agarrar minha cintura.

— Pronto, então? Podemos continuar?

— Podemos — respondi, pensando que, afinal, já estava lá mesmo...

Mas, o destino decidiu que não podíamos. A música que vinha da sala parou de repente e no lugar dela, tudo o que se ouviam eram gritos de briga. Olhei assustada, lembrando que minhas amigas estavam lá e disse que queria ver o que estava acontecendo. A contragosto, ele aceitou. Entramos e entendemos o problema. Alguém derramou cerveja no computador que estava tocando a música e o dono estava inconsolavelmente... puto. O resto das pessoas abriu uma roda e ficava falando baixinho, sem saber muito o que fazer para não piorar a situação.

— Eeeii!!! Aí está você! Onde estava? — me perguntou Bianca.

— Ah, estava lá fora. Cara, que chato isso, hein? Vocês viram quem foi que detonou o computador?

— Ih, amiga. Liga pra isso, não. Alguém deixou a latinha ali do lado, outra pessoa esbarrou. É festa. Acontece. O cara tá bêbado, vai ficar puto por um tempo, mas depois passa. Ninguém mandou deixar o computador ali — a simplicidade como Bianca via as coisas não cansava de me surpreender —. Mas, e aí, vamos?

— Ah, vamos. Só vou dar tchau pra uma pessoa e já volto.

Dica da Manu:

Festas em casa são muito comuns na Austràlia, especialmente com o pessoal que mora dividindo casas. O esquema mais comum è o BYOB ou, simplesmente BYO. Isso significa Bring Your Own Booze (Traga sua pròpria bebida) ou traga a sua pròpria (deixando bebida subentendido). Comida, quando tem, são salgadinhos e coisas assim. A não ser que você seja chamado para um churrasco ou jantar, è melhor matar a fome antes.

Não é não!

Não sabia ao certo se era isso o que deveria fazer, mas, por mais que não estivesse 100% confortável com Artur, sair dali, daquele jeito, sem nem dar tchau, me pareceu muito estranho. Então, pedi que as meninas me esperassem e fui, sozinha, em direção à cozinha, onde aquele semi-múmia estava, ao lado de algumas pessoas um pouco mais fantasiadas.

Parei a alguns passos, esperei que ele me visse, viesse até mim e fui me despedir. Não sabia como dar tchau. Deveria pedir o número dele? Normalmente, não. Se ele quisesse, que me pedisse. Mas essa coisa de que todo mundo se conhece – e provavelmente se encontra – estava me deixando bem noiada. Ao mesmo tempo, e se eu pedisse e parecesse toda bobinha? Ou pior, e se eu pedisse o telefone dele ou ele o meu, seria que gostaria de sair mais uma vez? Fora o beijo, não havia mais nada que eu soubesse ou gostasse nele para aceitar um *second date*. Mas enfim... acho que o pior de tudo era sair fugida. Quando ele chegou, só comentei.

— Parece que a festa realmente acabou. Tô indo, tá?

— Como assim? Tu vai me deixarrrr? — ele falou alto pra toda a cozinha ouvir e eu fiquei ROXA.

— É a gente combina outro dia — falei e terminei com sorrisinho meio nervoso. Aquela situação, com toda a cozinha, um monte de desconhecidos, olhando nosso diálogo, estava longe de ser confortável.

— Não, poxa, imagina. Pelo menos se despede direito.

Artur falou isso vindo na minha direção e, me abraçando pela cintura, me levou pra um dos cômodos ali do lado. Era o quarto de um dos meninos. "É, tá bom", eu pensei. "As meninas me esperam mais cinco minutinhos". Ali, me encostou na parede e me deu um outro (bom) beijo.

Como esperava, foram cinco minutos daquela lenga-lenga de "vou embora... só mais um pouquinho".

Enquanto ele me beijava, fechei os olhos e senti que saía do chão. Abri os olhos no susto e percebi que não era simples impressão. Em um gesto muito rápido, Artur tinha me segurado novamente pela cintura, girado e me jogado na cama – de qual dos meninos eu até hoje não sei. Em um centésimo de segundos, eu deixei de curtir pra ficar tensa de novo. Será que era aquilo que eu queria? Eu não tinha certeza, mas o simples fato de não ter certeza me dizia que não. De toda forma, tinha que decidir rápido. Artur continuava com seus beijos e falando coisas que eu não entendia. Pareciam elogios, "você é linda", "nossa que delícia", mas eu não estava na mesma vibe.

De repente, senti a mão na minha barriga, debaixo da blusa. A calça dele, já semi aberta. Foi ali que me decidi.

— Nãaaao!!!

Ele parou. Olhou bem para os meus olhos e percebi que os olhos dele eram realmente bonitos. Ele sorria, mas nem precisava. Os olhos sorriam por ele.

Não, o que, princesa? Até parece que você não tá a fim.

Nesta hora, não conseguia mais ver seu rosto, já que ele falava bem baixinho, com a boca no meu ouvido. Eu demorei meio segundo pra responder. Tempo suficiente pra ele começar a me beijar de novo.

—... não! — falei, de novo, mais baixo (menos gritada), mas mais firme.

Em seguida, continuei:

— Não quero transar com você. Acabei de te conhecer e nem foi assim... te conhecerrrr.

O nervosismo me fazia falar sem parar. Para amenizar, ri um pouco, enquanto arregalava o olho e forçava o sotaque caipira no R, até emendar com um "nem deu tempo", mais pensado que falado.

No fundo, naquele momento, eu já pensava em um segundo encontro, mais formal, em que pudéssemos conversar, saber mais um sobre o outro. Enfim, não era só porque eu estava há três meses sem ficar com ninguém que ia pro tudo ou nada. E a forma como estava rolando aquilo não estava me agradando. Mas, quem sabe depois, no futuro...

Enquanto falava, eu já tinha conseguido ficar de pé, ao lado da cama, mas Artur, sentado, ainda assim agarrava minhas pernas com as suas e segurava meus braços, pedindo pra não fazer isso, pra voltar pra onde estávamos.

— Você quer, olha só, eu tô vendo que você quer.

Aquilo me deixou em dúvida, com mil pensamentos ao mesmo tempo: "será que eu quero? Não... eu já decidi. Acho. Sim, decidi. Como é que um cara que acabei de conhecer acha e ainda tenta me convencer que conhece mais meus sentimentos, meus desejos mais do que eu mesma? Agora, sim, que não vou mesmo. Cara folgado. Ok, mundo, você tem razão... eu sou birrenta". Ri internamente, para em seguida, voltar a falar.

— Não, a gente marca outro dia. Agora não quero. Tudo bem? Outro dia — disse e dei um selinho.

Me dirigia pra porta, mas ele levantou e se colocou entre a saída. E aquilo começou a ficar chato. Beijinhos, e carinha triste, e vozinha sexy. Tudo isso quando eu já tinha dito mais de dez vezes que não queria. De repente, lembrei que não tinha avisado as meninas com quem estava. Será que alguém sabia que estava ali? Já fazia tanto tempo, será que elas continuavam me esperando? E se ele realmente forçasse alguma coisa? Será que as pessoas do lado de fora iriam ouvir?

Naquele momento, comecei a ficar preocupada. Mais do que isso, na verdade, entrei em pânico e decidi que tinha que ir embora naquele instante. Tentei abrir a porta, ele não deixou, ainda naquele joguinho. Mesmo sorrindo, desisti de ser delicada. De costas para a maçaneta, usei meu peso para empurrá-lo enquanto abria a porta e forçava minha saída, passando por debaixo dos braços dele, atravessando o vão semiaberto, já que Artur segurava a porta. Quando saí, ouvi um suspiro, quase como uma bufada, e percebi que ele veio atrás de mim, ajeitando a calça. Em seguida, dei de cara com as meninas, que estavam no corredor me esperando voltar da cozinha ou de sabe-se-lá-onde eu estava.

— Ahhhh... era dele que você ia se despedir então, mocinha? E aí, tá pronta, vamos?

— Vamos... — respondi, de cara ainda meio perdida e fazendo um sinal de "depois conversamos" para Bianca.

Demos três passos e quando virei, percebi que Artur estava, mais uma vez, na tal da cozinha, entrando na roda de várias mulheres, abraçado com uma delas e já com uma cerveja na mão. Tudo aquilo tinha me deixado uma sensação ruim, mas que não pude comentar naquele momento. Como era quase 1h da manhã quando deixamos a casa, precisamos fazer um mini cooper até a estação para conseguir pegar o último trem até Perth e assim economizar cerca 50 AU$, ou seja... umas duas horas e meia de trabalho no bar.

Quando enfim sentamos no banco da plataforma, contei tudo o que tinha acontecido para as meninas. Desde que, depois de ter sido abandonada por elas em troca de uma companhia digital, fui até a cozinha, até o momento em que o cara com quem estava ficando tentou forçar algo e, como não conseguiu, foi embora sem nem olhar para trás.

— É, bem que a gente percebeu uma hora que você tinha sumido, mas achamos que você estava se divertindo, tinha conhecido alguém, então nem nos preocupamos — comentou Cecília.

— É... e você se divertiu, não.. hein, hein? Hahahaha — completou Bianca.

— Sim, foi bom na hora. Mas, não era como eu queria ficar a primeira vez aqui, sabe? Em São Paulo, tudo bem... tem 20 milhões de pessoas naquela cidade. Às vezes acontece de você ficar com alguém e descobrir que é amigo de amigo. Mas, em Perth... você já tinha me dito e ele confirmou que todo mundo se conhece. E eu já vou e fico com um cara que eu nem conheço... nem sabia o nome... provavelmente nunca vou ficar de novo... e justo um brasileiro, pra deixar o clima ainda mais estranho quando o vir de novo. Acho que isso já não estava me deixando feliz. E transar com ele, ainda por cima... na casa dos meninos... não mesmo.

— Ahhh, se é com o fato de ele ser brasileiro que você está preocupada... Ih, amiga... fica de boa! Artur já pegou metade dessa cidade. Ele aproveita que fala inglês bem, conhece todo mundo, tem esse jeitão brasileiro, carioca descolado e pega geral. Aqui não é incomum você beijar e já passar para a próxima etapa. Mas, você fez certo de cortar ali. Beijou, foi bem, maravilha. Se você não cortasse, ele ia tentar ir pra cama com você e não necessariamente o relacionamento de vocês ia ser mais ou menos longo por causa disso. Você fez o que quis, parou quando quis e tá lindo. Ninguém vai falar nada e, se falarem, problema deles. Você já está tendo muito problema em pagar suas contas pra deixar outras pessoas te influenciarem de alguma forma.

Nossa... Bianca é... demais. Depois daquele discurso, eu, que nunca fui muito de abraços, pulei do meu banco em direção ao da frente e dei um aperto bem forte nela, seguido de três beijinhos na bochecha.

— Você realmente me convenceu. Obrigada!!!

— Imagina! De nada! Agora deixa eu limpar esse beijo aqui, que deve ter vindo por tabela a saliva de mais mil mulheres contaminando minha bochecha.

As quatro caíram na gargalhada (obviamente, para Sophie foi necessário uma tradução rápida do episódio e da piada, gerando um delay nos risos).

Quando chegamos na estação de Perth, fiquei feliz por cinco dos um milhão de minutos que Bianca tinha passado no whatsapp naquela noite. Como Punjab estava de plantão, nos encontrou na Estação Central e deu uma carona pra casa, economizando mais vários dólares preciosos. No fim das contas, um ótimo dia das bruxas.

Dica da Bianca:

Na Austrália, é normal que beijos e outras demonstrações de afeto estejam muito ligadas ao sexo. O beijo já é uma intimidade e não se costuma dar aqueles amassos na rua. Mas, não é porque você beijou uma pessoa que você está obrigada a transar com ela. Aliás, ninguém é obrigada a nada, nunca. Da mesma forma que eles têm a cultura deles, você tem a sua. Mais importante: você tem o direito sobre o seu corpo. Se não quer, diga não. #NãoÉnão.

Uma semana intensa

Nas semanas seguintes à festa, fui atingida por um turbilhão de eventos e responsabilidades. Como Bianca havia previsto, nunca mais ouvi falar de Artur e até que lidei muito bem com isso. Lógico que, depois de tantos meses sozinha, fiquei um pouco mexida. No primeiro dia, domingo, lembrei da noite, achando graça. Na segunda, depois de mais um dia intenso na discussão dos trabalhos de Dominique (o do resort até que estava andando, mas o *fundraising* precisou de um gás durante a aula, para, pelo menos, definir qual instituição iríamos apoiar), veio de repente aquela vontadezinha de encontrar com ele de novo, mas que parou quando lembrava da não-despedida. Na terça, quando estava sozinha em casa, porque Ceci estava com Bob, fiquei triste por ter sido só aquilo e cheguei a cogitar se não deveria ter aproveitado o momento e ido pra casa com ele. Na quarta, saindo da aula, meu telefone tocou. Era o Andrew, o cara da agência que me contratava pra fazer serviço de promoção. Andrew era loiro, bem branquinho, por volta dos 40 anos, jeito de surfista, um tanto quanto arrogante, e dono de uma agência de publicidade e eventos. Acabei no escritório dele no meu segundo mês de Austrália, assim que percebi que não ia conseguir me manter só com as poucas horas por semana no pub. Logo de cara, Andrew me conseguiu uma vaga de hostess em uma exposição de decoração em um lugar loooooonge, mas looooonge... depois de descer da última estação de trem ainda precisei andar uma hora até chegar. Lá, meu trabalho era só dizer bom dia, ou melhor "*hey, good morging*". Mesmo assim, me ligou no dia seguinte avisando que os organizadores acharam meu *accent too strong* – sotaque muito forte - então eu não poderia ir nos outros dias, mas, que se eu quisesse, ele tinha um outro *promotion job* em shopping. Apesar do orgulho ferido, não achei ruim deixar de trabalhar naquela lonjura e acabei virando uma das principais escolhas para esses trabalhos de shoppings - não porque eu era boa ou ele estava sendo legal, mas, simplesmente porque distribuir folhetos por quatro horas, às vezes com roupas temáticas, tipo um macacão e um boné de criança, era algo que poucas pessoas aceitavam. De toda forma, por mais cansativo que fosse, os flyers de TV a cabo me ajudaram a pagar vários alugueis.

— *Hi, Manuela, how are you?*

— *Hey Andrew!!!! I am fine, thanks. How are you?*

— *Not bad.*

Uma das expressões normais na Austrália e que Andrew adorava, mas que demorei pra acostumar foi essa. Como você está? "*Not bad*". Oi? Não está mal? Depois me liguei que deve ser um tipo de "vou indo", mas mesmo assim é muito pessimista pra os tão alegres australianos.

— *But, hey, Manuela, I have another Sky job. It is today, tomorrow and Friday afternoon in different venues, all shopping centers. Can work these days?*

Pensei por alguns instantes. Esse dinheiro extra seria fantástico. Somente na quinta é que não poderia porque já tinha jogo em Subiaco.

— *Ow yes. Where is today? I am leaving the school but I can do it today and Friday. Only tomorrow I can't.*

No momento em que falei "*can't*", abreviação de "não posso", já me arrependi.

— *Great. I will send you the details of today and Friday. But tomorrow you can or can't?*

A grande diferença do inglês australiano do inglês americano é o sotaque e pra quem é de fora, ele fica mais evidente nessa palavrinha de quatro letras. *Can't* em inglês americano se pronuncia tipo "kent", uma diferença pequena do *Can* ("ken"). Já no inglês australiano, *can't* se pronuncia com o A aberto, como "kant". Então, especialmente quando falava com Andrew, toda vez que eu não poderia alguma coisa, preferia dizer "*no, I can not*", por mais esquisito que fosse.

Resolvido o enrosco, confirmei meus dois *shifts* e ainda ganhei mais dois, dessa vez em pubs / baladas, promovendo degustação de uma marca de espumante.

"Semana cheia", pensei, enquanto corria pra comer alguma coisa e ir pra casa pegar a calça e o sapato pretos de trabalho. No refeitório, enquanto pegava um *mac&cheese* para colocar no microondas, encontrei Bianca, andando acelerada como sempre. Quando estava com pressa, seus passos eram tão rápidos que Ceci e eu tínhamos que dar corridinhas de tempos em tempos para não ficarmos muito para trás. Por sorte, desta vez, paramos para conversar.

— Oiiiii!!! Ia te mandar uma mensagem agora. Tá a fim de sair pra jantar na quinta? Punjab está de folga e disse que tem um restaurante ótimo. Já falei com Ceci e ela topou. Disse até que vai tentar levar o Bob.

— Oi! Nossa, que programaço hahahaha *double date* com você, Ceci e seus respectivos? Não, eu passo. Mas é porque tenho que trabalhar. Senão, ia, sim.

— Certeza que é por isso? Você não tá mais com bode do Punjab?

Bianca tinha razão de perguntar. Dificilmente eu e o namorado dela seríamos melhores amigos um dia, mas esse tempo em que ela (e ele, principalmente) ficou mais distante, me deixaram de boa em relação ao namorado indiano.

— Não, fica tranquila. Estou tranquila. Aliás, ele ganhou ótimos pontos dando aquela carona pra casa depois do halloween.

— Por falar nisso, nada do menino?

— Nada, nem sinal de fumaça, já que meu telefone ele não tinha mesmo.

— É, te falei, né? Foi bom pra dar uma agitada, mas com ele não dá pra esperar nada sério. Mas, se quiser, posso perguntar se o Punjab tem alguns amigos.

— hahaha não, obrigada. Mas... se mudar de ideia, te falo. Vai comer? Tenho que sair daqui a pouco.

— Não, também entro agora no hotel. Vou comer por lá mesmo.

Trabalhar em hotéis ou restaurantes não dão necessariamente direito a refeição, mas Bianca estava lá há tanto tempo, conhecia tanta gente, que era raro algo que não conseguisse. Já eu, depois de comer correndo o macarrão com queijo de micro-ondas, corri para casa e, em seguida, para um shopping, do lado de Perth.

No *job* de *promotion*, nenhuma novidade. Desta vez, nada de fantasia ou uniforme especial. Usei uma camiseta simples e distribuí algumas dezenas de flyers divulgando as promoções de TV a cabo.

Depois de quatro horas caminhando, voltei pra casa, exausta, com fome e as pernas doendo. Mas tinha valido pelos quase 80 AU$ a mais na conta. Além disso, seria ótimo que no dia seguinte ficaria no bar do estádio em vez da promoção. Três dias seguidos repetindo com um sorriso "*hi, can I give some Sky information*?" seria demais.

Quando finalmente sentei no banco do trem, foi como uma dádiva divina. Aproveitei o tempo parada para acessar a internet. Nada de bom no whats, até porque o dia estava apenas começando no Brasil e só tinha dois grupos na Austrália: o das meninas e da escola, então fui para o e-mail. A última vez que tinha entrado tinha sido durante a aula, para mandar a ata da nossa reunião de grupo (mais uma exigência do curso de *Business*). Entre os vários spams presentes – erradamente – na aba principal do gmail, teve um que me chamou a atenção na hora. O remetente era do domínio ets.org.

Dear Mrs. Dal Corso,

Sim, era a carta com o resultado do *Toefl*, que depois seria enviada pelo correio. Abri correndo o anexo. Nem parecia que já tinham se passado dez dias desde a prova. Foi tanta coisa junta, tanta novidade. O PDF começava com uma foto minha e minhas informações pessoais. Me deu um medo de rolar o documento. Se não tivesse passado, o que iria fazer? Oito era uma nota alta, mas talvez precisasse mesmo de uma proficiência assim para acompanhar as aulas da pós. Qual era o meu plano B? Eu tinha um plano B? Se não tinha, era porque talvez não precisasse. Estufei o peito. Olhei ao redor, ninguém percebeu. Até porque eram mais de oito da noite e o trem nem estava muito cheio. Rolei a página. Os resultados vinham em uma tabela:

Reading:..9
Listening:...8
Speaking:...7
Writing:..6.5
Total:...7.5

Caraca. Ferrou.

Dica da Manu:

Nos sites australianos há várias ofertas de emprego tanto fixas quanto para eventos. Vale a pena entrar de vez em quando para conseguir um extra, que também pode ser bem divertido, como no caso de shows. Empregos de promotion não necessariamente exigem muito de inglês, mas você pode aproveitar para conhecer pessoas. Depois de trabalhar um tempo assim, você vai olhar com outros olhos pra moça que oferece degustação nos supermercados ou distribui flyers nos shoppings.

Crise - em tudo

Quando Cecília chegou, já devia fazer mais de uma hora que eu estava jogada no sofá, olhando para o computador. Assim que entrei em casa, abri o e-mail pelo notebook, quem sabe na esperança de que na tela grande as notas fossem diferentes. Mas não eram. Sete e meio! Não era nem de longe uma nota ruim, mas, insuficiente pra cursar o que eu gostaria. A Universidade de Queensland exigia oito. Meio ponto... não dava pra acreditar que meio ponto estavam me separando da pós que eu tinha escolhido. Ah, se fosse no Brasil... quem sabe... iria até lá, choraria, perguntaria pra amigos de amigos se alguém poderia falar com alguém, mas na Austrália... não.

E... quer saber? A quem eu estava enganando? Esse esquema é como se fosse vestibular. E pra admissão na faculdade dificilmente há algum jeitinho, mesmo no Brasil.

"É... ferrou mesmo", pensei.

— Oi!!! E aí, chegou faz tempo? Te mandei um whats perguntando se queria alguma coisa do *market*, mas você não viu. Achei que ainda estivesse trabalhando — comentou Ceci quando entrou.

— Ah, é... não vi — falei sem muita animação.

— Tá tudo bem?

Eu não sabia o que responder. Havia tantas coisas piores na vida do que não passar em uma faculdade. Eu estava com saúde, meus pais estavam bem, eu estava vivendo a experiência de morar em outro país, numa casa boa, com mil subempregos que me permitiam pagar as contas... será que com tanta gente com situação muito pior que a minha era feio eu dizer que não estava tudo bem?

— Eeeei, Manuuuu... tá tudo bem? O que houve?

Antes que pudesse chegar a uma conclusão se era justo eu dizer que não estava tudo bem, Cecília tinha deixado as compras na nossa bancada que fazia a divisão da sala com a cozinha e estava ajoelhada ao lado do sofá, falando com a voz doce do mundo.

— Me diz o que aconteceu.

— Ahhh... — comecei com uma voz de choro — Tá tudo bem... quer dizer... saiu a nota do *Toefl*. Não consegui o mínimo para a faculdade... faltou... meio ponto.

— Meio ponto??? Ah, amiga que dó, mas será que não dá pra tentar mesmo assim? Ou fazer outro teste, quem sabe esse seja mais fácil. Não fica assim, não.

— Ah... não sei o que fazer — continuei com a voz ainda mais engasgada — Sei que não é o fim do mundo, mas eu vim pra essa terra pra isso. Tudo que estou fazendo esse semestre é pra me preparar para o próximo, pra tal pós em meio ambiente... e o pior é que eu acho que se fosse hoje eu passaria com uma nota melhor. Meu inglês está melhorando a cada dia, mas tinha... tenho... que renovar meu visto e isso só pode ser feito com a inscrição na faculdade. Por isso fiz a prova tão cedo. Pensei em fazer outro teste, mas já olhei as datas. Fica muito em cima pra pedir a renovação antes do outro expirar. E também pra fazer a *application* pra pós. Fico com medo de *applicar* muito tarde e não conseguir. Além de tudo isso... preciso decidir minha vida né? Achar casa, preparar a mudança. Isso sem contar o dinheiro para uma nova prova, que não é barata. E se eu tentar de novo e mesmo assim não der certo? Não sei o que fazer.

Enquanto falava, eu gesticulava, mexia no cabelo e me remexia no sofá de uma tal forma – sinal de que estava mesmo nervosa - que meu computador quase caiu do colo.

— Calma — disse Cecília, enquanto sentava pertinho de mim e colocava o computador embaixo do sofá (nosso esconderijo de nós mesmas, já que os computadores nunca ficavam em cima da mesa, onde deveriam, e estavam sempre sob grave risco de queda) — Não adianta ficar desse jeito agora. Vamos comer alguma coisa. Depois você pensa com calma. Manda um e-mail pra agência no Brasil. Pergunta se não é possível a faculdade abrir uma exceção, o que eles acham sobre esse prazo... de repente te ajudam com isso. Ou então... quem sabe você não muda de ideia e fica aqui com a gente?

Sem perceber, eu já estava com a cabeça no colo de Ceci, com ela me fazendo cafuné. Era uma delícia ter esse carinho de amiga—irmã. Mas, no momento em que ela citou a possibilidade de continuar em Perth, me estremeci toda e voltei a mim. Perth é uma cidade fantástica, mas não tinha o curso que eu queria e não queria passar por outro inverno aqui. Tem gente que gosta, mas eu tinha vindo para Austrália atrás de um eterno verão, e nesse caso nada melhor que o *Sunshine State*, ou o estado do nascer do Sol, Queensland. Mesmo assim, não discuti. De repente ficar em Perth seria mesmo meu futuro. Então melhor começar a me acostumar com ele. Aceita, que dói menos.

— É... acho que você tem razão. Vamos comer alguma coisa. Mas antes deixa aproveitar que está começando o dia no Brasil e mandar uma mensagem pra menina da agência. Gostei da sua ideia. Quem sabe ela me diga que é possível mesmo com esse meio ponto a menos.

Mandei o tal e-mail e fomos pra cozinha fazer um sanduíche, aquele básico pão, presunto e queijo, no pão de forma mesmo, já que aqui é difícil ter padarias como as do Brasil, com pão francês quentinho, fresquinho. O equivalente a isso, o *bread roll*, ou é congelado, vendido pra você assar em casa, ou não é tão fresco. Aquela casquinha do pão torradinho, então... desde que saí da casa dos meus pais que não via.

Junto com o sanduíche, Cecília serviu uma taça de vinho pra cada uma. Na verdade, um copo de vinho, já que não havia taça nas louças que vieram com a casa e nunca nos importamos em comprar uma. Brindamos e tomei o primeiro gole. Eu, que nunca fui muito de vinho no Brasil, me acostumei muito rápido à tradição australiana.

— Ah, deixa mudar de assunto, então. Aconteceu uma coisa tão chata hoje no hotel... — começou Cecília.

— Eita... sério? O que foi? Algo do trabalho? Você e o Bob brigaram?

— Não... eu e o Bob estamos super bem. É mais devagar, né? Vai ver com australiano é assim. Aquele dia em que fui jantar na casa dele, em que você estava trabalhando até tarde, ele cozinhou pra mim, fez um *steak*, que tava bem gostoso e depois acabei dormindo por lá. Foi fofinho, carinhoso, não foi aqueeela explosão, talvez minha expectativa tenha sido muito grande, mas foi gostoso. Aliás, tá sendo gostoso, mesmo trabalhando juntos, sem dar muito na cara, as coisas estão andando. O problema... foi com a Bianca!!!

— Oi???

— É... você sabe que ela e o Punjab não estão no melhor dos mundos, né?

— Ah, nem sabia. Como eu e ele não nos damos muito bem, acho que ela parou de falar dele pra mim. Até porque ela vem, conta tudo que ele faz e ela não gosta, por exemplo, como ele é grudento, fica em cima o tempo todo, faz drama, chora, às vezes é até meio estúpido... não dá pra eu gostar dele, certo? Depois, quando o encontro e eles estão de boa, tenho que fingir que não sei de nada. Super acho que a vida é deles e não tenho que me meter, mas a gente já não bateu desde o começo. Entendo e por isso apoio ela parar de me contar das brigas, senão a convivência vai ficar pior ainda. Mas... tá... te cortei. Eles não estão bem?

— É, não estão. A Bi está meio seca com ele, daquele jeito dela, sempre ocupada, prática... um tratorzinho [risos], e ele é daquele jeito carente, que quer mais atenção, mais carinho. Então ficam sempre nesse dilema. Mas, quem me falou isso não foi a Bianca também não. Foi o próprio Punjab. Ele me ligou outro dia, enquanto você estava trabalhando e desabafou, coitado. Acho que ele não tem amigas mulheres, então ligou pra pedir conselho.

— Nossa... tá... meio estranho isso. Quer dizer... situação complicada. Afinal, antes de tudo você é amiga DELA e não dele.

— Ah, você acha? Eu achei bonitinho ele tentar resolver. Enfim... conversamos e eu dei vários conselhos pra ele, dizendo que ele deveria ser mais romântico, mais cavalheiro, mais homem da relação, sabe? A Bianca é durona assim porque ela sempre teve que resolver tudo. Era bom que tivesse alguém que cuidasse dela. Falei que todo mundo precisa disso e que, quem sabe, depois de baixar a guarda, ela ficasse mais carinhosa como ele quer.

— Tá... não sei se concordo muito, mas ok. E o que ele respondeu?

— Ele ficou super feliz, agradecido e disse que ia tentar. O negócio é que ele ficou agradecido demais. Hoje, meu *shift* seria das 16h até as 19h, pra ajudar em um evento corporativo. Quando cheguei, encontrei com Bianca e ela estava bem esquisita. Fomos as duas pro vestiário porque ela disse que precisava me entregar 'um negócio' e esse negócio era uma caixa enorme. Dentro... peraí deixa te mostrar hahahaha.

Enquanto dava risada, Cecília ia em direção à bolsa enorme que ela levava pra cima e pra baixo e, de dentro, tirou a tal caixa, não muito alta, mas com cerca de 40 cm de largura. Dentro dela, apareceu um tecido cor de rosa daqueles bem cheguei... pink mesmo, de seda ou algo parecido.

— O que é isso? Uma roupa, uma cortina?

— Uma roupa!!! É um traje típico indiano, que ela me falou o nome, mas eu esqueci. Punjab que mandou um pra Bianca e um pra mim. Bianca me contou que eles tinham se encontrado rapidinho, antes de eu chegar e ele deu um pra ela e pediu pra ela me entregar. Acho que como forma de agradecimento pela ajuda, né. Achei fofo.

— Tá... mas e o que a Bianca achou?

— Pelo visto não gostou nada. Disse que achou muito estranho ele dar o mesmo presente pra namorada e pra amiga da namorada. Perguntou se eu sabia por que ele estava dando esse presente e eu comentei da nossa conversa. Então ela ficou ainda mais brava. Disse que onde já se viu ele ficar discutindo a intimidade dos dois com a amiga dela? Falou mais de uma vez que ia conversar com ele, mas que não tinha gostado nada daquilo. Eu perguntei se ela estava brava comigo, se queria ficar com o presente e ela disse que NÃO! Bem enfática mesmo. Que aquele era um presente que ele tinha encomendado com a mãe dele, que está lá na Índia, então... se ele queria dar pra mim, tinha que ficar pra mim. Além disso, ela nem tinha gostado daquela roupa. Não tinha nada a ver com ela. Mesmo assim, não ficou um clima legal. Ela não estava na *function* que eu estava, mas de vez em quando nos encontrávamos na cozinha e ela estava sempre de cara amarrada.

— Nossa, amiga, que chato. E vocês ainda vão jantar todos amanhã, não é? O Bob vai, pelo menos?

— Sim... tem isso ainda, esse jantar. Espero que até lá as coisas melhorem. Falei com o Bob, mas ele disse que ia ver. Por mais que a gente já esteja assumindo aos poucos, não sei se ele já está pronto pra um *double date*. Ainda mais com a Bianca, que também é subordinada dele no trabalho.

— E você falou pra ele do presente do Punjab?

— Ainda não. Sei lá se devo falar. A gente conversa, mas não é sobre tudo. Eu não conto das coisas aqui de casa ou de vocês pra ele. Tá cedo pra essas coisas ainda, né?

— De toda forma, tomara que ele vá, né? Assim fica menos tenso.

— É, tem razão, tomara mesmo. Vou insistir com ele.

Quando olhei para a parede, vi que nosso relógio vermelho de patinho feio marcava mais de 23h. A mudança de assunto e o copo de vinho tinham sido ótimos para esquecer um pouco o 7,5 do *Toefl*. Aproveitei o soninho, tomei um banho rápido, mas bem quente, e fui pra cama.

No dia seguinte, às 6h meu despertador tocou, já que minha aula começava às 8h. Apesar de ter dormido bem, sem lembrar de nada do sonho, assim que abri o olho me veio a imagem dos meus 7,5. Cecília, cuja grade – ou *timetable* - só tinha o período da tarde naquele dia, continuava dormindo. Levantei, fui até o banheiro lavar o rosto, escovar os dentes e me olhar bem no espelho, esperando que meu reflexo dissesse algo que pudesse me ajudar. Porém, ele continuava somente seguindo meus movimentos. Do banheiro, fui tomar café – que se resumia a um copo de leite com Quicky (que estava mais barato que Milo) e dois pães na torradeira cobertos com manteiga. Saí pra aula sem nem olhar as notificações do celular, mesmo as de whatsapp. Estava me esforçando para manter a rotina e fazer tudo o que precisava antes de olhar o mundo da internet, já que a partir do momento em que entrasse no Gmail, não poderia mais evitar o pensamento do que fazer com meu futuro.

Na aula, mais uma vez, nos reunimos no grupo para trabalhar nos projetos do resort/*fundraising*. Mojiba estava a pleno vapor e já tinha começado a rascunhar as políticas do hotel antes mesmo de chegar na sala de aula. Xóchitl realmente surpreendeu e – depois de eu ter dado algumas dicas sobre onde achar modelos de *job description* – já estava selecionando a maioria dos cargos acordados. Jack disse que não ia se preocupar agora, que quando tivéssemos o conteúdo ele faria a apresentação. Como as coisas ainda não estavam prontas, ficou de conversinha com Marisa durante toda a aula. Já sobre o *fundraising*, optamos pela *Princess Margareth Foundation* e Cherry e Lou iriam até lá pra fazer os contatos. Quando fiz o login no computador, me segurei mais um pouco para não olhar o e-mail e me joguei a fundo na descrição do empreendimento, aproveitando cada segundo que podia me ocupar com alguma outra coisa.

Ao fim das quatro horas de aula – dobradinha de Dominique com intervalo de dez minutos -, tudo já estava bem encaminhado. Até mesmo a minha parte, que era a mais complicada, precisava somente de mais alguns ajustes. Era quinta e todos ficaram de me enviar seus documentos fechados até o início do final de semana, para que eu pudesse compilar o material e enviar para Marisa revisar e James fazer o PPT.

— *Everyone is ok with that*? — perguntei e no segundo depois me liguei que não troquei o verbo de lugar. O certo deveria ser '*is everyone...*' mas tudo bem, não ia ficar me corrigindo a todo momento e percebi que no dia-a-dia é bem comum não trocar a ordem. Eu já estava falando bem, só de vez em quando que ainda rolava alguma dislexia, como acontecia também em português, principalmente quando estava cansada. De toda forma, todos disseram estar ok com os prazos. A exceção foi Marisa, pra quem tive que perguntar diretamente, porque ignorou meu primeiro questionamento.

— *Marisa, is all good? If I send you the texts on Monday, can you revise it till Thursday*?

— *Ah... uhum...* — respondeu ela, num tom de vontade zero. Mas ok, ela tinha confirmado e todos eram testemunhas, era o que estava valendo.

Quando o aviso do final da aula tocou, percebi que não tinha mais jeito. Precisava comer alguma coisa e partir pra Subiaco, onde teria o *shift* daquela noite, no jogo da AFL. Ou seja, ou olhava o e-mail naquele instante ou só às 22h, e daí seria muito tarde. Meio-dia em Perth, 11 da noite em São Paulo. Era bom encarar isso de uma vez.

Passei no refeitório da escola, peguei um sanduíche pronto de queijo e presunto na ciabatta (frio) por AU$ 10 e meu muffin enorme de chocolate (se pudesse, comia uns três muffins por dia, com certeza). Joguei tudo na bolsa – até porque aqui eles são bem sérios quanto à política de evitar sacolinhas de plástico – e fui pra área de fora da escola, onde podia sentar em um canto, no chão mesmo, tomar sol e ainda usar o wi-fi do colégio. Ali, peguei o celular e fui ver as notificações do Gmail. Carol, da empresa de intercâmbios, tinha me respondido.

...

"Oi, Manuela! Tudo bom?

Fico feliz que as coisas estejam encaminhadas por aí. Parabéns pelo resultado no Toefl. 7,5 é um ótimo resultado, ainda mais há tão pouco tempo morando fora. Mas, infelizmente, a notícia que tenho não é muito boa. A nota de proficiência em língua inglesa é, sim, uma exigência importante para as faculdades. Até porque eles querem ter certeza de que você vai poder acompanhar e entender as aulas, ainda mais de pós. Nesse caso, tenho duas sugestões:

- tentar um novo teste (procure se não há datas em breve em outras cidades próximas, por exemplo), mas corre o risco de você não tirar a nota suficiente de novo.

- ver se não há outra faculdade que você se interesse. Além da Uni of Queensland há outras boas faculdades na Austrália que podem ter notas de corte menores.

Boa sorte e se puder ajudar em alguma coisa mais, me avisa.

Bjs"

...

O sentimento era de resignação. Nada do que ela tinha falado era novo. Só confirmava que eu não sabia o que fazer dali pra frente. Com o e-mail da agência, tinha um whatsapp da minha mãe, com uma dica de feng shui. Mandar mensagens genéricas ou figurinhas era uma prática que ela usava pra me fazer lembrar que fazia algum tempo que não nos falávamos. Ela dizia que não gostava de "ficar enchendo", por isso, só me ligava de vez em quando e preferia esperar que eu tomasse a iniciativa. Pensei em mandar um oi por whatsapp, mas percebi que era melhor primeiro resolver minha vida pra depois entrar em contato. Não saberia mentir que estava tudo bem e não havia nada que ela ou meu pai pudessem fazer do outro lado do planeta.

Ainda estava meio sem chão, alheia ao mundo e presa aos meus pensamentos, quando vi Bianca, subindo as escadarias rumo ao colégio.

— Oieeee. E aí como você está?

Fiz todo o resumo das últimas 24 horas para Bianca, explicando que não sabia o que saber a partir dali.

— Bom, não sei porque você tem essa fixação por Brisbane. Eu fui pra lá e nem achei tudo isso. Mas, enfim, se você quer, começa olhando outras faculdades. Chega em casa hoje, depois do trabalho e faz uma busca grande em todas as faculdades australianas que tenham um curso de meio ambiente. No próprio site você consegue ver a nota de corte e as exigências. Também pode ver o preço do curso, que varia muito. Faz a lista do que você se interessa e leva amanhã praquela agência aqui perto, sabe qual que é? Fica no caminho oposto do trem. De repente eles podem te ajudar, dizer se a faculdade é boa ou não e daí você decide.

Fantástico! Não me canso de elogiar o pensamento estratégico de Bianca, ainda mais quando estava de fora da situação. A tranquilidade como ela me dava aquelas dicas me deram mais segurança de que as coisas iam dar certo.

— Voltar pro Brasil você só volta se quiser. O bom é que você tem uma família estruturada, que te apoia e vai te receber super feliz caso você decida voltar antes. Mas, sempre tem um jeito de ficar. O dinheiro pra comprovação de renda pro visto a gente dá um jeito. Se precisar, falamos com alguns amigos, todo mundo deposita dinheiro na sua conta, você tira um comprovante e depois devolve. Ou seja, você só precisa mesmo definir e conseguir pagar o curso. Fica tranquila, amiga. Agora tenho que ir pra aula que peguei um crédito especial. Aliás, depois preciso conversar com você sobre Cecília e Punjab.

— Siiimmm!!! Ela me mostrou a roupa. Que louco, né?

— Louco? Ele é um cara-de-pau, isso, sim! Onde já se viu dar o mesmo presente pra namorada e pra amiga da namorada? E é uma roupa cara, um traje típico, tecido bom... imagino o que ele deve ter falado pra mãe dele. Quero uma roupa pra minha namorada e pra amiga dela? Nada a ver!!! E a Cecília é toda boazinha, nem percebe que ele está extrapolando os limites.

— É... ela só me contou ontem que ele tinha ligado pra pedir conselhos. E ela estava toda empolgada tentando ajudar.

— Sim, o que ela não entende é que nós duas somos diferentes. Eu não gosto desse romantismo todo que ela está propondo pra ele. Não tem a ver comigo. Eu já pedi pra ele parar com essa história de pedir conselho pra Cecília. Espero não ter que falar com ela pra não se meter.

— Chata essa história.

— Nem fala. Quase desisti do jantar, mas acho que seria ainda pior, então mantive. Vamos ver o que dá.

— Boa sorte.

— Valeu. Beijos que já estou atrasada. Como sempre né? Hahahaha.

— Hahahaha! Sempre.

O caminho até o estádio de Subiaco foi muito mais tranquilo. A conversa com Bianca realmente tinha me tirado aquele aperto do peito. Cheguei, troquei de roupa e fui direto pro meu container. Ali, a loucura de sempre, dessa vez, no caixa.

Por quatro horas, das 17h30 às 22h, fiquei repetindo:

— *Hi, mate, how can I help you?*

— *Hi, mate, how can I help you?*

— *Hi, mate, how can I help you?*

Tudo isso antes de cada pedido de água, refrigerante e cerveja, muita cerveja.

Confesso que demorei pra entender que "*mate*" era esse o cumprimento australiano. Por muitos *shifts*, estava no "*hi, man*" até que alguém, desconfortável, me respondeu "*thank you, woman*" e percebi que estava cometendo alguma gafe. Já *mate* é um cumprimento típico da Austrália. É tipo companheiro, amigo... e muito bem-recebido por todos.

No final do jogo, em que o *Fremantle Dockers* venceu o *Carlton* por 86 a 51, fechei o caixa e segui rumo ao trem. O clima de esportes e cerveja sempre me deixava feliz.

Quando cheguei em casa, Cecília já estava dormindo. Sinal de que, apesar do tal jantar, o *shift* do dia seguinte seria o normal, de café da manhã, a partir das 4h30. Por mais que eu estivesse louca para entrar no computador para seguir as orientações de Bianca, estava cansada demais para começar aquele processo, que eu sabia que seria bem longo. Então só tomei um banho, bebi um copo de leite para não deitar com fome e fui dormir.

Dica da Bianca:

Se você não tem certeza de quanto tempo exatamente vai querer morar fora do país é melhor se acostumar à rotina de renovação de visto a cada seis meses ou um ano. O processo é parecido com o feito no Brasil, com pagamento de curso, comprovação de renda e pedido de extensão online. Caso ocorra de expirar, você pode sair do país e voltar com o visto de turista por até três meses, enquanto resolve a situação. Como não é o ideal, o melhor é se organizar antecipadamente.

Quem não tem Brisbane caça com Townsville

Mesmo sem ter bebido uma gota de álcool, acordei com aquela senação de ressaca. Como não tinha outro jeito, decidi levantar e encarar logo a realidade. Já fazia quase uma semana que não falava com meus pais. Primeiro foi pela loucura mesmo. Eu não liguei, eles também não ligaram. Nos últimos dias, estava era evitando qualquer forma de contato para não deixá-los preocupados. Mas não dava mais para fugir. Precisava encontrar uma definição pro meu próximo semestre que não dependesse de um 8 no *Toefl*. Ainda bem que aquele dia só tinha uma aula e que era de *Accounting* – o que, por mais incrível que parecesse, eu estava entendendo e indo bem. Poderia faltar sem problemas.

Um simples "*postgrad Australia*" no Google já me levou a diferentes sites de agências, em que era possível uma busca por tipo de curso ou localização. Infelizmente, nenhum curso era tão óbvio quanto comunicação e meio ambiente. A dúvida, então, era pra qual lado investiria. Só comunicação eu poderia fazer no Brasil. Só meio ambiente parecia técnico demais. Além disso, havia outros impeditivos. O *Ielts* ou *Toefl* era um deles. O valor era outro. A Universidade de Queensland era meu sonho há alguns meses, mas quando vi o valor do curso, achei que talvez tivesse sido melhor não ter passado. Conseguir AU$ 18 mil para estudar por um semestre não seria algo simples.

Depois de horas olhando, conjecturando, fazendo planilhas, vendo possibilidades, acabei encontrando uma tal *James Cook University*, com mais de um campus em Queensland e que parecia ter cursos interessantes, com nota de corte 7 para *post-graduation courses*.

O site que eu estava olhando era de uma agência. Olhei o endereço e descobri que uma das unidades era aquela perto da escola. Não era à toa que aquele nome tinha me chamado a atenção entre tantas opções dadas pelo Google.

Queria resolver aquilo de uma vez. Por isso, fechei o note, corri pro banheiro, tomei uma ducha e fui correndo pro mesmo caminho da escola. Precisava conversar com alguém sobre essa questão da universidade. Cecília não estava em casa e eu já tinha cansado de falar comigo mesma.

Na agência, fui logo explicando meu problema com a nota do *Toefl* e o que estava buscando.

— *Are you sure you don't want Curt University or other school in WA? There are great schools here, you know?*

— *Yep, thank you, but I want a warmer winter.*

A moça não se conformava que eu não queria Perth, mas acho que desistiu de argumentar quando joguei a questão do inverno mais quente. No fundo, não sabia mais se esse realmente era o meu problema ou se só tinha colocado na cabeça que queria morar em um local diferente. De toda forma, agora manteria essa história - até para mim mesma. A moça, uma mulher negra, bonita, com um inglês impecável e traços aborígenes, me explicou como é o funcionamento das universidades, onde os primeiros seis meses de pós dão direito ao certificado, um ano ao diploma e um ano e meio (na maioria dos casos) ao máster. Ou seja, seis meses ou um ano é especialização. Um ano e meio, mestrado. Como, pelo menos até o momento, eu não fazia questão de dar aula, ficaria só na especialização mesmo.

Em seguida, ela me sugeriu para entrar no site da agência e procurar os cursos de que gostava. O que respondi na hora, dizendo que já tinha feito e tirei o papel do bolso, um tanto quanto amassado, com *James Cook University* e os cursos escritos.

— *Do you know this university? Is it good?*

— *JCU? One of the best in marine studies, in environmental field as well.*

— *Great! I think I want to study there, in Brisbane!*

— *Brisbane?*

O semblante de Fiona, como vi que estava escrito na sua name tag, me deixou tensa. Acontece que a JCU, como é conhecida, é uma das melhores faculdades na área que estava procurando, mas o campus de Ciência era só em Townsville. Uma cidade pequena no norte de Queensland, enquanto Brisbane fica no sul. Pra ter ideia, o estado de Queensland é do tamanho, se não maior, que a Bahia, e Townsville é bem longe de onde eu pensava.

— *But, if you want to go there I can deffinitelly help you* — ela continuou e me explicou que o preço de tratar diretamente com a universidade era o mesmo de tratar com a agência. Pelo que entendi, a comissão da agência vem da própria universidade, em troca do trabalho economizado.

O choque foi grande. Tanto que decidi que não decidiria nada naquele momento e fui pra escola, mesmo que a aula já tivesse acabado, para aproveitar a internet e pesquisar tudo sobre Townsville. Em uma hora, descobri a vocação portuária da cidade, que o clima era ainda melhor (mais quente) que o de Brisbane, que a cidade era basicamente universitária - e que o jantar de Bianca e Cecília tinha sido um desastre.

Assim que me viu no computador da biblioteca, Bianca veio feito um raio na minha direção. Antes de começar a falar, perguntou como estavam as coisas, o que resumi bem resumidinho. Quando acabei de falar, ela começou. Bob não pôde estar com eles, então foram só as duas e Punjab. Cecília ainda estava animadíssima com a função de desatadora de nós de relacionamentos, então não chegou a se sentir mal. Bianca tentava manter o clima sereno e Punjab a olhava com aquele ar de apaixonado. Pelo menos essa foi a descrição que Bianca deu.

— De repente, o garçom chegou com algumas taças de champagne e eu já fiquei tensa. Ninguém tinha pedido champagne.

— Ah, sério? De que marca que era? Quem sabe não foi a mesma que estou fazendo promoção — falei, rindo, pra aliviar um pouco o clima. Pelo que vi, seria pesado.

— Ah, não começa, Manuela! Você acha que eu estava preocupada com isso? Eu vi que era uma garrafa de champagne, ou pró-seco, sei lá, e estranhei. Daí, quando olho pra Cecília, só fiquei mais tensa, porque ela estava olhando segurando o riso, meio emocionada. Punjab, então pegou a taça e começou a fazer um discurso do quanto gostava de mim.

— Ah, meu pai...

— É isso, mesmo, amiga. Não sabia onde enfiar a cara. Então, abaixei a cabeça, meio envergonhada, e vi que dentro da taça tinha um anel, mergulhado no champagne.

— Ele te pediu em casamento??? — quase berrei dentro da biblioteca, o que gerou vários shiusss em resposta.

— Não... era um anel normal, mas eu não sabiiiiia!

O tom de Bianca, de tão revoltado, era tão alto quanto o meu, o que resultou em novos shiiiiuss.

— Quando eu vi aquele anel — continuou ela, desta vez quase sussurrando —, só comecei a mentalizar "não, não, não... para, para, Punjab..." e ele continuava falando, todo orgulhoso de si mesmo...

— E Cecília?

— E Cecília? Cecília ria, né? Afinal, ela sabia o que estava acontecendo. Sei que de repente, me irritei e dei um berro: "*STOP, PUNJAB!!!!*" E ele parou, todo assustado, chateado. Nesse momento, Cecília veio me explicar que era só uma brincadeira. Era um anel de 2 dólares, que veio num brinquedo. Então ela - eeeeeellllla - teve a brilhante ideia de fazer algo romântico. Quando eu ia começar a espernear, ela me disse que essa ideia veio antes da nossa conversa, mas mesmo assim... já deu a ideia, aborta! Mas ela manteve, e ele também.

— E Punjab?

— Com cara de choro, né. Me pediu desculpa, ficava repetindo *"sorry, big boss, I like you so much"*. Eu fiquei possessa. Não sabia se ele me chamar daquilo me deixava mais calma ou mais brava. Peguei minhas coisas e fui embora. Punjab deve ter levado Cecília pra casa, mas meia hora depois estava na minha janela, me pedindo perdão. A minha vontade era de jogar um balde d'água na cabeça dele, tipo filme, sabe? Mas só coloquei um algodão no ouvido e fui dormir. Hoje cedo encontrei com ela no hotel, mas nos falamos só o necessário.

— Ah, que pena. Não gosto de ver vocês brigadas. Já pensou se eu for pra outro estado mesmo? Como vocês vão ficar?

— Ah, amiga, até lá tem tempo. E você nem sabe se vai.

— Valeu pela confiança — falei, tentando rir.

— Ok. Muito cedo pra fazer brincadeira, né? Desculpa.

— Tudo bem. Mas, acho que vou, sim. Tem essa possibilidade de Townsville. Enquanto você foi falando, as ideias foram assentando na minha cabeça. Não era minha primeira opção, mas será legal viver numa cidade pequena uma vez na vida e o curso parece muito bom. No fim das contas, foi pra isso que vim pra cá, certo?

— Certo. Você está certa. E aí, vamos sair pra comemorar, então?

— Ótima ideia. Esse final de semana estou *busy*. Próximo domingo?

— Fechado.

Ao longo dos dias, fui vendo com Bianca qual o melhor lugar para sair, esperando que a relação dela e de Cecília se resolvesse. Quando finalmente chegou o final de semana, fui confirmar.

13:40
Eu: E aí, meninas, confirmado amanhã?

Cada uma me respondeu no privado que até toparia sair comigo, mas que não queria ficar junto da outra naquele momento, pelo menos até que esquecessem o incidente do restaurante.

— A Bianca exagerou! Me deixou descontável, todo mundo olhando — disse Cecília.

— E o pior é que a Cecília acha que ela está certa. Ela não tem que se meter no meu namoro, mas parece que não entende isso — reclamava Bianca.

As duas não se falavam e eu ficava no meio. Para não escolher, deixei cada uma com seu enrosco (Bianca com Punjab e Cecília com Bob) e saí com Sophie. Fomos à balada irlandesa de Perth. Local aberto, música ao vivo e DJ, muita gente dançando, muita gente bonita. Contei pra Sophie que tinha preenchido a *applicattion* para Townsville e ela me deu um abraço.

— *I am gonna miss you, girl. But, let's celebrate it!!!*

Pedimos um shot cada e viramos de uma vez. Em seguida, voltamos pra pista. Logo atrás veio um cara muito alto, um pouco mais velho e com cara de australiano, mas, como fui descobrir depois, era neozelandês. Seu nome era Shaw.

Quando me chamou pra conversar olhei bem e percebi que aquele rosto não me era estranho, mas não sabia de onde. Conversamos o mínimo, mas que era o máximo que a música alta permitia. Continuei dançando com Sophie, ele entrou no grupo, me trouxe umas duas cervejas e, depois de algumas horas, nos despedimos com um beijo no rosto e uma troca de telefones. Não sabia se (só) aquilo era bom ou ruim, até que, mal ele tinha virado as costas, Sophie me deu um tabefe no ombro e gritou:

— *Did he take your number? Well done, girl!!*

É, vai ver, tinha mandado mesmo bem.

Dica da Manu:

Em sites como gooduniversitiesguidecomau ou studyinaustraliagovau hà uma compilação de vàrias escolas e faculdades australianas. Ali, você pode entrar e fazer a busca por tipo de curso, local etc. A partir daì, algumas faculdades e escolas permitem o contato direto, mas outras sò aceitam mediante encaminhamento de uma agência. De toda forma, o valor não varia muito. Provavelmente porque para a escola è melhor que o estudante venha por agência, com toda a documentação certinha. Então, se for pra pagar o mesmo, a dica è escolher uma agência respeitada aqui no Brasil. Assim, se houver algum problema (toc toc toc) você tem alguèm que fala o seu idioma para recorrer.

As meninas vão embora

Finalmente, depois de um mês de correria, incluindo noites em claro nos finais de semana em que não trabalhei, estava terminando minha fase de líder de grupo. Tudo teria sido mais simples se cada um tivesse feito sua parte. Mas, como já imaginava, Marisa deu um perdido na revisão que lhe cabia. Com isso, eu, uma mera *foreign student* que acabara de tirar 7,5 no *Toefl*, fiz a revisão de todo o trabalho. Além disso, se já não bastassem os deveres normais que me cabiam, decidi inovar e desenhar à mão os uniformes de cada categoria de empregados. Ficou lindo, mas deu trabalho – e não era essencial. Se eu fosse me avaliar, descontaria pontos pela minha centralização. Mas, Dominique avaliou somente o que foi entregue e, numa primeira olhada, deu os parabéns.

Naquele mesmo dia, depois de entregar a parte teórica, ficamos – eu e meu grupo - a tarde toda fazendo a atividade principal de *fundraising*, que era basicamente aquele corpo a corpo tão tradicional na Avenida Paulista. Montamos nossa barraquinha no corredor da entrada principal da escola e colocamos vários itens do *Princess Margareth Foundation* para venda, tudo pego sob consignação. Ou seja, levamos sob empréstimo por alguns dias. O dinheiro do que fosse vendido virava doação. O que sobrasse era devolvido. Além disso, colocamos a latinha da própria fundação para pedir doações pontuais. Para incentivar a boa vontade, abordávamos todos que passavam, perguntando se topavam ajudar. Em uma ação paralela, James trouxe o X-Box para uma atividade diferente: dez minutos de jogo por 50 cents. O sucesso foi menor do que eu gostaria, mas mesmo assim muita gente topou se divertir por uma boa causa.

Em um determinado momento, Dominique passou pela nossa tenda, ficou ali por uns cinco minutos e viu muitas doações. Em seguida, me chamou de canto. Disse que estávamos indo muito bem, mas...

— *Just be careful to don't push too hard. I am glad to see that you are very enthusiastic, but please, just be careful to not exaggerate* — ele comentou.

Na hora, respondi que não, que estávamos pedindo numa boa, mas depois não pude dar risada, imaginando aquele senhor de uns 50 e poucos anos, todo *lord*, com medo "da mana" da América Latina, de país em desenvolvimento, estar comandando "uns apavoro na gringaiada" pra conseguir uma boa grana e passar de ano. Nessa brincadeira, até Cecília, que passou por ali na saída, colaborou como pôde, apesar de eu ter dito que não precisava.

— Ah, não... é por uma boa causa, não é? E eu gastei pouco no almoço de hoje, dá pra contribuir.

— Ah, se você insiste, eu super agradeço. Eu e as crianças do *Princess*.

— Imagina. E você vai pra casa hoje ou tem trabalho?

— Não, eu vou pra casa. Bem que seria bom trabalhar, mas não sabia até que horas iria aqui, então recusei o *shift* de hoje da Sky, que aliás está me salvando a vida. Mas tudo bem, porque na sexta começo naquela balada nova.

— Ah, que bom. Queria mesmo conversar com você, mas depois falamos. Até mais tarde, então. Beijinho.

Na hora, já imaginei tudo. Seria sobre Bianca e Punjab. Se eu já não gostava desse cara antes, agora que ele estava atrapalhando o relacionamento das minhas amigas, gostava ainda menos.

— Lógico. Mais tarde a gente se fala, então.

Foram cerca de quatro horas que ficamos ali, pedindo dinheiro. Ao final de tudo, Mojiba reuniu todo o dinheiro da venda dos produtos licenciados, os potinhos de moedas e o que não havia sido vendido e levou de volta ao hospital. Eu, exausta, mas feliz, voltei pra casa. Queria falar com meus pais pra contar do sucesso do trabalho, mas... cinco da tarde em Perth ainda era muito cedo no Brasil.

Quando cheguei, Cecília estava na cozinha, meio que me esperando.

— Oi, Ceci.

— Manu, eu tenho uma novidade — foi a primeira frase dela, para então continuar — não sei se é a melhor hora pra te contar, você já está toda apreensiva com a questão a faculdade, mas ia ter que te contar em algum momento muito em breve, acho que é melhor ser agora.

O preâmbulo de Cecília foi tão grande que estava pronta pra tudo. Me senti feito aquela expressão "não se bate em cachorro morto", mas eu já estava tão cansada da semana anterior, tão exausta com os trabalhos da escola que nem me importava mais. Quer dizer, a não ser que fosse algo do tipo doença, acidente... isso me dava frios na espinha. Mas não parecia ser o caso.

— Fala, Ceci... tá tudo bem. Não me assusta.

— Sabe aquela viagem pro sul que te falei? Aquela minha e de Bianca? Então... vai rolar. Mas vai ser mais cedo do que pensávamos. O hotel pediu pra já irmos na semana que vem pra lá.

O hotel que Bianca e Cecília trabalhavam tinha uma filial em *Yallingup Beach*, no sul de Perth. Durante o ano, a taxa de ocupação é pequena, mas o hotel bomba no final do ano, fazendo com que a empresa transfira alguns de seus funcionários. Há uma semana, eu já sabia que era isso o que provavelmente iria acontecer. Mas não esperava que fosse tão cedo.

— Nossa, mas já na semana que vem? Não era só no início de dezembro?

— Pois é. Essa era a previsão, mas parece que lá está mais cheio do que eles estavam prevendo e no hotel daqui está tranquilo. Então eles preferiram adiantar. Bob está indo amanhã pra organizar as coisas. Eu e Bianca vamos depois.

— Ah, tá... que pena. Quer dizer... que legal pra você. Mas e a escola?

— Por isso que vou só semana que vem. Falei que precisava pelo menos terminar minhas provas, que vão até quinta que vem. Depois seria só recuperação e acho que não vou ficar. Qualquer coisa, também consigo fazer os trabalhos e enviar pela internet. Só fico com dó de você ficar aqui sozinha. Ainda mais agora, com essa coisa da faculdade.

— Não, Ceci. Não se preocupa comigo, não. Vocês estavam tão empolgadas pra essa viagem. Vai que eu fico aqui de boa. Como vou ter que resolver as coisas da faculdade, o tempo vai voar, fica tranquila.

— Tá, mas e pra sair? E à noite?

— À noite eu tenho trabalhado bastante. Essa semana vou começar na balada. Se der certo, quem sabe não pego *shits* toda sexta e sábado? Além disso, final de ano já me falaram que tem muita festa, então o pessoal chama bastante. Quando não estiver trabalhando, falo com Sophie e Celina, aquela amiga da Bianca. Qualquer coisa saio com elas... ou com aquele moço do pub.

— Como ele chama? Sean?

— Quase. É Shaw. Aliás... sabe que o rosto dele não é estranho? Quer dar uma olhada pra ver se você lembra? Quem sabe você me ajuda a lembrar de onde — falei e já tirei o celular pra mostrar a foto do whatsapp.

— Calma... não é estranho mesmo... JÁ SEI!!! — gritou Cecília — Esse é aquele moço da briga do pub, do primeiro dia que saímos com Bianca, lembra?

— Nossa! Sabia que lembrava dele, mas, se você não falasse, nunca ia puxar essa imagem.

— É, mas fica tranquila que, pelo que me lembro, foi o outro cara que veio pra cima. O coitado só caiu no chão.

— Se não fosse por você, ele teria caído em cima de mim.

— Em vez disso, caiu aos seus pés — falou Ceci, pra em seguida cairmos na gargalhada.

— Então, ele tem me mandado mensagens. Vamos ver se conseguimos sair no final de semana.

— Ah, pelo visto nem vai sentir minha falta, né?

— Ahhh, mas é claaaaaaro que vou, minha amiga! Mas não precisa se preocupar por minha causa. Vai lá, curte o sul, trabalha bastante, volta às boas com Bianca e aproveita pra ficar mais tempo com o Bob. Agora vocês estarão ainda mais pertinho.

— Então, beleza, obrigada. Acho que vai ser bom, mesmo. Eu vou, mas a gente vai se falar todo dia, ok?

— Combinado — respondi, pensando que no fundo isso seria mais um fardo do que uma coisa boa. Na era de whatsapp, telefone é sinônimo de muita dedicação.

Dica da Bianca:

Trabalhar e estudar pode ser um tanto cansativo. Os cursos de inglês costumam ser todos os dias, mas mesmo os técnicos ou profissionalizantes com carga horária menor têm o limite de 40 horas de trabalho a cada quinzena (ou 20 horas por semana). Então, se estiver a fim de fazer uma grana extra, aproveite as férias da escola quando você pode trabalhar o quanto quiser. Daí, vale procurar uns bicos na própria cidade ou nos arredores.

Loucura - de trabalho - na balada

Não vá embora antes do final do ano; Perth é uma cidade no inverno e outra no verão. Isso era o que as pessoas me diziam desde que cheguei à Austrália, normalmente depois de me perguntarem se eu estava achando o lugar muito parado.

O calor em Perth costuma chegar em outubro. Em dezembro, a temperatura frequentemente ultrapassa os 40 graus. Nesse ano, demorou pra vir o tal calor, mas veio. E junto com ele um monte de gente na rua e de eventos na cidade, como música, shows e festivais.

Nessa época, cada *suburb* (o que pode ser entendido como bairro) celebra o seu festival. Isto significa lojas abertas até mais tarde, palcos com showzinhos e alguns desfiles de carros alegóricos, o que lembra bem vagamente as escolas de samba de cidades do interior. A maioria dos festivais tem a presença de uma escola de samba supostamente brasileira (já que australianos cada vez mais se identificam com o samba) e passistas que acabam a fama de que brasileiras são as mais bonitas do mundo.

Como verão também é época de férias escolares, o centro da cidade vira praticamente um show de talentos. Crianças ocupam o calçadão do shopping e cantam, tocam flauta, violino, dançam, fazem embaixadinhas. Tudo pra ganhar algum dinheiro. À noite, as ruas lotadas completam a mudança. Mesmo porque, com o sol se pondo às 9h da noite, e um calor de mais de 20 graus, não dá pra ficar em casa. Assim, por mais que as meninas estivessem longe, sempre teria algo pra fazer, fosse passeando ou trabalhando.

Naquela noite, em especial, a noite estava tão gostosa que até fiquei com dó de entrar no trabalho. Desde que tinha vindo pra Austrália, aquela era a primeira vez que eu pisava em uma balada-balada. Na verdade, nem sabia que essas coisas realmente existiam em Perth. Ali, onde a maioria dos lugares era de pubs com entrada de graça, música boa... tinha até esquecido de como eram aqueles ambientes fechados, em que se paga para entrar e ainda tem um segurança na porta analisando quem está ou não adequado ao tal *dress code*. Mas, ali estava eu. Ao contrário da maioria das meninas que dançavam enlouquecidamente na pista, eu não estava de saia ou de salto alto. Ostentava a mesma calça preta de sempre, o mesmo sapato preto fechado de sempre e uma camisa social nova, com o logo da balada bordado do lado esquerdo.

Aquele era meu primeiro *shift* no *The Mint* e a casa estava lotada. Ao contrário do que acontecia nos pubs, lá o negócio era muito mais drinks do que cerveja. Por drinks, entenda-se desde os básicos destilados (aqui chamados de *spirits*, que podem ser whisky ou bourbon ou vodka ou rum) com refrigerante (basicamente Coca ou Sprite), até os drinks mais elaborados, como *Long Island Iced Tea* ou o delicioso *Squashed Frog* (um shot com camada verde, amarela e o topo vermelho).

No balcão, de cerca de cinco metros de comprimento, ficávamos eu e mais dois ou três atendentes. As mangueiras com Coca-cola e Sprite se repetiam a cada um metro, aproximadamente, fazendo a delimitação imaginária de espaço para cada bartender. Já os licores, vodcas, runs e afins ficam espalhados por toda a parede atrás do bar.

— No início da noite, as coisas são mais tranquilas, mas, lá pela meia-noite, se prepara. O negócio fica louco. Nesse momento, cuidado. Você e os outros bartenders vão ter que se organizar no bar para não bater um no outro. É importante ser rápido. Quanto mais rápida você for, mais vende. Por outro lado, não esqueça nunca da qualidade. O primeiro drink da pessoa tem que ser o melhor drink que ela já tomou na vida. Mas, a não ser que você mesma já tenha atendido a pessoa, aquele pode sempre ser o primeiro drink da noite da pessoa. Aliás, mesmo se você já tiver atendido, porque ela pode ter comprado pra levar outra pessoa. Ou seja...

— Eu sempre terei que fazer o melhor drink da vida da pessoa.

— Exatamente.

As explicações de Bruce, o gerente do *The Mint*, eram bem claras, mesmo sendo em inglês. Ele falava bem devagar e com uma dicção bem marcada. Não sei se por achar que eu não ia entender ou porque se acostumou a gritar na balada mesmo. Bruce deveria ser da minha idade ou até mais novo. Boyzinho, camisa impecavelmente passada, cabelo com gel, pele perfeita. Me lembrava os promoters de balada de quando eu era adolescente, mas era meu chefe.

— No meio da noite, se você quiser, pode parar cinco minutos pra tomar um RedBull.

— Oh, that's fine

Preferi não entrar em detalhes, mas nunca fui muito fã de RedBull. Segui então pro meu posto, entre Samantha, uma menina magrinha de uns 30 anos, aparentemente, cabelo bem curto, espetado, vários piercings e olho muito, mas muito, pintado, e Denise, mais gordinha, novinha, simpática.

— Welcome. If you have any doubts, just ask — comentou Denise, enquanto Samantha só me olhou de cima abaixo.

Quando a balada abriu, já entraram vários de uma vez. Em menos de cinco minutos, cerca de 50 pessoas na pista. Imagino que estivessem todos na porta, só esperando a liberação da porta.

— Nossa. Quantas vezes eu já estive daquele lado da corda — pensei.

Meu primeiro pedido foi de um menino novinho, magrinho. Parecia ser até menor de idade, mas com isso eu não precisava me preocupar. Todas as identidades, chamadas de IDs, já haviam sido checadas na entrada, então, se estava lá dentro, podia beber. Quando o vi se aproximando do balcão, já abri o sorriso com o *"Hi, how can I help you?"*, esperando cerveja, vinho, um drink do cardápio. Em vez disso, ouvi um *Midori Lemonade*. Eu não tinha a menor ideia do que isso significava, então o mocinho me apontou para a garrafa, de um verde tão brilhante quanto o elixir de Wicked ou do Mágico de Oz. Peguei o copo, coloquei gelo, joguei os 12 segundos de bebida pelo dosador e completei com lemonade (Sprite). A mistura era tão linda que até eu fiquei com vontade experimentar. Quem sabe mais pra frente.

Depois daquele, foram outros muitos pedidos, tantos que até perdi a conta. Os de que mais gostei eram os vodka/Bourbon/rum and coke/lemonade. Depois que peguei o jeito, se tornou quase que uma dança. Pegar o copo com a mão esquerda, ao mesmo tempo em que pegava gelo da bacia com a espátula na mão direita. Copo no balcão, garrafa com dosador na mão esquerda, contando os segundos, e a mangueirinha de refrigerante na outra mão, servindo ambas ao mesmo tempo. Em seguida, copo no balcão com uma mão, enquanto pegava o canudinho com a outra. A única coisa que sentia era pelo canudinho. Totalmente dispensável, mas pelo menos era de papel, o que torna menos insustentável. Em um determinado momento, quando estava mais tranquilo, Bruce se aproximou e perguntou se queria um RedBull. Agradeci, mas disse que não. Ele estranhou. Perguntou se tinha certeza e eu disse que não. Continuei servindo drinks enlouquecidamente, apesar de a fila estar visivelmente menor. Mais algumas dezenas de drinks, Bruce me chamou novamente. Dessa vez, pra me liberar mesmo.

— *Oh, really?*

Apesar de o bar estar mais tranquilo, a balada ainda estava cheia e eu estava super empolgada. Mesmo assim, fui embora. Era 00h45. Ainda dava tempo de pegar o trem pra casa. Corri pra estação e encontrei Nico, um amigo venezuelano dos rapazes de Fremantle e que iria para o mesmo lado que o meu. Fomos para a plataforma e sentamos enquanto o trem não chegava. Foi somente ali que percebi o quanto estava cansada. O trem chegou uns cinco minutos mais cedo, o que achei fantástico. Entramos no vagão, nos sentamos em duas das muitas cadeiras vazias e a composição saiu em seguida.

— E aí, tá vindo de onde?

— Trabalhando em uma *function* em hotel aqui perto. E você?

— Estava na *The Mint*, aquela balada de North Bridge, sabe? Comecei lá hoje.

— Ah, sei. E aí, gostou?

— Gostei. Fazia séculos que não entrava em balada. E dei muita risada. Australiano é bem empolgado. Foi legal.

Enquanto conversávamos, percebi algo de estranho. O caminho não era o de sempre.

— Não está diferente? — perguntei.

— Hum, não sei. Não costumo pegar muito trem. Prefiro ônibus, mas hoje já tinha terminado.

— Está diferente.

— *Sorry, do you know where this train is heading to?* — perguntei para uma das poucas pessoas presentes no vagão.

— *Yes, to Mandurah* — disse ele, me apontando a linha laranja impressa no mapa.

— Ah, não... está errado! Por isso que deve ter saído mais cedo — comentei com o amigo, lembrando que já tinha ouvido essas histórias de que, quando há problema em uma plataforma, eles mudam o trem para uma outra, mesmo sem grande sinalização. Era preciso ficar esperta e eu não tinha ficado.

O pior é que essa outra linha tinha estações muito mais distantes e já tinha passado umas duas até perceber o erro.

— O que a gente faz? — perguntou o venezuelano.

— Não sei. Descer, eu acho. Se a gente parar na próxima, acho que ainda dá tempo de pegar o trem de volta, que saiu às 1h do outro lado. Daí voltamos pra estação central e dividimos um Uber. Vai ser mais barato.

— Então vamos.

A próxima estação, entretanto, era um tanto quanto abandonada. Não tinha absolutamente ninguém, nem na estação nem do lado de fora dela. Todo o comércio que existia ali estava fechado.

Sentamos nos bancos da plataforma, resignados do cansaço e esperamos o trem, conversando ainda em portunhol (pelo menos no meu caso). Nisso, chega alguém. Uma mulher de pele bem escura e maltratada, traços fortes, roupas surradas.

Dos seis bancos da estação, Nico sentou na ponta, eu estava no terceiro banco e a mulher, depois de passar por nós cambaleando e aparentemente irritada, sentou no último assento. Eu e Nico continuamos conversando sobre como havíamos parado ali, a demora no trem etc. De repente, a mulher fala, quase que incompreensivelmente para sair dali.

— *Sorry?* — eu respondi.

— *Get out, go away!* — ela disse, ainda mais brava.

— *OK!* — obedeci e pulei pro banco mais perto de Nico.

Já tinha ouvido falar da fama dos aborígenes, de que viviam nas ruas, como mendigos, gastando o dinheiro que recebiam do governo com drogas e álcool, mas achei que era exagero ou lenda urbana. Até porque a moça que me atendeu na agência era aborígene e não poderia ser mais culta ou educada. No trabalho no estádio, também já havia conhecido algumas descendentes de aborígenes, o que só soube por causa da bandeira tatuada no braço de uma delas. Eu nunca imaginei que poderia ser realmente atacada por uma. Mesmo assim, ali estava eu, no meio de *nowhere*, ao lado de uma mulher, que independentemente da etnia, não me queria por perto. O pior de tudo: Cecília e Bianca já estavam no sul e era final de semana. Se algo acontecesse comigo, só iriam sentir minha falta lá pelo meio da semana. Tarde demais.

— *You are being disrespectful!*

— *Me?*

— *You are in my country, talking in other language. I am sure you are talking about me.*

Nessa hora, só mentalizava boas energias, pedindo a presença cada vez mais rápida do trem. Mas... nada. Na minha cabeça, não fazia sentido. Como eu estaria sendo desrespeitosa só por falar em outra língua? E eu nem estava falando com ela. Por via das dúvidas, parei de falar.

— *You are luck your soldier is here. If not, I would beat you off.*

Olhei assustada. Nico, meu defensor? O venezuelano não devia ter nem 1,70m, era magrinho e, por mais legal que fosse, seria destruído em dois segundos. Mas, que bom que ele estava ali e que bom que ela falou isso. Dessa forma, tinha me dado uma ideia. Peguei meu celular e mandei uma mensagem pro Shaw, com quem tinha combinado de sair no dia seguinte.

— *Hi, are u awake?*

Dois minutos depois, a mensagem quase indecifrável.

— *Hey sweety. Im hr. Hw r u?*

Hr deve ser here, pensei. Eu sou estrangeira. Você deveria ser mais compreensivo.

— *Good, but I have a problem. I took the wrong train and there is a woman threating me and my friend. I don't like to ask, but can u pick me up? I am in Murdoch Station.*

— *Sure. No prob. Going thr.*

Ufa, pensei. Agora só faltava ele chegar rápido, mas eu não tinha mínima ideia de onde ele morava. Me mantive tensa por mais 15 minutos. De tempos em tempos, a moça dava uma resmungada. Quando já era mais de 1h30 da manhã, chegaram mais pessoas na estação. Até eles sentarem, tinha ficado ainda tensa, com medo de serem amigos dela. Se eu chamei minha cavalaria, ela poderia ter chamado a dela. Mas eram neutros.

Enfim, Shaw chegou. Minha vontade era de pular no pescoço daquele homenzarrão. Meu príncipe, que veio montado em não sei quantos cavalos (não entendo nada de carros). Em vez disso, o cumprimentei sem muita emoção, como fazem bons australianos e entramos, Nico e eu, no carro. No caminho, fui contando tudo o que aconteceu e ele ria, provavelmente mais do meu sotaque do que da história em si, já que não parecia muito interessado. Neste pequeno tempo em que estávamos juntos, nunca tivemos mais de 70% de entendimento mútuo. Isso me fazia autoquestionar o quão superficial estava sendo ali ou quão crítica eu sou no Brasil. Imagina que eu, formada em comunicação, iria me relacionar com alguém que tinha erros tão óbvios de conjugação e ortografia quanto Shaw tinha em inglês – e olha que eu percebia mesmo sendo estrangeira.

Em vez de deixarmos Nico na estação, ele o deixou bem perto de sua casa. Naquele momento, estava completamente apaixonada por aquele homem. Meu herói!!! E olha que eu que sempre fui muito mais a favor de cavalgar sozinha um cavalo branco do que ver um príncipe em cima dele. Porém, confesso que, por mais que independência seja bom, é ótimo podermos contar com alguém... e foi com esse sentimento que chegamos na minha casa, onde Cecília não estava. Era a casa todinha para nós dois.

Dica da Manu:

Os aborígenes são o povo mais antigo da Austrália e talvez um dos primeiros do mundo. Pesquisadores acreditam que eles saíram da África, passaram pela Ásia e estão na Austrália há mais de cinco mil anos. Quando os ingleses chegaram na ilha-continente, os aborígenes foram dizimados (uma história bem parecida com a dos nossos povos tradicionais, os índios brasileiros). Hoje, representam cerca de 1% da população australiana. A maioria não tem direito a terra e recebe uma indenização do governo. Essa descaracterização do povo e do território é um dos grandes responsáveis pela situação precária em que muitos vivem, nas ruas, com alto índice de consumo de álcool e drogas. Mas, nem todos são assim. Por isso, xô preconceito! Há aborígenes e descendentes de aborígenes que têm uma vida digna, com trabalho, estudo e renda. Como todo povo tradicional, eles merecem respeito por toda sua história. Incidentes isolados acontecem em todo lugar e a violência na Austrália ainda é muito menor do que nas cidades brasileiras.

TV, criquet e uma noite mal dormida

Shaw parou o seu carro em frente à nossa grande porta de vidro. A luz do farol logo iluminou a sala toda, o que me fez perceber que mais uma vez esqueci de fechar as persianas antes de sair e que a sala estava uma zona, como de costume.

— *Can I have five minutes before you come in?*

— *hahahaha sure, baby, go on!*

Eu nunca entendia porque ele ria tanto toda que vez que falava algo. Poderia ser simples doçura, tentativa de ser amoroso, ou se ele só se divertindo com meu sotaque. Mesmo assim, corri pra dentro de casa e comecei a arrumar tudo. Eram roupas e travesseiros jogados em cima do sofá, um ou outro copo em cima do balcão, computador no chão e a cama ainda por fazer.

Nunca alguém arrumou uma casa tão rápido. Roupas para o cesto, copos para a cuba, computador para dentro do armário e um incenso para dar aquele clima. Fechei a persiana e Shaw entendeu que já era o momento de entrar. Não sei se achei aquilo inteligente ou muito cafa. Mas enfim... ele estava chegando. Abri a porta e dei um beijo. A expectativa era aquele beijo sensacional, longo e gostoso que iria de uma vez só até o quarto. A realidade foi um beijo murcho de quem tinha se despedido há menos de cinco minutos.

— *Welcome to my place* — falei, ainda toda cheia de amor.

— *Hey, thanks* — falou ele, meio rindo, mais uma vez. Só faltou um "*mate*" no final da frase para completar. Em vez disso, ele emendou com um pedido totalmente corta-clima de ligar a TV ao mesmo tempo em que se jogava no sofá. Eu fiquei ali, parada, ao lado da porta, sem saber muito o que fazer. Aparentemente, estava com minha tática de sedução um pouco – bastante – enferrujada.

— *Do you wanna something to drink?*

— *U have beer?*

É lógico. Estávamos na Austrália. Mesmo o mais príncipe dos príncipes ainda pediria uma cerveja. E o meu nem australiano era. Shaw era um *kiwi guy*, um neozelandês, conhecidos pelo rugby pesado, homens grandes e cerveja. Respirei, pensando que "ok". Ele foi fofo comigo, então não me custa interpretar o papel de Amélia por alguns momentos. Peguei duas das *Coopers* que estavam na geladeira, tirei a tampa, sentei no sofá ao seu ladinho e entreguei uma das garrafinhas.

— *Cheers*

Brindamos, mas mal deu tempo pro importantíssimo olho no olho na hora do brinde e a televisão já roubou sua atenção de novo.

"It's on!"

Eu demorei até entender o que era assim tão interessante. E mesmo depois de entender, ainda não entendi. Se fosse jogo ao vivo, ainda era compreensível, mas era um programa de esportes... e falando de *cricket* (ou criquet)! Essa era uma das poucas oportunidades na vida em que eu não tinha ideia do que falar. Nunca tinha conseguido assistir a mais de cinco minutos daquele esporte. Como eu já comentei, criquet é a profissionalização do nosso taco jogado na praia ou na rua: um jogador de cada lado, um arremessa a bolinha, o outro rebate e tenta derrubar a casinha que fica atrás de quem arremessou. Tão simples quanto entediante. Mas o povo daqui adora. Mais do que isso, às vezes um jogo pode durar até cinco dias e não ter um vencedor! Isso foi o que me explicou um amigo do trabalho. Mais incompreensível ainda é que a pessoa não compra o pacote para todos os dias. Ela pode assistir apenas uma parte dele e ir pra casa sem saber o vencedor, já que o principal objetivo de quem assiste a um jogo de criquet é passar a tarde sentado na grama, bebendo cerveja enquanto a bolinha voa de um lado para o outro. É este o esporte que estava concentrando toda uma discussão jornalística e que estava chamando mais a atenção de Shaw do que a minha tentativa frustrada de ser sexy.

Como não sabia que assunto puxar, comecei a fazer carinho. Ele ligava a mínima. Até que deu a deixa e me pediu uma massagem.

— *Massage?*

— *Yep* — ele respondeu e abriu uma bolsa nécessaire preta que eu nem tinha visto que estava com ele no sofá. De lá, tirou um pote de *moisturise*, ou seja, hidratante. Me entregou a embalagem, tirou a camisa, se exibiu para mim, perguntando se eu o achava grande o suficiente.

— *Big?*

— *Ya, u know... big. Do you think is enough or I need to work harder?*

Olhei bem pra ele. A barriga não tinha gominhos salientes, mas definitivamente não era um saco de roupa suja. Shaw era forte o suficiente para não ser sedentário e pra mim aquilo estava ótimo. Mas acho que ele queria um pouco mais.

— *Yes, you are great* — respondi, pensando que na verdade ele deveria estar olhando pra minha barriga, em vez de se preocupar tanto com a dele. Se bem que a minha não era tão definida. Talvez fosse bom que não olhasse demais.

Indiferente às minhas conjecturas, ele deitou no chão, ainda de frente para a televisão. Era uma pena que ele não pudesse ver a minha cara de interrogação. Se tivesse olhado mesmo que por meio segundo para trás teria visto que não estava muito feliz com aquela cena. Mas, ele não olhou. Aqueles cinco caras analisando aquele jogo qualquer estavam mais interessantes.

Na falta de opção melhor, fui pra massagem. Tentando mais uma vez ser sensual, sentei em cima das costas dele e fui apertando aquelas costas enormes e bronzeadas. Joguei hidratante e alisei até a plena absorção. Em seguida, fase dois. Apertei, fiz movimentos circulares com o polegar e nada. Depois de cinco minutos eu pareciam uma eternidade, parei.

Deu certo. Ele virou a cabeça. Sorriu.

— *Hey, hon, press a little here* — e apontou para onde ele queria mais massagem. Não podia ser verdade. Aquilo era uma pegadinha.

Por algum motivo, recomecei.

Mais cinco minutos, tempo suficiente para outro comercial inteiro. Os dedos já não aguentam mais. Parei. Dei alguns beijinhos nas costas dele.

— *Hum, good.*

Parei com beijos. Parei com a massagem.

Nenhuma reação.

Desisti.

Sentei no sofá, já emburrada.

Ele enfim percebeu. Foi para o sofá, me deu uns dois beijos e quando me empolguei um pouco mais, perguntou se queria ir para o quarto. Topei. Passamos pelo quarto de Ceci. Atrás daquela porta, a cama de casal vazia. Cecília tinha me perguntado tantas vezes se eu não queria ficar com o quarto dela durante a estadia no sul, mas eu tinha sido categórica.

— Não, imagina. Pode ir, tranca e leva a chave. Assim é um cômodo a menos pra eu me preocupar.

De tanto insistir, ela acabou fazendo isso de trancar e levar a chave. Na falta de um lugar melhor, fomos pra minha mini cama de solteiro. Se já não era grande pra mim, imagina por nós dois. A muito custo, nos acomodamos naquele pequeno espaço. Pelo menos era encostado na parede, senão com certeza já teríamos caído.

O nosso beijo faltava sincronia, mas não era menos bom por isso. Em poucos segundos, estávamos prontos. Mas tinha algo que me incomodava.

— *Shaw, do you have condom?*

— *What?* — dessa vez, ele não riu.

— *Condom, protection, did you bring it?*

— *No, sorry* — ele respondeu ainda mais sério.

Parei por alguns segundos. Se essa conversa tivesse sido no início da noite, quando ainda havia corações nos meus olhos e borboletas no meu estômago, provavelmente faria algo idiota e transaria com ele mesmo sem camisinha. Mas, naquele momento, depois de toda aquela enrolação, acho que estava esperando um motivo para dar um pé.

— *Ok. But I don't do without condoms*

Fiquei esperando ele ter uma solução pra minha negativa, do tipo "vou até o posto de gasolina aqui do lado comprar". Mas, não. Ele simplesmente concordou, o que me deu ainda mais raiva. "Ele trouxe uma bolsa nécessaire com hidrante, mas não teve a pachorra de trazer camisinhas? No que ele estava pensando?"

De repente, me veio a imagem de Cecília na cabeça. "Vou deixar aqui, tá, caso a gente precise". Era um pacote de camisinhas que ela tinha comprado logo que chegamos na casa nova, quando a relação com Bob nem estava perto de se tornar realidade. Fui até o banheiro, abri a gavetinha esquecida dentro do armário suspenso, que ficava em cima da máquina de lavar roupa e achei o tal pacotinho. Ainda válido. E, assim, meio sem jeito, em uma cama pequena demais para duas pessoas tão grandes, fiquei finalmente com meu príncipe (ou seria um ogro?) neozelandês.

Bom, forte, carinhoso. Quando terminamos, fiquei ali, abraçadinha, com a cabeça no seu peito, num misto de cena bonitinha e espaço reduzido. Mas ainda estava com a cabeça sem pensamentos quando o ronco começou. Primeiro, de leve, depois uma verdadeira britadeira, que deveria ser parecida com as que ele manipulava na construção. A cada barulho, eu era jogada mais para a parede, gelada. O lençol não dava conta de fazer o isolamento térmico e eu comecei a sentir frio. Bumbum gelado não é algo romântico, nem um pouco. Tentei empurrá-lo e nada.

— *Shaw, hey, babe, please, turn a little.*

Não sei se essa era a expressão certa, mas pelo resmungo e movimento, deu pra ver que ele entendeu. Resolveu. Por um minuto. Antes que eu conseguisse relaxar, o barulho recomeçou. O pior: não era só do ronco. Era da cama, que começou a estalar, possivelmente pelo excesso de peso. O medo de a cama quebrar foi a gota d'água para que eu não conseguisse dormir. Já ele, nem se incomodou.

Decidi me levantar. Peguei meu travesseiro, a essa altura já liberado, e fui pra sala sem um pingo de sono. Peguei o celular. Uma da manhã em Perth significava duas da tarde em São Paulo. Vi que Aninha tinha acabado de colocar uma foto nova no status do whatsapp.

01:22

Eu: oie! Tá por aí?

01:24
Aninha: oi, amiga!!! Tudo bom?
Acordada ainda? Que horas são?
Meia-noite e meia?

1:27
Eu: Mais. Uma e meia quase.

1:29
Eu: Mas tô acordada, sim...
Tem um homem na minha cama e
acho que ela está a ponto de quebrar.

1:32
Aninha: hahahaha como assim?

Contei história daquela noite, desde o momento em que a aborígene nos abordou até os crecks da cama.

1:45
Aninha: E agora, vai fazer o que?

1:50
Eu: Não sei. Acho que vou dormir por
aqui mesmo. Aproveitar que o sofá é
grande e falar com você
me deixou mais tranquila.

1:51
Eu: Vou tentar dormir um pouco.

1:52
Aninha: E o moço? Vai deixar
lá pra cair da cama?

1:54
Eu: Eu bem que tentei acordá-lo,
mas tá pior que a Bela Adormecida.
Além disso, agora ele parou
de roncar, mas é certeza que é só
voltar pra lá que ele recomeça.
Melhor deixá-lo por lá e
amanhã a gente vê.

2:02
Aninha: Boa sorte então
e bons sonhos.

2:03
Eu: Valeu, Aninha.
Amanhã te conto.
Bom dia / bom resto de
trabalho pra você.

Coloquei o telefone de lado e apaguei as luzes. No dia seguinte, acordei às 7h com o despertador. Cinco minutos depois, Shaw apareceu, já arrumado, com o cabelo molhado de água da torneira. Era sábado, mas mesmo assim ele tinha pressa pra ir embora. Não perguntou nada do porquê eu estava no sofá e nem reclamou nada da cama. Imagino que nem tenha percebido os crecks. Perguntei se queria comer alguma coisa, ele pegou uma fatia de pão na tostadeira, me deu um beijo e se foi.

— *See you, babe.*

— Yeah, see you — falei, sem ter certeza se ainda nos veríamos.

Fui para o quarto, lençol e manta dobradinhos no pé do colchão. Quarto arrumado, como antes. O lençol estava tão esticadinho que dava até gosto de sentar.

"Pode não ser um príncipe – ou um ogro – por completo, mas pelo menos fez a cama. Bonitinho", pensava enquanto sentava na cama, até que...

BUM!

A cama, finalmente, caiu.

Dica da Manu:

Mão de obra do tipo faz tudo na Austrália custa caro, mas existe. Se tiver habilidade – ou amigos habilidosos, vale a pena comprar os materiais e resolver você mesma os serviços simples, como pintura, conserto de cama ou vidro quebrado. Se você estiver procurando emprego, esses são bons bicos.

Então é natal, mas sem Simone nem leite condensado

Final de ano na Austrália é assim como no Brasil: festa quase todo dia. Festa de empresa, casamento... as *functions* do cassino não paravam e na sexta e sábado sempre tinha os *shifts* na balada. Então, quando saiu a escala do dia 24, achei normal que estivesse escalada para a noite toda, das 21h às 3h, pelo menos. Não seria o meu Natal dos sonhos, mas seria diferente, *that's for sure.*

— Ah, Manu, tem certeza que você não quer vir pra cá ficar com a gente?

— Estou com preguiça, Ceci. Vocês vão trabalhar o dia todo, não vão? Eu vou fazer o que aí? É ruim de chegar sem carro, não vou poder ficar no alojamento e no dia seguinte vocês trabalham. Vai ser muita coisa por uma noite apenas.

— Natal não é uma data qualquer.

— Depende da tradição, Cecília. Quer ver? Bianca, australiano comemora a véspera de Natal?

Estávamos nos falando por chamada de whatsapp, eu de casa, e Bianca e Cecília, por viva-voz, do alojamento no hotel do sul.

— Não é muito comum, não. Eles comemoram mais o dia do que a véspera.

— Viu? Sem grandes dramas. Além disso, os meninos de Fremantle decidiram que vão fazer um churrasco de Natal, um *Christmas' Barbecue*. Só não sei se vou ainda porque os *shifts* da balada estão bem bons. Tô achando que vale trabalhar um pouco mais enquanto estou aqui. Vai saber como será do outro lado.

— Tá, mas não se mata de trabalhar, não. Já basta a Bianca de *workaholic* nesse trio.

— hahahaha ok, vou pensar a respeito, amiga.

— Sabe o que você pode fazer? Vai pra casa do Stuart no dia 25. Contei pra Kátia que você estaria em Perth sozinha no Natal e ela te chamou pra passar com eles. Aliás, Shaw nunca mais mesmo?

No Brasil, Kátia era uma conhecida de Bianca. Na Austrália, se tornou uma de suas melhores amigas. A distância faz isso com as pessoas, acaba estreitando ou estragando os laços. Alguns meses depois que veio para a terra dos cangurus, Kátia conheceu o australiano Stuart. Começaram a namorar e não se largaram mais. Quando Cecília e eu chegamos, os dois nos receberam de braços abertos.

— Ah, Shaw continua só pelo celular. Agora decidiu ir trabalhar nas minas ao norte de Perth. Ele diz que é puxado, mas pagam bem. Vai ficar por lá uns quinze dias, pelo menos. Então, sobre o Natal... ah, pode ser, Bianca. Mas não é chato, não? Só conheço os dois.

— Não, fica tranquila. A família dele é super-simpática e adora brasileiros. Eu mesma já passei o Natal com eles no ano passado. Vou falar pra ela te mandar mensagem. Você vai gostar.

— Tá... beleza. Mas avisa que, se for chato, não tem problema, não. Eu me viro.

— Aham, tá bom — respondeu Bianca, sem dar muita atenção.

No dia seguinte, Kátia me mandou mensagem e combinamos que passaria o dia de Natal com ela, Stuart e família. Já para a véspera, depois de muito pensar, agradeci, disse não para todos os convites: o Natal com as meninas e para o *Chirstmas' Barbecue* dos meninos e acabei indo pra balada mesmo.

Assim, às 21h do dia 24 de dezembro, estava arrumada, maquiada e com meu uniforme de sempre. Mas, ao contrário do que eu esperava, aquela tinha sido a noite mais vazia até então. Sete pessoas, contadas nos dedos, dançavam na pista de dança e, como éramos pagos por hora, menos de duas horas depois de ter entrado no club, eu e metade da equipe fomos dispensados.

Fui caminhando pela Perth toda enfeitada até chegar na estação a tempo de pegar o trem das 23h30 – nem mesmo para fazer uma piadinha com a música de Adoniran Barbosa. Não queria admitir, mas naquele momento senti aquela solidão de Natal. Os três fantasmas de Charles Dickins não bateram na minha porta, mas o sentimento deveria ser o mesmo. Pensei em casa, em como os Natais em família eram gostosos e me segurei para não ligar para meus pais. No Brasil ainda era 10h da manhã do dia 24. Eles também não estavam curtindo o Natal ainda. Aquilo me deixou um pouco mais aliviada.

Não olhei no relógio do celular depois daquilo. A meia-noite chegou e passou em algum momento durante a viagem e eu nem percebi. Quando abri a porta de casa, o relógio vermelho do patinho feio marcava 00h20. Na Austrália, já era Natal. Peguei o celular e ouvi a mensagem das meninas. Sorri enquanto pensava se deveria ou não derrubar uma lágrima. Na dúvida, preferi vestir o chapéu de duende que tinha comprado na loja chinesa, enviar como resposta uma selfie segurando um copo de vinho, brindar comigo mesma e, depois de beber, dormir.

No dia seguinte, acordei por volta das 9h e peguei um Uber para ir até o mercado comprar leite condensado. Já que ia participar de um Natal australiano, levaria minha contribuição brasileira na forma de brigadeirão. O problema é que nenhum dos três mercados por que passamos estava aberto. Na última tentativa, já perto da *City*, desesperei.

Como era possível que em uma cidade grande feito Perth não houvesse um mercado aberto???

— *It's Christmas, lady.*

O motorista do Uber era indiano. Disse que, na terra dele, também não era assim. Mas em Perth tinha essas coisas de não abrir em determinadas datas.

— *That's because the owner needs to pay extra fee if he opens on holidays.*

No fundo, fazia sentido, mas não era reconfortante. Realmente, em um mundo com qualidade de vida, as pessoas não precisariam ir ao mercado no meio do feriado porque podem se planejar e têm tempo para fazer compras em horário normal. Já pra quem vem de São Paulo é simplesmente inimaginável não encontrar um único mercado que seja aberto, por mais que seja um feriado. No fim, tive que voltar pra casa e ir para o almoço de Natal de mãos vazias.

A casa de Maryan e Grey era uma daquelas típicas australianas de classe média alta. Uma cerca e um jardim grande na frente, dois andares, cômodos grandes e móveis razoavelmente espaçados. Toquei a campainha, ainda tensa, e Maryan me atendeu com um sorriso enorme no rosto.

— *Hiii!! You must be Manuela, right?*

Conforme Maryan ia me levando pela casa, eu era apresentada a toda família.

— *Own, Brazilian too? That is awesome! What are you thinking of Australia?*

— *Brazilian? Welcome to Australia! How long have you been here?*

— *Brazilian? You must love soccer, right? Which team do you support?*

A amorosidade australiana é realmente muito parecida com a brasileira. Eram tantas perguntas que o percurso de 15 passos da porta da entrada até a copa demorou pelo menos cinco minutos. Mas essa não era a única semelhança. Quando cheguei na cozinha, me assustei com tudo que tinha sido feito. Era muita, mas muita comida. Carneiro assado (o tal do *roast lamb*), batata, salada... quase não cabia tudo na bancada da pia (e olha que era enorme).

Estava tão passada com a comida, que nem percebi que Kátia e Stuart também estavam na cozinha. Depois do abraço tranquilizador, de enfim encontrar com alguém conhecido, perguntei se podia ajudar em algo e Kátia me disse para pegar o suco na geladeira. Quando abri... ahhhh, as sobremesas!!! *Cheese Cake* e *Sticky Toffee Pudding*, mais as frutas. Devo ter feito uma cara de gordinha que me deixou até vermelha.

— *Let's eat?* — Maryan chamou e todos fomos para a mesa.

Meu lugar estava marcado com meu nome e algo que não tinha visto. Era o tal *bombom box*. Parece um bombom enorme (como eu não conhecia, tinha ficado aguada quando vi no supermercado), mas é vazio. Eles fazem parte da decoração da mesa de Natal, e ficam em cima de cada prato. Na hora de sentar, antes de comer, cada um pega o seu, puxa um lado e pede que a pessoa próxima puxe o outro. Faz um estalinho, estoura a embalagem. Dentro tem uma coroa de papel fininho, meio crepom, um brinquedinho tosco e uma piada sem graça. Tinha achado muito bobo até ver as fotos de todo mundo usando o adereço na cabeça. Daí achei bonitinho, mas as fotos precisam ser tiradas logo em seguida, porque a coroa rasga muito rápido.

Toda a tristeza da noite anterior foi embora durante o almoço. A família de Stuart era muito engraçada. Confesso que não era tudo o que eu entendia, mas só de todo mundo dar risada eu entrava na onda e a endorfina vinha da mesma forma. Por fim, quando já tinha me deliciado com toda a comida e a maravilhosa sobremesa, Julianne, filha de Maryan, chegou na mesa com algo que levou todos, em especial as crianças, à loucura: uma casinha de biscoito de gengibre, bem daquele estilo que vemos em filme de Natal americano, com balas de goma e MM's.

A cara da casinha não é muito apetitosa, mas depois de Stuart insistir por incessantes duas vezes, experimentei um pedaço quando estávamos saindo da mesa em direção ao quintal, para a o *Secret Santa*, o nome em inglês para amigo secreto.

— *Secret Santa, Secret Santa!!!*

Julianne, uma das irmãs de Stuart, gritava e todos chegavam, trazendo seus presentes. Como preparativos, cerca de um mês antes, cada pessoa pegou um papelzinho com o nome do amigo e do que ele gostaria de ganhar. Então, no dia de Natal, houve a troca de presentes. Cada um procurou o seu par e "oi, tá aqui o seu presente, eu sou seu amigo secreto" e entregando diretamente para quem haviam tirado. Nada de discurso, de adivinhação. Eu não estava na brincadeira, mas fiz minha boa ação. Levei meu chapéu de duende, usei por um tempo, sem a menor vergonha na cara, e acabei deixando o acessório com Tom e Brady, as crianças da casa.

Tom, por sinal, ficou meu melhor amigo, não tanto porque dei meu chapéu, mas porque viramos parceiros no crime de destruir a casinha de gengibre.

Uma dica: se você adora doces, não experimente a casinha de gengibre. O cheiro é bom, mas passível de resistir. Já o gosto... depois que se come o primeiro pedaço é impossível de parar, mesmo que você seja uma convidada numa festa de Natal sem muita intimidade com ninguém a não ser com o filho dos donos da casa e sua namorada. A cada 10 minutos e eu Tom nos encontrávamos na cozinha pra destruir um pouco mais da construção.

Quando já estava nas alturas de tão bom que estava o clima, uma senhorinha me puxou pelo braço. Era Adelaide, mãe de Maryan, avó de Stuart. A velhinha simpática fez questão de me levar até a *Nana House*, onde morava. É a casa dela, dentro da casa deles. Quarto, sala, banheiro, cozinha separados por uma porta no fim do corredor. Uma maneira bonita de manter a independência e ainda zelar pelos mais velhos.

— *Are you ok, Manuela?*

Stuart, sempre muito gentil, foi me resgatar da conversar com Adelaide, que já devia durar pelo menos meia hora, mas que eu estava adorando. Mesmo assim, achei que já era o momento de dar tchau.

Aproveitei que já estava no caminho e segui rumo a Fremantle, para dar feliz natal pros meninos, falar um pouco de português. Sentamos na varanda e brindamos com uma cerveja. Uma celebração diferente para um natal único, perfeito da forma como tinha que ser.

Dica da Manu:

Aproveite sua estadia fora para conhecer os costumes locais. Por mais que num primeiro momento você fique p*** porque os australianos não têm o costume de trabalhar no Natal, pense em seguida que você poderia ser a coitada a ter que trabalhar no feriado. Então, agradeça a qualidade de vida que todos têm. Além disso, se tiver a oportunidade, passe alguns dias especiais e comemorações típicas com pessoas locais. Na Austrália, são bem famosos o Anzac Day, uma homenagem aos heróis de guerra, o Dia da Rainha, além dos nossos feriados tradicionais. Apesar de eles não terem uma religião oficial, há muitos resquícios de igreja católica e protestante, por isso os feriados são basicamente os mesmos.

Eu viajo e as minas surtam

Quando chegou o dia 26, fiquei pensando se deveria mudar minhas definições para o final de ano. Minha ideia inicial era trabalhar o máximo possível para ficar tranquila pro ano seguinte. Seja lá o que ele me reservasse. Faltavam quatro dias para o ano novo e nada de resposta da tal *James Cook*. Se não fosse aceita, não sabia o que faria. Mas, de toda forma, precisaria de dinheiro.

E os planos estavam indo bem até aquele balde de água fria do Natal. No fundo, acreditava que tinha sido somente um mal planejamento do gerente. Mas, se isso fosse acontecer nos próximos dias também, precisaria de um plano B.

Liguei para Luiza, a amiga que conheci no dia da *application* pro Subiaco Stadium. Carioca, arquiteta, livre, ela tinha vindo para a Austrália tentando se encontrar.

— Lu!!! E aí, tá tudo bem? Faz tempo que a gente não se fala.

— Oi, amiiiga!!! Que saudades! Tava pensando em você agora, mas estou supercorrida. Que bom que ligou, senão não dava tempo.

— Tempo pra que, mulher? Tá fazendo o quê?

— Arrumando as malas. Tô indo trabalhar num festival de música. Chama Southbound e fica em Busselton, ali perto Margareth River. Pagamento bom, experiência diferente, dormir em barracas. Tá a fim?

— Hahahahahaha é sério isso?

— Suuuuperrrr sério, mulherrr. Bora?

Toda vez que ela falava eu pensava como gosto do sotaque carioca.

— É assim: quem me falou disso foi uma amiga austríaca que fez a *application* no site, foi chamada, mas teve uns perrengues com a família, precisou voltar correndo. Parece que a irmã dela teve um problema súbito de saúde. Então, como ela não ia mais, me passou o contato. Isso agora, ela me mandou mensagem às 9h pra oferecer a vaga. Falei com o cara, que me disse que poderia ir e falou que ainda tem algumas vagas, se eu soubesse de alguma amiga que quisesse trabalhar, só chamar e avisá-lo. E quem que é a minha amiga mais louca que toparia algo assim? Você, né, Manu? Hahahaha. A única coisa é que desde que conversei com ele, saí correndo em busca de barraca, arrumar mala e tals. Só consegui falar com você por pensamento, por isso que você ligou.

— Hahahaha você brinca, mas falou mesmo. Sabe que eu estava pensando no que fazer nessa semana? Ontem foi Natal, ok. Mas na véspera, fui pro trabalho e estava tão parado que fui liberada depois de três horas. Estava com a esperança de que iria trabalhar um monte pra poder relaxar durante e semana, quem sabe com uma ou outra *function*. Mas a agência do Cassino não mandou nada, não estou a fim de ficar distribuindo folheto no shopping e o próximo *shift* na balada é só na quinta.

— E mesmo assim você não sabe se vai ser bom.

— Normalmente é bom. Ainda mais agora em dezembro, estava lotando. Um drink atrás do outro. Sabe que até passei a tomar energético? Aparentemente essa é a única forma de conseguir cinco minutos de *break* de vez em quando. Mas é só pra tomar um ar mesmo, porque é tudo tão corrido que seria impossível ficar com sono. Mas, enfim... a noite de Natal me deixou encafifada. Vai que australiano também emende Natal e Ano Novo e não tenha mais uma noite boa?

— E daí você me ligou.

— Isso! Mas liguei pra conversar mesmo, pra distrair, sair um pouco, abrir a cabeça e daí quem sabe vinha uma luz. Sabe que Cecília e Bianca continuam no sul, né?

— Sei. E elas voltaram às boas?

— Ah, parece que sim, mas também nem tinha como. Já que Bianca aproveitou para dar um gelo no Punjab tudo ficou mais fácil e as duas estão lá trabalhando e morando juntas. Ou voltavam a ficar bem ou zuava tudo de vez. Que bom que foi a primeira opção.

— Que bom. Mas... voltando... você queria conversar, se distrair e ter uma luz certo? Bom, você tem tudo! Consegue arrumar a mala, arranjar uma barraca e me encontrar em duas horas na *road station*?

— Hahahaha! Nossa, preciso pensar, mas acho que dá. Barraca eu tenho a da Cecília, que comprou pro caso de eu ir encontrá-las no sul e não ter hospedagem. Roupa? É frio lá?

— Acho que vale a pena levar algo mais quente pra noite, mas estamos no verão, né? Vou te passar as orientações que minha amiga me deu. Te espero na entrada da *road station* em duas horas. Ou seja, 1h20 da tarde. *Deal*?

—... *Deal!*

— Hahahaha! Sabia que você ia topar. Até daqui a pouco, então.

Desliguei o telefone e comecei a catar as coisas. Umas quatro blusinhas de calor (chamadas genericamente de *tops*), uns dois tops (chamados de *sport bras*), duas calças jeans, sapatos fechados de trabalho em bar, pijama, chinelo, meia, xampu, condicionador, toalha, sabonete, escova e pasta de dente, bolsinha de maquiagem, barraca e saco de dormir. Ah, sim – importante - uma colher de sobremesa pro trabalho no bar.

Fechei a mochila, amarrei a barraca e o saco de dormir e peguei o trem pra *road station*. Quando deu 13h15, Luiza já estava me mandando mensagens.

13:15
Luiza estádio: Tá chegando?

13:16
Eu: Qse. 2 estações e tô aí

13:18
Luiza estádio: Ok.
Vou comprar nossas passagens pra adiantar. 13h40 sai o ônibus. Você chega?

13:20
Eu: Chego!!!

Às 13h30 o trem chegou na estação. Saí correndo e encontrei Luiza na entrada.

— Aeee! Você chegou! — e me deu um abraço bem brasileiro. — Vamos comprar alguma coisa pra comer?

— Vamos, mas dá tempo?

— Ah, dá! O ônibus sai só às 13h50, mas sabia que se eu te falasse isso você ia chegar em cima da hora.

— Lu, eu já estava dentro do trem quando você me disse o horário. Fiquei tensa o trajeto todo.

— Eu te conheço, você ia dar um jeito de chegar em cima da hora.

— Ah, tá bom vamos comprar o salgadinho — falei, tentando não rir.

A saquinhos de *Lay's* e uma coca 600 ml pra mim e um punhado de nozes, frutas cristalizadas e iced tea pra ela, depois, estávamos munidas para passar a viagem até Busselton.

— Tá, e lá, como funciona? É um festival tipo SWU, todo mundo acampado? E quando não estivermos trabalhando a gente faz o quê?

— Bom, eu pretendo pegar o máximo de horas que der. Acho que você também. Mas quando estivermos de boa, a gente curte o show. Eu não conheço a bandas que vão tocar, mas deve ser divertido mesmo assim. Comida, pelo que entendi, vamos ganhar dois tickets de alimentação por dia, daí a gente usa como quiser.

— Bem interessante.

Fomos pro ônibus e junto com a gente um grande número de jovens e adolescentes. A princípio, imaginei que seriam todos pra trabalhar, mas Luiza me lembrou que mesmo quem ia assistir ao show tinha o mesmo *shape* que a gente.

Depois de duas horas de paisagens bonitas e estradas em bom estado, chegamos. Na rodoviária, havia um ônibus gratuito pra quem ia ao show. Mais dez minutos. Dessa vez, descemos em um local bastante rural, sem construções e com estrada de terra. Seguimos o fluxo de pessoas. Passamos por um camping oficial, mas Luiza mandou seguirmos.

— Tô achando que teremos *staff camping*. Na dúvida, vamos fazer o *check-in* primeiro, pra garantir menos fila, e depois vemos o que a gente faz.

Ao lado dos portões da entrada, ainda fechados, havia um estande com uma faixa enorme de STAFF. Apesar de ter umas dez pessoas na nossa frente, em cerca de cinco minutos fomos atendidas. Graças ao contato de Luiza, pra quem enviei meu resumé no caminho de trem até a *road station*, meu nome já estava na lista de funcionários. Foi só tirar foto, confirmar os dados, receber a *timetable* e assinar. Em seguida, recebemos a pulseirinha verde com o nome do evento e fomos direcionadas para o *staff camping*, que, sim, existia e era dentro do espaço.

Luiza e eu abrimos nossas barracas uma do lado da outra e fomos ver o resto do acampamento.

— Caraca! Bonito, aqui, né? — falou minha amiga.

— Nada a ver com os campings a que estava acostumada. Viu só que bonitinho, o espaço pras barracas tudo em lugar plano, com ponto de energia do lado...

— E se liga naquele banheiro químico. Viu a plaquinha? É pra chuveiro... e com energia solar para banho quente. Muito chique merrrrmo.

Meu *shift* era o primeiro, a partir das 15h, então coloquei minha camiseta nova, vesti o shorts, que ali era permitido, enfiei minha colher no bolso e fui para o galpão principal, onde uma menina de uns vinte e poucos anos, alta, bem magra, cabelo curto, bem preto, chamou a atenção de todos e começou a explicar o funcionamento, que era meio igual ao de sempre. Todos ali seriam divididos em *cashiers* e *runners*. Os cashiers (caixas) ficam na frente, em contato com o público, pegando pedidos e avisando aos runners, que se mantêm mais afastados, no fundo, correndo para pegar na geladeira tudo o que fossse pedido e levando até a bancada, diretamente para os clientes.

Caso o *runner* não tivesse o que precisasse na sua geladeira, ele deveria avisar os *controllers*, que ficavam espalhados pelo salão, e poderia pegar na geladeira ao lado, explicou a moça, sempre em inglês.

— *For runners I need active people. There are gonna be a lot of people here, guys. If we don't run, the line will be huge and we don't want that.*

Com base nisso, ela perguntou quem queria trabalhar do quê. A minha recém-adquiridda ampla experiência em eventos me ensinou que eu detestava ser caixa, pelo menos nesse sistema de duplas, onde tinha que ficar enrolando olhando pra cara do cliente enquanto o *runner* buscava as coisas. Preferia sair correndo, quase que literalmente, e era pensando nisso que já tinha trazido a minha colher.

Na Austrália é proibido vender latinha fechada em shows. O profissional deve despejar o conteúdo no copo ou pelo menos abrir a latinha. Tudo isso a uma velocidade mil, para não acumular gente na fila. A quantidade de latinhas abertas durante quatro a oito horas pode resultar em unhas quebradas e dedos seriamente machucados. Assim, a colher de sobremesa ajuda nessa função e diminui muito os danos. Em alguns eventos, a própria produção fornece as colheres. Para não contar com a sorte, eu mesma passei a levar a minha. Assim, garantia uma velocidade ainda maior na abertura de latinhas e um maior número de horas, já que, conforme o movimento ia diminuindo, a *manager* vai passando e liberando algumas pessoas. Quem estava trabalhando bem ia ficando por último, a não ser que pedisse pra sair.

Outra coisa bem legal da maioria dos festivais australianos é a troca de latinhas vazias por um desconto em uma nova cerveja. Não chega a ser muito. No caso, três latinhas significavam 2 dólares de desconto, mas ajuda. Além disso, como na Austrália não tem catador, acaba sendo um incentivo para a reciclagem.

Quando finalmente saí do meu posto, já eram mais de 23h. O pico tinha sido por volta das 21h. Depois, foi caindo e quando fui embora só tínhamos quatro dos nove caixas abertos. Sabendo que Luiza nunca tinha se interessado em tirar o certificado para venda de álcool, fui em direção ao stand de comida e ali estava ela, no caixa.

— Oi! E aí, terminou?

— Acabei agora. E você?

Olhou para o relógio e...

— Saio em dez minutos. Me espera?

— Lógico. Vou ali pra frente, ok? — e apontei para um ponto vazio no meio da multidão.

Três músicas de uma banda que eu não conhecia depois, Lu chegou e se sentou ao meu lado. Conversamos sobre como foi o dia, muito *busy*, vimos a entrada de outra banda que não conhecíamos, pegamos comida, demos uma volta pelo espaço enorme do festival, com as várias arenas, e esperamos o final dos shows.

Em um determinado momento, peguei meu celular e dei uma olhada geral nas mensagens, mas nada de especial. Como a bateria estava no fim, nem respondi e usei o finalzinho dela para iluminar o caminho, que o alojamento estava bem escuro. Muita gente já tinha ido dormir.

No dia seguinte, o café da manhã era servido no estande do staff. Café com leite em pó, completados com os salgadinhos que compramos na viagem. Em seguida, uma pequena fila para o banho, onde constatei que a água quente graças ao aquecedor solar era de verdade e realmente funcionava. Mal tinha acabado de me arrumar e encontrei Desireè, a manager do dia anterior, mais uma vez andando apressada.

— *Good morning* — disse.

— *Ah? Ah, g'morning!* — ela respondeu meio chocha. Em seguida, completou — *hey, you worked with me yestarday, right*?

— *Yes, I was runner from cash number 7.*

— *True. I need more people now. Wanna start earlier today?*

— *Sure!*

Deixei minhas coisas e encarei mais um dia inteiro de trabalho bem intenso. No final da noite, fiquei um pouco assistindo aos shows só pra não dizer que só trabalhei, mas acabei indo pra barraca antes de os concertos terminarem. Não tinha visto Luiza o dia todo e quando peguei o celular para ver se tinha mensagem, percebi que estava completamente sem bateria.

"Putz, esqueci de carregar na noite anterior", pensei e decidi colocar na tomada antes de dormir.

No dia seguinte, quando acordei, vários campistas já estavam com as malas prontas. Entre eles, minha amiga.

— Manuuuu, ah, mulher! Te procurei por todos os lugares ontem, mandei mensagem e nada.

— Ah, amiga, trabalhei feito louca, nem vi a hora passar. Só quando cheguei na barraca que vi que estava sem bateria.

— Então, vi que os ônibus saem agora pela manhã e depois só no meio da tarde. Vamos agora?

— Bora! Vou jogar minhas coisas na mochila e vamos.

O caminho de volta foi o mesmo da ida. Lu foi me contando de tudo da noite anterior, das pessoas que conheceu e de como foi uma pena que eu não estava junto.

— Ah, pena mesmo, mas às vezes as coisas têm uma razão. Este dinheiro a mais será bem útil e acho que estava precisando descansar. Faz dois dias que não penso na admissão da faculdade. Só por isso já valeu a pena.

— A resposta vai vir por e-mail ou correio?

— Acho que por e-mail, mas não sei.

— E já olhou agora?

— Já. E nada de interessante no e-mail. Já o whatsapp... caraca... mais de 100 mensagens em dois dias. As meninas que surtaram. Um monte dizendo que estavam preocupadas, perguntando onde estou.

— Você não avisou que viria pra cá?

— Nada! Foi tão corrido que tinha até esquecido, mas não é pra tanto. Elas ficaram putas. Bianca parou a conversa e disse pra gente se falar quando eu chegar em casa. Tô até com preguiça só de pensar em duas horas no telefone com ela e Cecília me dando bronca.

Continuamos nosso caminho e no meio da tarde cheguei em casa, louca pra tomar um banho e relaxar. A conversa com as duas seria só bem depois. Mas quando abri a porta percebi que não poderia ser bem assim.

Dica da Manu:

Se você tiver tempo, arrisque trabalhar fora da cidade. Os festivais são ótimos se você gosta dessa loucura e agitação. Mas, caso queira algo mais tranquilo, algumas fazendas contratam pessoas para trabalhar na colheita de frutas ou em outros trabalhos no campo. Você deve ficar a partir de uma semana, direto. Mas o salário é bom. A mesma coisa é para o trabalho nas minas de carvão, perto de Perth, mas estes são mais voltados a australianos. No caso das colheitas, quem mais costuma pegar esse tipo de emprego são os europeus, no chamado work&holiday visa (visto de trabalho e férias), que te permite ficar um ano na Austrália sem vínculo estudantil e trabalhando até 40 horas por semana (o dobro de estudantes internacionais). Brasileiros não têm direito a este tipo de visto, mas se você tem dupla cidadania, vale a pena se informar.

As meninas e o sul

— Ah, vai ser um sonho esses dias aqui, né, Bi? Não vejo a hora de chegar em Mag River. É assim que fala, né? Será que nosso alojamento é bom? Será que Bob vai dormir sozinho?

— Eu não contaria com isso — respondeu a ainda brava Bianca.

Apesar de todo o esforço de Cecília para voltar ao normal, a relação das duas continuava esquisita desde aquele presente de Punjab. Mesmo assim, a empolgação de Cecília durante a viagem era tão grande que Bianca só tinha duas opções: responder pelo menos parte das milhares de perguntas, por vezes retóricas, ou cortar de vez relações. Acabou indo pela primeira opção, mesmo sem muita paciência.

— Por que você está falando isso? — o balde de água fria de Bianca tinha chamado a atenção de Ceci.

— Os alojamentos não são ruins, mas também não são quartos de hotel. É bom, mas é simples. Além disso, lembra que você vai trabalhar. E Bob também.

— Você acha que ele não vai fugir nem um pouquinho pra ficar comigo?

— Pode ser. O que ouvi de homens australianos é que a atenção vai muito mais para os amigos, os tais '*mate*', mas não sei por que ainda não fiquei com nenhum "*aussie*".

— Hum... recomendo, viu? Ficar com australiano, digo. Eles não têm aquela coisa latina, brasileira, mas é bom... pelo menos o Bob é bom. Aliás, parece com a comida deles. Não é do tipo mil sabores em uma mordida, mas é bom.

— Que comida? Agora com essa moda de todo mundo ser chef de cozinha até que rola coisa diferente, principalmente comida *health,* mas nada é difícil pensar em tipicamente australiano que seja sensacional. *Lamb... steak... vegetables*, talvez? De toda forma, não acho que a culinária seja o ponto mais forte da Austrália. Vale lembrar que eles adoram Vegemite! — brincou Bianca, fingindo ser resmungona.

— Sim, é o que disse. É bom, mas não é aquele óoooo. Também não sou fã de Vegemite, mas sabe que dizem que depois você acostuma? — disse Cecília, se referindo àquela pasta salgada de vegetais que já mencionei, orgulhosamente australiana, mas que tem cara de Nutella.

Depois dessa conversa diferente, Bianca, enfim, riu.

E assim foi indo ao longo dos dias. Conforme elas me contariam depois, com a viagem para o sul e o distanciamento de Punjab, que parou de ligar para Ceci – ou ela parou de atender – a relação das duas amigas melhorou. Já a de Ceci e Bob deu uma esfriada. Isso porque, ao longo dos dias, mesmo morando a apenas a algumas casas de distância, eles não se viam tanto ou com a qualidade que Cecília gostaria. As pessoas do trabalho desconfiavam, mas não era algo assumido. No final do dia, quando surgia a oportunidade de um happy hour, Bob saía com os amigos para a famosa cerveja e só surgia para falar com minha amiga na hora de ir embora.

— Ah, trabalhar e namorar escondido é muito chato, Bianca — dizia Cecília no dia em que as duas saíram para jantar no pub da cidade — Além disso, Bob é legal, mas é muito certinho. Só quer saber dos amigos dele. Não gosto de ficar à disposição. Quero ser prioridade — continuava a desabafar.

Eram cerca de sete da tarde. Enquanto elas caminhavam rumo ao pub, Bianca se distraiu da conversa para olhar fixamente para um carro que estava se aproximando. Era um carro preto, grande, com muitos adesivos. Um deles, em especial, era a de Ranjit Singh, herói histórico, responsável pela unificação e prosperidade da região indiana de Punjab. Cecília demorou a perceber, mas Bianca soube na hora de quem era aquele carro, que parou imediatamente após avistar as duas.

— *Hi, Bianca! I miss you!* — dizia o moço, visivelmente emocionado, ao sair do carro com um maço de rosas na mão.

— *Punjab! What are you doing here???* — Bianca, por outro lado, não estava em um clima romântico. Pelo contrário, parecia ter detestado a surpresa.

— *You don't answer my calls, you don't reply my messages. I had to check on you!*

— *No, you hadn't. I said in the last message I am working too much. I cannot answer 37 messages a day. I don't have time to do it.*

— *You say you are working, but you are hanging out with Cecília... where are you going? You could call me I would pick you up.*

A insistência de Punjab por atenção, as dezenas de mensagens que ele mandava por dia, enfim pareciam ter chegado a um limite. Neste momento, Bianca gritou:

— *Stop!!! That is enough!!!! You are suffocating me!*

— *Big boss, please don't argue with me, I love you!*

Bianca então ficou quieta, parada, sem saber o que dizer. Ou, pior ainda, sabendo o que gostaria de dizer, mas sem coragem suficiente. Cecília, ignorada pelos dois lados desde que Punjab desceu do carro, estava com o coração na boca, triste pelo que ela já imaginava que ia acontecer e que, de fato, aconteceu.

— *Sorry, Punjab... but I don't love you* — Bianca enfim verbalizou.

Em seguida, conforme Cecília me contou, foram minutos eternos de choro. Punjab pedindo desesperadamente para Bianca reconsiderar, dizendo que ele seria menos pegajoso, *less catchy*, mas que Bianca, por mais sofrimento que demonstrasse, estava irredutível.

Por fim, depois de muita insistência de Bianca, Punjab entrou no carro e voltou pela mesma estrada de que tinha saído.

As meninas se abraçaram na beira da estrada, Bianca terminou de chorar até que decidiram que seria melhor curtir a fossa no pub do que no meio do nada. Já eram mais de oito horas da noite e estava escuro demais para ficar por ali.

Duas taças de vinho cada, acompanhadas do mais famoso *steak* da região para uma e um enorme prato de ostras para a outra, Cecília e Bianca voltaram para o alojamento novamente como melhores amigas. Mas ainda faltava algo para consolidar esse retorno da amizade e este algo era compartilhar as novidades com a terceira do trio, ou seja, eu.

— Está tarde, mas quer saber? Vou ligar pra Manu. Preciso dividir com ela tudo o que aconteceu. Ainda mais que eles não se davam bem. Acho que ela vai gostar de saber que acabou a novela — comentou a já meio bebinha Bianca enquanto me chamava pelo whatsapp.

— E aí, tá chamando?

— Não... não dá sinal. Que horas são agora? Meia-noite? É cedo pra Manu, mas vai ver ela já está dormindo. Vou deixar mensagem.

— Sim, isso ou então está em algum *shift* novo —, respondeu Cecília, já acostumada com minha agenda inconstante.

Com isso, foram dormir, mas a preocupação aumentou no dia seguinte, quando perceberam que eu não tinha recebido o whats. Elas não sabiam, mas, naquele exato momento, eu ainda estava capotada dentro da minha barraca, depois de trabalhar à noite no primeiro dia do show de Busselton e ter descarregado toda a bateria do meu celular.

— Isso é muito estranho. Aconteceu algo.

— Imagina, Cecília. Ela só deve estar dormindo.

— Não, eu estou com uma sensação ruim. A gente mora junto, esqueceu? Alguma coisa aconteceu. Vou ligar para os meninos — disse Cecília.

— Tá... agora você que está me deixando preocupada. Vou mandar algumas mensagens.

E assim as duas passaram mais de uma hora queimando meu filme com todas as pessoas que eu conhecia – e algumas que eu não conhecia – desde que tinha chegado na Austrália.

— Vamos ver se até a hora de a gente voltar do hotel alguém responde — falou Bianca.

Mas, elas foram e voltaram do *shift* e nada de eu responder. Afinal, foi o dia em que eu tinha encontrado minha *manager* no meio do caminho e ela tinha me chamado para começar mais cedo. Cecília estava tensa, sem saber o que fazer. Bianca deu uns últimos telefonemas e tomou uma decisão. Mas, quando foi procurar Cecília, encontrou o que não esperava:

— Ceci! Soube de uma pista. Um amigo a viu na estação de ônibus com Luiza. O que você acha de... Cecíiiilia!!! Você está dormindo???

— Hã? Ah, acho que de tão preocupada eu dormi.

Bianca suspirou, quase riu (o que significava que estavam, mesmo, em paz) e continuou:

— Tá, *whatever*, vamos voltar! Não tenho o telefone da Lu. Acho que ela trocou de número. Mas, se saíram mesmo juntas, em breve ela chega. Assim a gente tem certeza.

— Boa!!! Vaaaamos! — respondeu Cecília, emendando a empolgação em um grande bocejo.

Dica da Bianca:

Quando a gente está fora de casa, seus amigos se tornam sua nova família. Faça deles seu ponto de apoio. Isto significa que não custa avisar quando for viajar.
Não é só mãe que se preocupa!!!

Surpresa!

De volta ao momento em que sonhava com meu banho, eu nem precisei entrar em casa para sentir que tinha alguma coisa estranha, eu só não sabia o que ainda. Mas, foi só girar a maçaneta que entendi o desconforto.

— Até que enfim, né? — falou Cecília, sentada no sofá, brava de um jeito que nunca tinha visto.

— O que vocês estão fazendo aqui? Não deviam estar no hotel? Acabou mais cedo?

— Acabou nada, né, amiga?! Mas você não responde o celular, não tava chegando mensagem, Cecília ficou desesperada — disse Bianca.

— Gente, mas foram só dois dias.

— Três dias. E mesmo assim, sabe quanta coisa pode acontecer nesse tempo? Você estava sozinha em casa, foi pro Natal no Stuart e depois some? Lógico que a gente ia se preocupar. Mandei mensagem pra todo mundo e ninguém sabia de você!

Cecília estava realmente brava.

— Eu bem que achei que não era nada, mas a Cecília falou tanto que até eu comecei a ficar preocupada. Daí viemos pra cá te procurar.

— Meu Deus... duas doidas — falei, tentando não rir.

— A gente? Não me faça querer te bater.

Nesse ponto, estava cada vez mais difícil de segurar a risada.

— Ok, desculpa, Ceci, desculpa, meninas. Da próxima eu juro que aviso — disse, depois de respirar e manter a compostura.

— É bom mesmo! — disse Ceci, forçando uma braveza que não cabia mais.

— Ah, chega, vai, Cecília! Fala a verdade que você nem ficou tãaao preocupada assim — provocou Bianca.

— Como não??? Lógico que fiquei. Você viu meu estado, Bianca!

— Cecília... você dorrrmiuuu!!! — disse Bianca, quase rindo — Você disse que estava preocupada, me deixou preocupada, me fez mandar mensagem para todo mundo que a gente conhecia e, quando finalmente tive notícias da Manu e fui te contar, como que eu te encontro? Dormindo!!! Eu toda preocupada e você no maior dos sonhos, quase roncando no quarto.

— O que eu posso fazer? Eu fiquei com sono! Eu fico com sono quando fico preocupada.

— Você o quê????? — Bianca não se aguentava mais e caiu na gargalhada, me levando junto.

A bochecha já estava doendo de tanto dar risada, quando Cecília parou de se justificar para mudar de assunto.

— Não, tá tudo bem. Agora, já pensou? A gente ficou com dó de você aqui sozinha também. Essa faculdade que está te estressando, né? Espero que tenha aproveitado — disse ela, mais calma.

— hahaahahaah. É. foi bom espairecer, sim — respondi, já me recuperando.

— E a gente tem uma surpreeesaaaa pra você! — disse Bianca, ainda sorrindo.

— Outra surpresa? — perguntei.

— Siiimmm!!! E a surpresa é... que vamos todas para Baliiiiii — emendou Cecília.

— Como é???

— Será como uma despedida nossa. Afinal, nos próximos seis meses você não estará aqui — disse Bianca.

— É, não sei né...

— Sabe, sim! Só não veio a resposta. Por isso que já compramos a passagem enquanto te esperávamos. São dez dias, saindo no primeiro final de semana de janeiro, ou seja, alguns dias depois do ano novo — falou Cecília.

As duas devem ter treinado muito pra alternarem tão bem as respostas.

— Ah... sabem que vocês são demais?

— Lógico que a gente sabe! Hahahaah — respondeu Bianca.

— Mas você merece — continuou Cecília, puxando um abraço coletivo.

Em seguida, se despediram. Já tinham pegado um *day off* pra ver se eu estava ok. Mas tinham que voltar ainda aquela tarde pro sul. E eu precisava arrumar minhas coisas. No dia seguinte, já tinha *shift* na balada novamente. Eram três dias direto até o final do ano. E, se ia viajar, tinha que trabalhar ainda mais enquanto era tempo.

Dica da Bianca:

Chegou até a Austrália? Então aproveite para conhecer outros lugares. Bali fica a somente três horas de voo de Perth e os preços são fantásticos, mesmo para quem vive no Brasil (quando se ganha em dólares australianos, ainda mais). Além de uma cultura muito diferente da nossa, os artesanatos, produtos de decoração e roupas são conhecidos no mundo todo e os preços fazem você querer levar lembranças para a família toda. Nova Zelândia, Tailândia e Ilhas Fiji também são perto, mas não são tão baratas e compensam mais se você estiver do outro lado do país.

As baladas de final de ano

Na casa dos meus pais, ano novo sempre foi sinônimo de tradição. O básico é comer sete uvas, 12 sementes, um prato de lentilha, colocar louro e uma nota de dólar na carteira. O prato principal da ceia tem que ser peixe, ou pelo menos nenhum bicho que coma andando para trás, como galinha, que cisca, porco que chafurda ou boi, que rumina. A cor da roupa é branca, já a lingerie e o acessório dependem do que estamos querendo para o ano. Vermelho é amor; rosa, paixão; amarelo é dinheiro; verde, saúde; azul, amizade; roxo é espiritualidade e laranja, energia. Além disso, há algumas tradições esporádicas, como dar uma volta pela casa com a mala de rodinha (pra viajar muito), entrar com o pé direito (pra trazer boas energias) ou escrever em papeizinhos tudo o que você não quer levar para o ano seguinte e queimar na churrasqueira.

Na Austrália, meu ritual foi outro. Só percebi que estava perto da meia-noite porque o DJ começou a contagem regressiva.

TEN!

NINE!

"Nossa, mas já estamos virando o ano? Essa noite está tão gostosa!", pensava, enquanto olhava o balcão lotado de gente agitando as mãos, pedindo um último drink antes da meia-noite.

EIGHT

SEVEN

Voltei a atenção para meus copinhos de shot. Enchi todos com *Jägermeister* e, enquanto jogava cada um deles em um copo com meia lata de Red Bull, vi meio de canto de olho meu gerente estourando uma caixinha com papeizinhos coloridos.

ONE

HAPPY NEW YEARRRR

Sorri. Cobrei os *Jäger bombs* e fui pro próximo cliente. Uns cinco minutos depois, quando todos os *glassies* (galera responsável pelos copos, gelo e reposição de bebidas) estavam do lado de dentro do balcão, meu gerente me chamou e me entregou o copinho de shot para brindarmos. Alguns minutos antes, ele tinha perguntado, meio que gritando, entre a loucura de pedidos, que shot gostaria de beber. Sem pensar muito, olhei para a prateleira de licores e apontei pro Galliano Amaretto, levinho, docinho, e o primeiro que vi. Em seguida, voltamos pra correria.

Trabalhar naquele dia foi realmente uma opção. A ideia era: vou tentar ganhar algum dinheiro. Se a balada estivesse vazia, corria pra alguma das outras festas do bairro, onde alguns dos meus amigos estavam. E as festas eram das mais variadas. Em um dos clubs era à fantasia, outra, black-tie, Las Vegas party, festa do pijama e muito mais. O trem, que aquele dia funcionaria até as 6h, estava lotadíssimo e cheio de gente colorida, dando risada alto, usando roupas engraçadas ou simplesmente diferentes. A única balada para a qual eu não tinha programado nada de excepcional era aquela onde trabalhava, por isso não estava colocando muita fé - tanto que tinha deixado um vestido dentro da bolsa para um possível plano B -, mas ela encheu.

Como sempre acontece quando a balada está movimentada, não percebi o tempo passar. Senti meu celular vibrando no bolso, mas nem 5 minutos *off* para beber o tal Red Bull eu consegui tirar pra ligar de volta. Mais ou menos às duas da manhã, um pouco mais tranquilo, eu e o *bartender* indiano quase trombamos ao tentar usar a mesma caixa registradora, que ficava entre a minha área e a dele. Ninguém se machucou, mas o tranco foi tão evidente que os olhos dos clientes quase pularam pra fora de susto. O incidente e a reação das pessoas me fizeram parar, respirar e então dar risada. Aqueles foram os primeiros segundos de descontração daquele novo ano. Olhei para meu colega e ganhei um aperto de mão de feliz ano novo. Na verdade, ganhei dois apertos de mãos, porque acabamos cumprimentamos o moço que esperava pra ser atendido e, depois do susto, acompanhou toda a cena sorrindo.

A partir daquele momento, a noite ganhou outra energia. Continuava *busy* (*like... super busy*), mas estava mais à base de endorfina que de adrenalina. Ou seja, mesmo correndo estava mais curtindo do que apostando uma corrida interminável de quem serve mais drinks.

Em um determinado momento, uma garota de vinte anos me chamou a atenção. Ela era magrinha, cabelo bem preto, liso e comprido. Usava um vestido verde de uma cor linda (adorei aquele vestido, mesmo sabendo que ia ficar péssimo em mim). Quando fui atendê-la, foi ela quem me fez a primeira pergunta.

— *Hey, do you remember me?*

Se eu lembrava dela? Fique pensando muito e respondi, sinceramente, que o rosto dela não era estranho, mas que não lembrava da onde. Ela, então, sorriu ainda mais, porém de um jeito diferente, quase misterioso.

— *What if I ask you a Midori & Lemonade?*

Quase caí pra trás e então comecei a rir.

— *Hey, it's you!!! Wow!!!*

Mal acreditava que aquele menino que vinha sempre na mesma balada tinha se transformado naquela garota. Definitivamente, ele combinava muito mais como mulher, o que me deixou feliz, mas preocupada. Não sabia como os homens dali reagiriam. Era tanta coisa que gostaria de saber, de perguntar, além de pedir pra ela tomar cuidado. Ao mesmo tempo, outras três ou quatro pessoas acenavam, me incentivando a deixar a perplexidade de lado e continuar trabalhando. Servi o seu drink preferido, lindo, verde como o vestido dela, sorri e desejei boa sorte.

— *Hey... and congrats* — ainda disse enquanto entregava o copo. Parabéns era o mínimo. Com certeza, ela era muito corajosa.

Por mais que continuasse correndo, de vez em quando dava uma checada pra ver como a garota, de quem não sei o nome, estava. Obviamente, vários caras foram falar com ela. Que eu contei, pelo menos uns três. Vários minutos de conversa e, de repente, desapareciam. Às vezes, não com rostos muito felizes. Fiquei imaginando se ela contava a verdade pra eles. "Qual o seu nome? Julianne, mas até ontem era Julian", por exemplo. Eu, sinceramente, não tenho ideia de como eles reagiriam.

Depois de algum tempo, finalmente a balada foi esvaziando e eu fui dispensada. O relógio do ponto marcava 5h58 quando fui passar o cartão de ponto. Já estava claro na rua. Ganhei uma carona pra casa do meu colega indiano, que, mesmo sendo muito gentil, era só um colega mesmo. Dormi por exatas duas horas e meia e saí de novo pra outro *shift*, dessa vez em uma corrida de cavalos, o Perth Racing, evento tradicional do dia 1 de janeiro.

Ali, a pegada era diferente. Em vez de balada de adolescentes, era o bar VIP da corrida, com maquiagem clarinha, cabelo preso, camisa branca e colete. Tudo muito certinho. A maioria dos clientes tinha mais de 40 anos. Alguns mais educados, outros, menos. Um em especial chegou andando meio torto, se escorou no balcão e falou, de forma muita enrolada, que queria um *Jack Daniels*, ou, simplesmente, *JD*. Fiquei sem graça. Detestava fazer isso, mas então, com todos os dedos do mundo, perguntei:

— *Sorry, sir, but can I give you a glass of water, first? In 15 minutes you can come back and serve you the JD.*

— *Why? I am paying for it.*

— *Yes, I know and I will serve you, but first, take this glass of water and come back in a few minutes.*

A tática do *cut-off* era bem séria na Austrália. Por mais que eu detestasse dizer para alguém "não posso servi-lo porque você está bebinho", essas são as regras, que eu tentava amenizar oferecendo o tal copo d'água primeiro.

Foi aí que ele me surpreendeu, ficando ereto e dizendo com uma dicção excepcional até para um australiano sóbrio:

— *Why are you saying this? Just because I am talking with neozelander accent?*

Não sabia se ria ou se batia naquela pessoa. Preferi dar risada e servi o tal drink. Quando fui contar o que aconteceu para minha gerente, ela me disse que ainda bem que fiz aquilo. Muito provavelmente ele era um agente à paisana e daria uma bela multa – para mim e para o estabelecimento - caso o tivesse servido, mesmo com claros sinais de embriaguez. Como não deu certo, inventou a desculpa de que estava imitando o sotaque da Nova Zelândia.

Depois dessa, trabalhei tranquilamente até o *shift* acabar. Às 16h do primeiro dia do ano, estava pronta para descansar e fazer as malas, afinal, dali a três dias, iríamos para Baaaaliiii!

Dica da Manu:

O Natal é uma data mais tranquila e para ser passada em família na Austrália. Já o final de ano é festa. Pode ser festa na casa de amigos ou em baladas. Ao contrário do Brasil, a tradição não inclui vestir branco. Inclusive, há várias festas à fantasia. A celebração mais famosa da Austrália é em Sydney, com o show de fogos. Você provavelmente já deve ter visto a imagem do Opera House (um dos pontos turísticos de Sydney) quando a TV mostra "já é ano novo na Austrália".

Dez dias em Bali

Apesar do tempo nublado, o comandante avisou que fazia 31 graus no aeroporto de Depansar, em Bali. Ou seja, a primeira coisa que fizemos ao desembarcar foi trocar de roupa e tirar a calça jeans - afinal, em avião sempre faz frio. Eu mal tinha conversado com as meninas desde a última vez que nos vimos. No segundo dia do ano, fiquei em casa, me recompondo da maratona. Dormi até tarde, limpei a casa, arrumei a mala. No terceiro dia do ano, finalmente fui para o *Cavershan Park*, uma espécie de santuário de animais onde estão as espécies mais famosas da Austrália. Entre eles, coalas, wonkas, quokas e, obviamente, cangurus. Alguns ficam presos, outros, soltos, com possibilidade de interação.

Quem foi comigo foi Celina, uma brasileira, amiga de Kátia e de Bianca, que tinha se colocado à disposição para me ajudar enquanto as duas estivessem fora. Quando nos falamos no Ano Novo e disse que não tinha planos para os próximos dias, na hora ela fez questão de ocupar meu tempo livre com algo muito legal. E o que existe de mais legal do que conhecer esses bichos ícones e tão únicos que habitam a Austrália?

— E aí, gostou?

— Nossa, é uma experiência que nunca mais vou esquecer na vida.

— Que bom! Agora você já está pronta para sair da Austrália, mesmo voltando daqui a dez dias — brincou Celina.

Enquanto eu colocava minha vida em ordem, as duas estavam terminando o atendimento do pacote de ano novo e chegaram só na noite do dia

3 em Perth. Como sairíamos no dia seguinte cedo, Bianca tinha dormido em casa. Mas, no momento em que tinham chegado, eu já estava deitada.

Depois do embarque, cada uma foi pro seu lugar (e para não pagar mais 10 AU$ cada, deixamos a marcação de assentos pra última hora e acabamos sentando separadas).

Quando, enfim, nos reunimos por mais de uma hora, já estávamos em território balinês. Não sei se elas tinham muitas novidades, mas a excitação de chegar a Bali foi tão grande que nem falamos do que tinha acontecido nos últimos dias. Pra quem estava acostumada ao estilo de vida australiano, logo percebemos que estávamos de volta à parte em desenvolvimento do mundo. E a primeira marca disso era: a fila.

Depois de quase vinte minutos esperando para chegar a mala, fomos para uma fila imensa de turistas que esperava pra pegar o visto, pedido na hora, sem nenhum pré-requisito, a não ser a paciência. Quando finalmente passamos pelo guichê, o moço só olhou o passaporte, a passagem e bateu o carimbo. Quando saímos da imigração, o aeroporto, que já era bonito, ficou ainda mais. As várias estátuas – que eu achava que eram budistas, mas depois descobri que eram hindus – estavam espalhadas por todos os lados. Uma em especial, de vários metros de altura, ficava logo na entrada, no meio de um jardim, deixando tudo ainda mais especial.

Além de australianos, que consideram Bali praticamente como seu quintal, havia muitos orientais no aeroporto. Na saída do aeroporto, mais uma vez grandes filas, dessa vez para a troca de dólares. A taxa é a mesma em todos os guichês, mas cada um é de uma empresa. Seguindo a maioria dos australianos, em vez de trocar dinheiro, eu tentei sacar (o que me daria uma cotação melhor), mas meu cartão não passou. Acabamos trocando só o essencial. De acordo com os blogs, na rua é até possível conseguir melhor cotação, mas é preciso tomar cuidado pra não enganarem você – e isso é possível mesmo para quem se julga brasileiro descolado.

Ali, descobrimos as primeiras palavras. "*Tarima Kasi*" é obrigado em indonésio. Em resposta, se diz "*Sama Sama*". Em balinês é diferente, mas todo mundo fala as duas línguas fluentemente.

Com o tempo também descobrimos que do táxi – ou *taksi* – até peças de vestuário ou objetos de decoração, o preço de tudo é negociável, o que chega a ser cansativo e dá até um certo peso na consciência. O país vive de plantações de arroz, exportação de produtos de decoração, mas, principalmente, de turismo. A população sofre com falta de dinheiro e frequentemente usa isso como arma de convencimento, pedindo pra comprar qualquer coisa porque não vendeu nada o dia inteiro. E, mesmo assim, também tem gente que pede dinheiro, normalmente depois da balada, às vezes trazendo junto um bebê de colo.

Nas baladas, por sinal, estrangeiro é tratado como rei. Deu pra entender porque australiano vive em Bali? Além da proximidade, ali é possível beber nas ruas, algo expressamente proibido em território *aussie*. Em alguns clubs, o povo local paga pra entrar. *Overseas* entra de graça e, às vezes, ainda recebe um drink de boas-vindas. Na primeira que a gente foi, ganhamos um líquido amarelo, que depois descobrimos ser suco de laranja com o destilado de arroz balinês, dentro de um tubo de ensaio. A tática era não olhar muito pro tubo. Bianca olhou e ficou com nojo. Cecília fingiu que não viu e virou de uma vez. Eu fui atrás.

De maneira gera, os clubs são bons, música parecida com as australianas e com muita gente da Austrália. Muito europeu, também. No Bounty, mais famoso deles, e para onde voltamos quase todas as outras noites, aproveitamos para usar nossas roupas estilo *aussie* e pra tirar foto dentro de uma gaiola, bem ao estilo de balada anos 80.

Nos passeios turísticos, encontramos muitos muçulmanos, moradores das ilhas próximas na Indonésia. Homens, mulheres e crianças, a maioria em excursão e que ficavam olhando para nós, ocidentais, com uma curiosidade enorme. Alguns, inclusive, pediam para pedir fotos com a gente, o que eu e Ceci aceitamos na maioria das vezes, mesmo que de biquini. Bianca, obviamente, ficou fora.

Algo interessante é que, depois de seis meses nas calçadas perfeitinhas de Perth, estranhamos com a quantidade de buracos em Bali. Eu, lógico, quase torci o tornozelo uma dúzia de vezes. Quando não virava o pé, chutava ou pisava sem querer nas oferendas que eles colocam no chão, bem em frente às lojas, pra dar sorte. Aliás, a religiosidade do povo balinês é uma coisa muito forte, mas tem muito imigrante que não tem todos esses princípios e por isso a criminalidade tem crescido, como contou o motorista do nosso passeio.

Outra marca registrada da região é o *Bali Belly*, uma espécie de rotavírus que também adora gente de fora. É tão normal pegar *Bali Belly* que o remédio está disponível em qualquer farmácia, não precisa nem passar pelo médico. Os sintomas, depois de a pessoa ser medicada, passam em um dia, como pudemos constatar com Bianca, a premiada do trio.

— Achei que nunca mais fosse sair do banheiro — ela disse depois que passou o susto.

Ao contrário do que pensávamos, a principal atração de Bali não são as praias, pelo menos pra quem não é surfista, porque costumam ser muito sujas. Em compensação, o povo é simpático, feliz mesmo com a vida difícil; as cidades têm paisagens lindas e eles têm uma cultura muito rica, com várias lendas e tradições, coisa que não se vê num país novo como o dos cangurus.

Os templos são bonitos por causa da natureza. Há o templo da água, o templo dos macacos e muitos outros. Para permitir a presença de turistas sem ofender a religião, são emprestadas ou alugadas cangas para as mulheres enrolarem em volta das pernas. Isso não ajudou muito nas fotos, mas achei delicado.

Pra conseguir fazer todos os passeios, contratamos um motorista para nos levar o dia todo. Bali não é muito grande, mas a locomoção é um desafio à paciência. As ruas são como labirintos, e pra ir do ponto A ou ponto B é preciso enfrentar um trânsito mais chato que o de São Paulo e em meio a um milhão de motocicletas andando pela contramão e em cima das calçadas. Mesmo de carro, demorávamos até duas horas para chegar às regiões das atrações, dividindo um dia para Ubud, com a floresta de macacos, templos hindus e plantações de arroz; outro para as principais praias; um para compras e por aí vai. Tudo precisa ser muito organizado para otimizar ao máximo o tempo ou simplesmente não dá pra fazer tudo.

Depois de dez dias de muita cultura, comida e bebida, voltamos para Perth. Como acordo com as meninas, fiquei esse tempo todo me comunicando somente pelo whatsapp. Dez dias sem entrar no e-mail, para evitar crises de ansiedade. O que quer que meu destino estivesse preparando para o período seguinte eu só iria descobrir e poder fazer algo a respeito quando voltasse pra Austrália. E este momento estava prestes a chegar.

Dica da Bianca:

Se for a Bali, acredite no que dizem os guias de turismo e só troque dinheiro em casas oficiais. Na rua, ainda mais com cotações muito favoráveis, você será passado para trás e provavelmente nem vai perceber. Outra coisa: escolha bem onde ficará hospedado. Apesar de as distâncias não serem tão grandes, o trânsito de Bali é infernal e não dá para visitar os dois lados da ilha num mesmo dia; a região perto da Floresta dos Macacos é o melhor lugar para fazer compras, mas vá até lá já preparado para pechinchar.

Dica da Manu:

Veja bem quais passeios você vai querer fazer. Fazer snorkel em Nusa Beach significa encontrar mais lixo do que peixes (de verdade); a Ilha das Tartarugas é um show macabro de tartarugas marinhas presas em um quadrado minúsculo de areia e o Bali Safari tem pobres leões tão dopados quanto aqueles do tal zoológico argentino. Por favor, não financie este tipo de atração.

Dica da Ceci:

Não estranhe se algumas pessoas, em especial muçulmanos, pedirem para tirar fotos de você ou com você. A ilha de Java, que fica ali do lado, tem maioria de muçulmanos e, assim, como a gente acha diferente as mulheres usando burca, elas acham diferente a gente de shorts ou de biquini. Como nós não sentimos maldade, posamos várias vezes.

Dica das três (em coro):

Apesar de todos os problemas, Bali é um lugar que vale muito a pena conhecer. A cultura hindu é fantástica e as pessoas são extremamente amáveis. Vá de coração aberto e aproveite!

Presente de pós-ano novo

Quando chegamos ao aeroporto de Perth, por volta das 18h, não tinha ninguém para nos buscar. Não que isso fosse um grande problema, até porque o aeroporto era perto da cidade e o Uber, dividido em três, nem foi caro. Mas, era engraçado pensar que, depois de seis meses, em que cada uma estava com seu rolo, rolinho, namoro, estávamos todas solteiras de novo.

Cecília tinha sido a última a terminar - e se eu não tivesse perguntado como estava Bob, talvez ela nem me contasse que estava *single*, de tão pouca importância que tinha dado àquele *break-out*.

— Será que a gente é muito insensível? — perguntei às duas.

— Como assim? — perguntou uma.

— Por que você está falando isso? — continuou a outra.

— Olha só... Bianca terminou com Punjab e nem olhou pra trás; eu peguei bode de Shaw depois da primeira noite, ou do primeiro ronco, em casa, e Cecília um dia acordou e percebeu que não gostava mais de Bob. Não somos muito antirromânticas?

— Hum, não... quer dizer, não sei você, mas eu gostei de Punjab por um tempo, tanto que demorei pra terminar — comentou Bianca.

“Demorou até demais”, pensei, mas preferi ficar quieta e olhar no celular onde estava o carrinho do Uber.

— É... e eu não acordei um dia e... puff! Teve uma gradação e aquela overdose no sul me mostrou que não era tão legal assim. Ou vai ver eu é que não estou pronta pra namorar de novo. Foram nove anos com um mesmo cara, né?... Acho que ficou muito insosso. Preciso de alguém com mais tempero... ou de repente experimentar diferentes sabores antes de me decidir por um só.

— Bom, já que você está citando temperos, especiarias... Você gosta de indianos? Conheço um que acabou de ficar solteiro — disse Bianca, provocando gargalhada em mim e nela mesma.

— Roupa pra conhecer a família dele você já tem, Ceci — continuei.

A crise de riso minha e de Bianca aumentou, mas Cecília ficava meio sem graça.

— Você sabe que eu nunca quis nada com ele, né? Vocês sabem, né? — falou finalmente, desconfiada.

Por mais que a gente tentasse, era difícil parar de rir, mas enfim Bianca conseguiu.

— Sei, Ceci, fica tranquila. Não era pra ser e isso não teve nada a ver contigo. Ele que era inseguro e acabou te colocando numa situação ruim. Da próxima, só diz não. Mas fico feliz que ele não conseguiu estragar nossa amizade.

— Eu também — disse Cecília, enquanto abraçava Bianca.

— Ahhh... eu também! — gritei enquanto abraçava as duas ao mesmo tempo. Nisso, o Uber chegou.

— Manuela?

— Yeah, that's me. G'day!

Entramos. Eu na frente, as duas atrás. Bianca foi a primeira a descer. Quando o motorista tirou a mala, o carro até subiu um pouquinho. Não sei como não deu excesso de bagagem. Na hora de ir embora, ainda no hotel, tivemos que sentar duas em cima da mala de rodinhas, enquanto a terceira fechava o zíper.

Em seguida, fomos para o bairro de Mt Lawley. Foi só virar a esquina que já meu deu aquela sensação de lar doce lar. As casas baixinhas, sem muro, as calçadas largas e ali na frente, depois de um grande jardim, a nossa casa.

Entramos e parecia que tinha ficado só duas horas, e não dez dias, fora. Comecei a pensar no quanto aquele lugar tinha me feito feliz, em quantas histórias aconteceram, mesmo que por tão pouco tempo.

Ceci devia estar lendo meus pensamentos.

— Você vai sentir saudades quando for, né?

— Se eu for?

— Você vai. Certeza que passou.

— É, mas mesmo se não passar, acho que não ficarei mais aqui. Não dá pra ficar mais seis meses fazendo um curso qualquer até o próximo semestre. É muito gasto, é muito investimento, não é o que eu quero.

— Não é o que você quer. Acho que essa é a parte mais importante. Mas e aí, não vai olhar o e-mail?

— Vou, mas só depois que esvaziar a mala e tomar banho. Já esperei tanto tempo, não custa esperar mais um pouco.

Fui para meu quarto, tirei todas as roupas amassadas de dentro do mochilão, coloquei a maioria para levar, peguei as peças de artesanato que comprei em Bali, pensei como viajaria com tudo aquilo, sentei um pouco na cama e fui tomar o merecido banho. O banheiro era velhinho, azulejos grandes, azuis com floral, o rejunte já cinza de tão sujo. O chão era de azulejinhos pequenos, tipo tijolinho, já bem desgastados. Mas, mesmo assim, era o nosso banheiro. Tanto que, mesmo ele não parecendo o mais limpo do mundo, desde a primeira semana na casa deixei de usar chinelo no box.

Me troquei, enxuguei um pouco o cabelo com a toalha e levei o notebook pra sala. Cecília lavava louça ouvindo Lulu Santos.

— Ué, cansou de Biquíni Cavadão?

— Ah, é... acho que enjoei.

Suspirei meio rindo e entrei no meu e-mail.

50 mensagens não lidas na aba principal do Gmail. Fui passando os olhos por todas. Muitas promoções, vagas de trabalho, informações de baladas, um ou outro comprovante de pagamento dos meus *shifts* do dia primeiro. Nada da *James Cook University* ou da agência de estudos. Pra garantir, abri a abra de promoções. 150 e-mails e nada do que eu queria. Na aba social, alguns pedidos de amizade no Facebook, notificações do Twitter e Linkedin, mas era só isso. Até no Spam eu olhei, mas nada. Fechei a tampa do note, ainda desolada.

— E aí, que cara é essa? Não passou? — Cecília perguntou enquanto entrava de volta na sala.

— Nada. Não tem resposta ainda.

— Ah, que bom. Você está com uma cara. Achei que não tivesse passado.

— Ceci, preciso decidir minha vida. As passagens já estão muito caras.

— Calma que logo chega. Hoje, obviamente, não dá porque já são mais de dez da noite, mas liga amanhã, quem sabe.

— Você tá certa. Já está indo dormir?

— Já. E você?

— Acho que sim. Assim paro de ficar pensando nessas coisas.

Disse isso e fui para o quarto. Já tinha tomado um copo de leite, escovado os dentes, então foi só cair na cama e capotar.

No dia seguinte, quando acordei e olhei no relógio, vi que ainda eram 7h22. Virei de lado e insisti no sono. Não adiantaria nada levantar cedo. Quando deu 8h10, não aguentei mais e saí da cama. Acendi um incenso de canela, para atrair prosperidade, arrumei meu quarto, fiz um café da manhã semi-saudável, com granola e uma fatia de pão multigrãos com manteiga na frigideira. Lavei a louça em seguida, troquei de roupa e peguei o celular. Como não havia sinal de James (Cook), mandei mensagem para o Bruce, que, apesar de não ser Wayne, poderia salvar meu final de semana.

8:22
Eu: Hi, boss! How are you?
I am back from Bali ☺ ☺ ☺
Can I come back to work
this weekend?

Não sabia se ele veria tão cedo. Afinal, o cara é gerente de balada, não deveria acordar cedo. Mas, ao contrário, me respondeu em seguida.

8:26
Bruce The Mint: Hi, Manuela, sorry.
We couldn't wait for you and needed
to hire more staff. Good luck in QLD.
If you have time, come to visit us
and I serve you a drink.

Fazia sentido ele não me esperar. Especialmente porque já tinha avisado que iria embora pro outro lado do país em pouco tempo. E até que tinha sido simpático. O problema é que eu não tinha mais certeza se isso aconteceria.

Era o momento de ligar pra JCU.

Mas, não precisei. Enquanto buscava o número nos contatos, vi a mensagenzinha de novo e-mail surgindo com o app do Gmail. O título acabava com qualquer possibilidade de suspense: *Welcome to JCU*!

Ceciiiiiiiiiiiiiiiiiiiiiiiiiiiiiiiiii — gritei olhando em direção aos quartos enquanto abria a mensagem pra ler o resto. Nada de Cecília.

— Ceeeeeccccciiiiiiiiiiiiiiiiiiiiiiiiiiiiiiiiiiiiiiiiiiiiiiiiiii!!!!

O e-mail abriu.

"Dear Mrs Manuela Dal Corso, bla bla bla, congrats, bla bla bla, Faculty of Sciences: Natural Resources Management blablabla... starting on..."

— Ei, o que houve??? — enfim Cecília resolveu aparecer, tranquila como sempre.

— *Shit*... — falei baixinho.

— Ahhh? É comigo?

— Não, é comigo — falei de forma instrospectiva — Eu passei! — falei um pouco mais firme e buscando um sorriso — mas, as aulas... a matrícula, pelo menos, já começa amanhã. As aulas, na semana que vem.

— Semana que vem? Isso dá tempo.

— Não sei se estou preparada.

— Lógico que está!!! Para de ser boba — Cecília disse isso e já pegou dois copos para brindarmos com o resto do vinho que estava na caixa.

— Não está cedo, não?

— Tem razão.

Cecília então pegou nosso relógio vermelho de patinho e adiantou na mão cerca de duas horas.

— Pronto. Dez e meia. Podemos?

— Hahaha! Podemos. Até porque, no Brasil, ainda é noite.

— *Cheers!!!* — dissemos ao mesmo tempo.

No dia seguinte, raspei todas as minhas economias, conversei com meus pais e tios, todos completaram com algum dinheiro e consegui me programar para fazer a matrícula pagando o período todo, como é de praxe para estudantes internacionais.

Em seguida, avisei a dona da casa que não iríamos continuar com o contrato, fui ao Correio, enviei uma mala cheia de roupas de frio, sapatos, compras de Bali e outras coisas que não iria usar para ser despachado ao Brasil por navio – o que demora três meses, mas é muito mais barato que avião – e organizei minha festa de despedida em casa.

Na lista de presença, um monte de brasileiros, um venezuelano, três australianos, uma de Fiji, uma coreana, dois franceses, um indiano, dois malasianos, uma sul-africana. Para comportar todo mundo, mudamos os móveis de lugar. Até o gato do novo vizinho apareceu dentro da sala. Algumas horas depois foi o próprio vizinho quem surgiu, tão penetra quanto o bichano.

Já era mais de meia-noite quando as primeiras pessoas começaram a ir embora. A cada despedida, o coração batia mais forte.

Enfim, eu consegui! A primeira parte da missão estava concluída. Com muita luta, havia me formado em gestão de negócios e seguia para a tão sonhada pós em meio ambiente. Não era em Brisbane, como gostaria, mas em Townsville, uma cidadezinha pequena no norte do mesmo estado de *Queensland*.

— E aí, Manu, está nervosa? — perguntou Bianca.

— Nunca! — respondi pra ela dando risada, porque, na verdade, e ela sabia, eu estava e era muito nervosa.

Townsville é famosa por ser entrada para a grande barreira de corais e pelas perigosas águas-vivas (chamadas de *blue bottles*), que impedem o banho de mar em grande parte do ano (já das Meninas Super Poderosas – ou Power Puff Girls – nenhum australiano com quem conversei tinha ouvido falar). Porém, mais aterrorizante e instigante do que as *blue bottles* era o fato de que estava deixando minhas amigas de todo o sempre para trás e partindo sozinha para esta nova aventura.

Depois de seis meses de muitas histórias, esta brasileira aqui ia encarar o outro lado do País dos Cangurus.

Dica da Manu:

Vai mandar suas coisas para o Brasil, mas não tem tanta pressa para que elas cheguem? Vá aos correios (post offices) e peça para enviar por navio. Demora até três meses, mas o valor é cerca da metade do que é enviado pelo correio normal. Para fazer estes envios, você vai precisar de seu passaporte. Só cuidado para não o esquecer. Normalmente, você não pega o avião sem ele. Normalmente. Mas isso fica pra outra história.

Fim

AGRADECIMENTOS

QUEM SÃO OS AMIGOS, CONHECIDOS E ATÉ ENTÃO NÃO CONHECIDOS
QUE APOIARAM A PUBLICAÇÃO DESTE LIVRO

Conheça os apoiadores

O Uma Brasileira no País dos Cangurus é uma obra que só se tornou possível graças a mais de uma centena de apoiadores, entre amigos, conhecidos e simpatizantes (da causa e do livro). Foi por meio de um crowdfunding, ou uma vaquinha virtual, que foi possível arrecadar o valor para a edição, finalização e impressão deste livro. A todos vocês, que confiaram e contribuíram com este projeto, meu sincero muito obrigada!

- Alberto Eduardo de Oliveira e Silva
- Alessandra da Mathyas
- Alexandre Prado
- Álida Oliveira
- Amanda Costa
- Amanda Wanderley de Azevedo Ribeiro
- Ana Maria Mello de Cenço
- Ana Panzani

- Ana Paula Grempel
- Andrea Andrade
- Andrea Hanai
- Andrea Sarmento
- Andrea Wolffenbuttel
- Andrezza Fulfaro
- Anna Paula Soares de Oliveira
- Antônio Carlos Rodrigues Sandoval de Castro Pedro
- Bertrand Campos
- Bianca Yukie Nakamato
- Camila Maisano Kaseker Galvão
- Carla Milani
- Carlos Eduardo Labriola
- Carolina De Camargo Tiago Santana
- Cassiano Giamarco
- Chirliana Souza
- Clair Moraes
- Clara Yoshi Sasai
- Claudio Alves Ferreira Junior
- Cristiana Maria Campello Côrtes
- Cristiane Oliveira
- Cristiano Giamarco
- Cristiano Martins de Souza
- Cristina Geber

- Cynthia Oliveira
- Daniel Mello de Almeida
- Danielle Ramazini Vieira
- Debora M. Cenço
- Debora Mello
- Denise Cardozo
- Douglas Santos
- Eduardo Villela
- Elenir Milare
- Elisete Delatim
- Evelin Amorim
- Fabiana Makio Saito
- Fabio Cordeiro Felix de Lima
- Fábio Gianesi
- Felipe Gonzalez
- Felipe Jacob Pires
- Fernando L. Foresti
- Fernando Silva
- Filó Silva
- Flávia Koshevnikoff
- Frederico Brandão
- Gabriel Braccio Pirozzi
- Gabriela Yamaguchi
- Gilda Souza Lima

- Giovanna Rodrigues Kiyohara
- Giuliana Fontanella
- Isabel Cristina Guerra
- Israel Comar Martins Da Silva
- Ivan de Almeida
- Ivan Senco
- Jackson Santos
- James Carlimbante
- João Pereira
- Jonas Gonçalves da Silva
- Juliana Barrena
- Juliana Doretto
- Juliana Marinho Pires de Freitas
- Karina Tambellini
- Laís Oliveira
- Lidia Rodrigues
- Lígia Maria Rego Cardoso Braga
- Lilian Diaz Garcia
- Lucas de Cenço Russo
- Ludmila Ferreira Bandeira
- Luiz Alberto Portilho de Lima
- Luiz Fernando Franceschetti Macedo
- Marcello Nunes
- Marco Antonio Noguti

- Marco Lentini
- Marcos B Piovesan
- Marcos Cenço
- Maria Beatriz Estevão de Oliveira Vilela
- Maria Carolina Betioli
- Maria Fernanda Maia
- Maria Teresa Clemente
- Mariah Ultramari
- Mariana Antunes Valente
- Mariana Klober da Silveira
- Marilei Grotta dagostino
- Marina De Pieri
- Martha Aguilar
- Maysa Correa
- Mello e Cenço Arquitetura e Avaliações Ltda.
- Milena Sliumba
- Morgana Nunes
- Neuseli Martins Costa
- Oniodi Gregolin
- Paloma Fukusig
- Paula Fabiani
- Pedro Henrique Monteiro de Barros da Silva Néto
- Rafael Fontes
- Rafael Giovanelli

- Rafael Mello de Cenço
- Rafael Simião da Silva
- Rafael Tadeu Ribeiro
- Raphael Damasceno
- Regina Célia Mello de Almeida
- Renata de Araujo
- Renata de Mello Guerra
- Renata Dutra
- Ricardo de Mello Guerra
- Rita de Cassia Oliveira
- Roniel Felipe
- Rosana Rollo
- Rui Guerra
- Taís Meireles de Paiva
- Thomás Giollo Rivelli
- Vandi Mikael Zacarin
- Vania Amaral Chaves Amaral Chaves
- Vinicius Nora
- Virginia Antonioli
- Walter Aparecido de Cenço
- Wilde Cardoso
- Wladimir Dianim

Participações especiais

Saiba quem são os personagens batizados por alguns dos apoiadores dessa história:

- Adriano
- Aninha
- Bruce
- Leo
- Luiza
- Melissa
- Mika
- Sophie
- Xóchitl

Comece sua história

Terminou o livro e ficou com aquela vontade de fazer algo novo? Então, aqui vão umas páginas para você anotar as coisas mais importantes e começar a materializar seus sonhos, sejam eles quais forem.

No site **paisdoscangurus.com.br** há vários modelos de documentos, como *To Do List*, Prós e Contras, *Mind Maps*, Jogo do *Checklist* e outras ferramentas que podem te ajudar a decidir os próximos planos.

Ilustração: Patty Peppe

Até a próxima!

(vai que, nè?)

ACESSE:
PAISDOSCANGURUS.COM.BR